L'émergence d'un marché de l'art : sociétés artistiques et galeries d'art au Maroc (1832-1956)

Mylène Théliol

L'émergence d'un marché de l'art : sociétés artistiques et galeries d'art au Maroc (1832-1956)

Essai

LE LYS BLEU
ÉDITIONS

ISBN : 979-10-377-7866-6

Introduction

L'histoire de l'art contemporain au Maroc s'inscrit actuellement dans la culture du pays grâce à la création, en 2014, du Musée des arts modernes à Rabat dont la présentation d'inauguration, intitulée *1914-2014 : cent ans de création*, montrait plus de cinq cents œuvres de cent cinquante artistes marocains. Grâce à un parcours laborieusement agencé, le visiteur pouvait traverser les différentes évolutions de la création plastique permettant ainsi une approche chronologique des mouvements artistiques et une présentation des peintres. Cette exposition se divisait en quatre temps : l'émergence des peintres marocains dans la première moitié du XXe siècle ; la période des années 1960-1970 où la génération d'artistes modernes invente un art basé sur le retour à l'identité culturelle nationale et universelle ; les années 1980-1990 avec l'individualisme artistique et la diversification esthétique qui se développent pour s'achever aux nouvelles tendances plastiques du XXIe siècle influencées par la mondialisation, les nouvelles technologies et internet. Cette exposition d'inauguration ne fait référence qu'aux artistes marocains et non pas à l'ensemble des plasticiens, aussi bien originaires du Maroc que d'Europe, ayant exercé durant cette période. La manifestation est, en outre, l'aboutissement des études menées par de nombreux historiens de l'art. Dès les années 1960, Toni Maraini et Mohamed Chabâa (1930-2013) ont commencé à analyser les processus de création et leur filiation avec les courants européens orientalistes et avant-gardistes tout en mettant en avant les propres spécificités de l'art moderne marocain alors en plein essor. À la fin des années 1980, Mohamed Sijelmassi et Khalil M'Rabet approfondissent ces premières études. Ce nouveau regard met en exergue les aspects esthétiques et techniques de chaque plasticien, leur place dans l'art contemporain international et les relations qu'ils ont entre eux. Dans les années 1980-1990, plusieurs expositions consacrent alors la notoriété de certains artistes du Maroc. Entre 2001 et 2021, des biographies, éditées notamment par la maison d'édition Marsam à Rabat, sont dédiées à plusieurs peintres modernes marocains. Parallèlement à ces publications, de nombreux universitaires réalisent des investigations à la fois sur les périodes coloniale et post-coloniale afin de s'intéresser à l'aspect historique, esthétique et sociologique des œuvres d'art marocaines au XXe siècle. Le sujet présenté ici reprend l'ensemble de ses études tout en les inscrivant dans un contexte historique tout en se focalisant principalement sur les institutions artistiques privées et étatiques qui permettent aux plasticiens de s'organiser et vendre leurs créations au Maroc.

Ainsi, en m'appuyant sur des travaux scientifiques, des ouvrages de nombreux historiens d'art ainsi que sur la presse française au Maroc de la période coloniale (*La Vigie marocaine*, *Le Petit Marocain*, *Le Courrier du Maroc*, *L'Echo du Maroc*, *Maroc-Matin*, *La Voix de Meknès*, *Le Sud marocain*) et sur des revues françaises d'Algérie et de métropole de la même époque, j'ai cherché à mettre en exergue comment le Maroc – Tanger et le Protectorat français – a-t-il pu devenir un territoire artistiquement fécond entre 1832 et 1956. Quels sont les moyens mis à la disposition des plasticiens pour qu'ils puissent vivre de leur art ? J'ai limité mon étude aux cent vingt-quatre années où l'histoire du Maroc est fortement imbriquée avec celle de l'Europe. Si mon point d'ancrage de cette analyse commence en l'année 1832, c'est que cette date marque le début de la course à l'appropriation du Maroc par les puissances européennes et c'est aussi la première fois que le Royaume chérifien devient un sujet de peinture dans l'art occidental. Durant tout le XIXe siècle, les grands États européens tentent d'avoir la main mise sur ce territoire diplomatiquement et économiquement, tandis que de nombreux plasticiens occidentaux y affluent. L'étau se resserrant de plus en plus, le Royaume chérifien finit par basculer sous la tutelle de l'Espagne et de la France avec les signatures des deux Protectorats en 1912. Le pays retrouve enfin son indépendance et sa souveraineté en 1956. Cette date clé ouvre aussi de nouveaux questionnements plastiques et une remise en question des organismes artistiques mis en place par la présence française. Ainsi, entre 1832 et 1956, apparaissent de nombreuses associations regroupant des artistes européens domiciliés au Maroc (Tanger et Protectorat français) qui ont pour objectif majeur d'encourager les arts plastiques et de concourir à leur développement, de valoriser et faire subsister ses adhérents grâce à la vente de leurs tableaux ou sculptures lors de leurs diverses expositions collectives. Les peintres et les sculpteurs sont aussi aidés par les galeries d'art qui déterminent la valeur marchande de leurs œuvres tout en tenant compte de sa valeur esthétique. Plasticiens, sociétés artistiques et galeries d'art sont donc les rouages d'un marché de l'art qui s'organise progressivement au Maroc. Cependant, les données chiffrées des achats et ventes de tableaux et de sculptures sont quasiment inconnues pour la période coloniale tout comme l'identité des acquéreurs privés et leur rôle qu'ils ont auprès des artistes. L'étude de ce commerce se borne donc à comprendre comment se mettent en place les sociétés artistiques et les galeries d'art dans les différentes villes du Protectorat français. Qui sont les artistes valorisés par ces organismes, d'où viennent-ils, quelles sont leurs formations ? Quels types d'œuvres sont les plus appréciés par les amateurs d'art ? L'appréhension de cette étude passe par un recours à l'histoire. Il n'est pas concevable de séparer l'entrée des artistes occidentaux au Maroc au XIXe siècle sans connaître les raisons politiques ou économiques qui permettent lcur insertion sur ce territoire si convoité par les grands États européens. Les complexes relations entre les deux rives de la Méditerranée procurent un prétexte aux peintres et sculpteurs européens, cherchant à représenter l'Orient, pour entrer à Tanger, principal port du Royaume chérifien et lieu de transit entre l'Espagne et l'Afrique du Nord. L'enracinement des plasticiens en terre marocaine est inéluctable avec la mise en place des deux Protectorats (1912-1956) qui établissent une certaine stabilité politique et économique au Maroc. Celle-ci engendre alors une institutionnalisation artistique qui s'organise par la création de sociétés privées dont les activités sont majeures dans l'expansion des arts plastiques dans le pays. Les galeries d'art, implantées dans les principales villes marocaines après la Première Guerre mondiale, sont les intermédiaires du marché de l'art qui simultanément définissent la tendance artistique du moment et accordent leur soutien à des artistes choisis parmi la multitude qui afflue de la métropole et des autres pays méditerranéens. Pour se conformer aux critères esthétiques demandés par les galeries et les sociétés artistiques, initialement instaurés par les premières générations d'artistes, les plasticiens du Maroc doivent suivre une formation dans des Écoles des Beaux-arts. Dans ces lieux et sous l'influence de peintres européens moins traditionalistes jaillissent de jeunes créateurs marocains dont l'expression plastique se dégage des carcans imposés.

Chapitre 1
L'orientalisme au Maroc et la création du premier Salon à Tanger

La peinture du Maroc a ses origines au XVIe siècle grâce à des dessinateurs et peintres de chevalet marocains pratiquant leur art en Europe[1]. Au XIXe siècle, Eugène Delacroix (1798-1863) remet au goût du jour la peinture ayant pour thème le Maroc grâce à une mission diplomatique de six mois qu'il entreprend avec le Comte Charles de Mornay (1803-1878), en 1832, auprès du Sultan chérifien Moulay Abd el Rahman (1822-1859). Débarqués à Tanger, l'artiste et le diplomate rejoignent Meknès, la ville impériale. Eugène Delacroix, en arpentant la cité, croque sur le vif, sous forme de dessins souvent rehaussés d'aquarelles, les scènes de rues et les intérieurs de maison qu'il est autorisé à visiter. Il répertorie dans ses carnets de voyage le quotidien ainsi que les mœurs et coutumes des habitants de Tanger puis de Meknès. Grâce à ce séjour marocain, le peintre réalise de nombreux tableaux en s'inspirant de ses notes, dessins et souvenirs. Ces œuvres font de lui le père du courant orientaliste en France. Cependant, même si pour Eugène Delacroix, le voyage au Maroc est un ravissement, la mission diplomatique du Comte Charles de Mornay n'est en revanche pas aisée. Il doit inciter le monarque marocain à retirer ses troupes de la ville algérienne de Tlemcen qui est alors sous tutelle française depuis 1830. Tlemcen est liée historiquement au Maroc puisqu'elle a été conquise au XIIIe siècle par la dynastie mérinide. Ce passé encore vivace dans l'esprit de ses habitants les incite à demander son rattachement au Royaume chérifien. Le Sultan, consentant à ce désir, envoie des contingents pour sécuriser la ville, car la présence française en Algérie est aussi

[1] Clément, Jean-François, *Dessinateurs et peintres de chevalet au Maroc aux XVIe et XVIIe siècles*, Marrakech, Édition les Infréquentables, 2019.

une menace pour le Maroc. La France riposte alors par l'envoi d'escadrons militaires. En 1844, les deux principaux ports marocains, Tanger et Mogador, sont bombardés par la flotte française. Mogador est prise d'assaut et la bataille d'Isly est un cuisant échec pour le monarque marocain. Les scènes de ces combats sont retranscrites en peinture par les principaux artistes accompagnant la marine française : Horace Vernet (1789-1863) avec *La Bataille d'Isly* (1845) et Henri Durand-Brager (1814-1879) qui peint *Le Combat naval devant la côte marocaine* (1845)[2]. Cette défaite montre au souverain marocain qu'il n'a pas les moyens techniques et militaires de s'opposer aux puissances occidentales. Il doit alors moderniser son pays et par conséquent l'ouvrir aux influences marchandes européennes. Il signe donc le 9 décembre 1856 le traité de Tanger avec l'Angleterre favorisant le commerce et la navigation entre les deux pays. Le Sultan fait de même avec l'Espagne en 1860, juste après la débâcle de son armée lors de la guerre de Tétouan (1859-1860). Ce conflit est immortalisé par le tableau *Bataille de Tétouan*, datant de 1864, réalisé par le peintre catalan Marià Josep Bernat Fortuny i Marsal (1838-1874) alors chroniqueur de l'expédition militaire. Durant cette expédition, l'artiste travaille sans relâche en dessinant au pastel et en peignant à l'aquarelle et à l'huile des paysages, des cavaliers maures, des scènes de genre. Fait prisonnier par les troupes maures à la bataille d'Oued-er-Ras, il se fait passer pour un Anglais afin de se voir libérer rapidement. À son retour en Espagne en avril 1860, le peintre expose à Barcelone ses études réalisées durant la campagne militaire. Son exposition obtient un tel succès que la Diputació de Barcelone lui commande un tableau pour commémorer cette expédition : *La Bataille de Tétouan*. Un voyage à Paris est donc offert à l'artiste pour qu'il s'inspire de *Prise de la smalah d'Abd-el-Kader par le duc d'Aumale* d'Horace Vernet, peinte vers 1843. Marià Josep Bernat Fortuny i Marsal retourne au Maroc en 1862, accompagné par un de ses confrères, Francisco Lameyer y Berenguer (1825-1877). Les deux

---

[2] Arama, Maurice, *Maroc, le royaume des peintres,* Rabat, Éditions La croisée des chemins, 2017, p.22.

peintres, vêtus de costumes traditionnels marocains, visitent Tétouan. Marià Josep Bernat Fortuny i Marsal commence alors à apprendre l'arabe et à effectuer des dessins pour son grand tableau historique. Il compose ensuite l'oeuvre dans son atelier à Rome qui est accueillie en Catalogne juste après le décès du peintre, en 1874. Cette toile met en évidence la puissance militaire espagnole sur celle du Maroc, marquant l'ascension de l'expansion de l'Espagne outre-Méditerranée. En effet, les traités signés avec l'Angleterre et l'Espagne ouvrent une brèche à ces deux pays pour s'introduire dans la politique intérieure du pays. Ainsi la pénétration européenne devient donc inéluctable dans le Royaume chérifien. Des transformations économiques et sociales sont alors engagées : les ports de Tanger, Mogador et Mazagan sont développés ainsi que Casablanca, la toute nouvelle plaque tournante du commerce. Ces quatre villes, drainant l'essentiel du trafic maritime entre l'Europe et le Maroc, voient affluer non seulement des marchandises, mais aussi des Européens (Anglais, Espagnols, Français, Italiens et Portugais) cherchant fortune dans le Royaume chérifien[3]. La population française et britannique, principalement installée à Casablanca et Tanger, favorise la puissance de leur consulat dans ces deux ports. Cette présence occidentale s'accentue au Maroc avec l'installation de missions religieuses ouvrant des écoles et des hôpitaux, l'apparition de journaux, l'implantation de banques et d'entreprises ainsi que l'essor des télécommunications[4]. Cette pénétration européenne est aussi artistique, puisque des plasticiens français, anglais et espagnols suivent les voies commerciales et diplomatiques pour découvrir le pays[5]. Entre 1842 et 1850, l'aquarelliste Élisabeth Murray (1815-1882) réside à Tanger avec son mari, Henry Johnson Murray, attaché

---

[3] Abitbol, Michel, *Histoire du Maroc,* Paris, Édition Perrin, 2009, pp. 335-336.

[4] *Ibid.*, p. 338-341. En 1883, à Tanger, apparaissent les premiers journaux marocains, *Al-Moghreb al-Aksa*, *Le Réveil du Maroc* et *Times of Morocco*, créés par et pour les Européens.

[5] Une grande majorité des artistes se rendant au Maroc sont français (28 %), espagnols (21 %) et britanniques (21 %). Les trente pour cent restants sont composés d'Allemands, d'Autrichiens, d'Italiens, de Belges, de Néerlandais, de Finlandais, d'Américains, de Canadiens et d'Australiens. Lespes, Marlène, *De l'orientalisme à l'art colonial : les peintres français au Maroc pendant le Protectorat (1912-1956)*, Thèse de doctorat d'histoire de l'art, Université Toulouse Jean Jaurès, 2017, p. 38.

au consulat général britannique. Durant ce long séjour, l'artiste anglaise peint des paysages, des scènes de marché et des vues de la médina. Grâce à ses liens avec la communauté féminine marocaine et juive, elle a accès aux lieux de résidence des femmes et peut ainsi les représenter en peinture. En 1850, le peintre français Alfred Dehodencq (1822-1882) séjourne à Tanger. Parti d'Espagne où il a visité l'Andalousie, il arrive dans la cité portuaire méditerranéenne en 1853. Il n'y fait qu'un bref séjour avant d'y revenir tous les ans afin de s'aventurer plus loin sur le territoire marocain en faisant des escapades dans les villes de Tétouan, Larache, Mogador, Salé et Rabat, les autres principaux ports du Maroc. Alfred Dehodencq suit les pas d'Eugène Delacroix sans pour autant peindre les mêmes motifs. L'artiste est le chantre des rassemblements populaires (fêtes, célébrations). La violence ponctue ses œuvres avec la représentation de prisonniers ou de suppliciés, mais il exécute beaucoup plus de scènes de la communauté juive[6]. Dès la fin des années 1860, les peintres européens s'aventurent davantage dans le territoire marocain. Ils visitent le nord du pays entre Larache et Melilla et les villes impériales (Rabat, Fès, Meknès et Marrakech), lieux de séjour du Sultan. Ces escapades se font sous couvert de missions diplomatiques. Ainsi, au printemps 1875, les artistes italiens Cesare Biseo (1843-1909), Stefano Ussi (1822-1901) et l'écrivain Edmondo de Amicis (1846-1908) accompagnent, à sa demande, le consul général Stefano Scovasso (1816-1887) qui doit présenter des lettres de créance au Sultan Moulay Al Hassan 1er (1836-1894) à Fès[7]. La même mission est effectuée, en 1889, par le nouveau ministre plénipotentiaire français, Jules Patenôtre (1845-1925), qui en se rendant à Fès, est suivi par le romancier Pierre Loti (1850-1923) et le peintre Aimé Morot (1850-1913)[8]. Les excursions des artistes européens au sein des

[6] Arama, Maurice, *Maroc, le royaume des peintres,* Rabat, Éditions La croisée des chemins, 2017, p.160.
[7] Fournier-Finocchiaro, Laura, « Les caractères nationaux des peuples dans les récits de voyage d'Edmondo De Amicis : latinité, orientalisme et européisme », *Transalpina*, n° 20, 2017, pp.47-64.
[8] Lespes, Marlène, *op. cit.*, p.65.

principales villes du Maroc sont jonchées d'obstacles. Ils ne peuvent pas circuler librement dans les villes sans être escortés par des gardes qui n'entravent guère une foule prête à fondre sur des étrangers dont la pratique de peindre en public est contraire à la tradition islamique. Ils n'ont pas le temps de prendre des notes ou des croquis en détail afin de réaliser, ensuite en atelier, de méticuleuses compositions de ces cités historiques[9]. Le seul moyen d'avoir une idée précise de ces monuments séculaires est de se transporter en Andalousie où l'architecture arabo-musulmane est semblable à celle du Maroc.

La découverte de Grenade et de son passé maure, en août 1869, est une exaltation pour les artistes français Henri Regnault (1843-1871) et Georges Clairin (1843-1919). « Je prends encore un bain de lumière dorée et rosée dans l'Alhambra : ces marbres, ces murs de dentelles se mirant dans les bassins immobiles, ces plafonds de stalactites qui semblent vous aspirer, vous enlever à eux, en montant et s'élevant de plus en plus à mesure que vous les regardez, ces forêts de colonnettes, ces faïences, ces montagnes lointaines baignées dans la lumière et qu'on découvre à travers chaque fenêtre, quelle féerie délicieuse et dont on ne peut se détacher ![10] », écrit Henri Regnault à sa fidèle amie Adèle Affry, duchesse Colonna (1836-1879), lors de son séjour à l'Alhambra. Tout enivré de cette atmosphère féerique, le voyage au Maroc paraît donc une suite logique pour comprendre l'essence même de la civilisation maure. C'est ainsi que nos deux peintres débarquent en décembre 1869 à Tanger où ils s'installent dans une maison qu'ils décorent à la manière marocaine. Pour parvenir à créer des œuvres historiques, ils mixent des éléments andalous et tangérois comme dans *Exécution sans jugement sous les rois maures de Grenade* (1869) de Regnault ou encore avec *Le Massacre des Abencérages* (1874) de Georges Clairin. La mort prématurée d'Henri Regnault durant la guerre franco-prussienne (1870-1871) n'empêche pas son ami de regagner le Maroc en 1871. L'artiste y séjourne dix-huit mois. Il visite différentes villes dont Fès et Tétouan en compagnie de trois grands

---

[9] *Ibid.*, p.68
[10] Casalis, Henri, *Henri Regnault : sa vie et son œuvre*, Paris, 1872, p.70.

peintres espagnols rencontrés à Paris en 1870 : Josep Tapiró i Baró (1836-1913), Marià Josep Bernat Fortuny i Marsal et Bernardo Ferrándiz y Bádenes (1835-1885). Les œuvres exécutées par Georges Clairin sont dans la même veine que celles qu'ils produisaient avec son défunt ami. Quelques décennies plus tard, grâce à ses voyages en Algérie et en Égypte, ses thèmes s'éloignent de l'histoire des Maures, mais ses tableaux restent quand même indubitablement attachés aux sujets historiques des contrées visitées. Georges Clairin recrée l'histoire en peinture tout comme le fait son homologue orientaliste, Jean-Léon Gérôme (1824-1904). Ce dernier débarque avec ses élèves à Tanger en 1889 et suit le cérémonial donné en l'honneur du Sultan Moulay Hassan 1er (1857-1894) alors en visite officielle dans la ville méditerranéenne. La venue de peintres français au Maroc, à partir des années 1880, est liée à la présence de plus en plus oppressante de diplomates au Maroc, depuis l'annexion de la Tunisie en 1881. Tanger est le point de jonction où les artistes se rencontrent et s'installent pour peindre ou partir explorer d'autres villes en suivant les pistes tracées à cet effet. Ainsi, en 1888, Pascal Dagnan-Bouveret (1852-1929), Louis-Auguste Girardot (1856-1933) et Jules Alexis Muenier (1863-1942) s'installent dans la cité portuaire. Tous les trois ont bénéficié de bourses de voyage pour visiter des pays méditerranéens. Ces bourses sont octroyées par les sociétés artistiques qui se développent depuis la fin du XIXe siècle en métropole. Les plus importantes sont la Société des artistes français et la Société nationale des beaux-arts, fondées respectivement en 1881 et 1889. Elles regroupent des peintres et des sculpteurs ayant des styles divers. En 1893, une nouvelle association est créée, il s'agit de la Société des peintres orientalistes qui veut regrouper en son sein tous les artistes français voyageant et peignant les beautés de l'Orient. La notion d'orient est alors vaste à cette époque comme le précise le journaliste Ary Renan (1857-1900) :

« Nous entendons, dans la conversation, sous le terme général d'Orient, les contrées les plus diverses, une grande partie de l'Asie et toute la côte septentrionale de l'Afrique, que les écrivains arabes appelaient justement à l'inverse, le Maghreb. Nous qualifions d'Oriental tout paysage des pays du soleil, auquel nous prépare la Providence, telle l'Italie. Nous appelons Oriental tout objet manufacturé sur les terres que l'Islam a converties. L'Inde elle-même et le Caucase rentrent par extension dans l'orient des peintres. Le terme "orientalisme" se définit ainsi assez nettement aux frontières des anciennes conquêtes musulmanes[11]. »

Les peintres visitant les contrées ainsi définies sont donc qualifiés d'orientalistes. Pour les artistes français, l'Algérie et la Tunisie à la fin du XIXe siècle sont des territoires faciles d'accès, car ils sont sous la tutelle de la France. Ces pays recèlent des paysages, des coutumes et traditions locales qui, à cause d'une forte pression occidentale, tendent à s'éteindre. C'est ce que dénonce le peintre Étienne Dinet (1861-1929) dans son ouvrage *Khadra, danseuse Ouled Naïl* (1909), en montrant que les mœurs des peuples sahariens de Bou Saâda, notamment les danses d'amour des femmes Ouled Naïl, ont disparu. Il ne reste plus de cette pratique que ses propres peintures réalisées entre 1904 et 1909. Les danseuses se sont transformées en prostituées au contact de l'armée coloniale. Contrairement à l'Algérie, le Maroc possède encore de nombreux atouts pour les artistes occidentaux. Le premier est son climat méditerranéen et sa géographie aux multiples visages qui permettent aux plasticiens de réaliser des paysages uniques en travaillant à la fois sur la lumière et les couleurs. Depuis la révolution impressionniste, la tendance à peindre en plein air et à s'intéresser aux effets lumineux et chromatiques est devenue à la mode pour beaucoup de peintres. Le second attrait du Maroc est sa double culture arabo-musulmane et berbère ainsi qu'un art raffiné semblable à celui de l'Andalousie que les artistes connaissent et apprécient depuis les années 1840. Cependant, malgré des missions diplomatiques, le Maroc reste un mystère pour beaucoup de plasticiens, car les différents Sultans ont su le tenir hors d'atteinte de l'influence européenne. Mais l'accession du jeune alaouite Moulay

---

[11] Renan, Ary, « La peinture orientaliste », *Gazette des Beaux-Arts,* Tome II, 1894, p.43.

Adbelaziz (1881-1943) au trône, entre 1899 et 1908, fait basculer le Royaume chérifien vers une domination européenne. Cinq pays – l'Angleterre, l'Italie, l'Allemagne, l'Espagne et la France – sont en liste pour accroître leur présence au sein du maghzen. Malgré les ambitions de chacun d'entre eux, la France réussit à grands recours de négociations à mettre en avant ses prérogatives qui sont reconnues par l'Italie en 1900 contre une liberté d'action en Tripolitaine et par le Royaume-Uni en 1904 contre sa prédominance sur l'Égypte. En octobre 1904, un accord franco-espagnol complète le processus. En 1905, la France fait un pas de plus en proposant au Sultan un plan de réforme qui n'est rien d'autre qu'une mise sous tutelle sans nom. Le monarque marocain recourt alors à l'Allemagne pour se défendre de la France. La stratégie est judicieuse, car le kaiser, Guillaume II, reconnaît le Maroc comme étant un État indépendant et qu'aucune autre nation ne peut y établir sa suprématie. Ce soufflet diplomatique entraîne des frictions franco-allemandes qui aboutissent à la conférence d'Algésiras. Celle-ci réaffirme la souveraineté du pays chérifien et exprime les modalités d'un contrôle international de ce pays sous le commandement de la France[12]. Elle donne la prédominance d'influence à l'Espagne sur le nord, ainsi qu'à la France pour les questions économiques et financières. Les négociations politiques n'empêchent pas le Maroc de tomber dans le chaos : des massacres d'Européens se produisent dans de nombreuses villes en 1907. La France intervient en envoyant les troupes coloniales du colonel Hubert Lyautey, stationnées à la frontière algérienne, qui réussissent à occuper en décembre les cinq ports de l'Atlantique. Cependant, l'insurrection gagne petit à petit tout le pays dû aux agissements du khalifat de Marrakech, Moulay Abdelhafid (1908-

[12] Cette conférence a lieu en Espagne dans la ville d'Algésiras entre le 16 janvier et le 7 avril 1906. Elle rassemble douze pays européens, le représentant du Sultan marocain, Mohammed el Mokri (1852-1957) et le président américain Theodore Roosevelt (1858-1919) qui est choisi comme médiateur. Elle consacre l'internationalisation économique du Maroc qui profite notamment à la France et à l'Espagne, permettant ainsi aux deux pays de s'implanter davantage dans le Royaume chérifien et de le placer petit à petit sous leur contrôle respectif pour aboutir à la mise en place des deux Protectorats en 1912.

1912), qui entend soustraire le pouvoir au Sultan[13]. La France, hésitant à intervenir de peur des représailles allemandes, obtient finalement l'autorisation officielle du nouveau maître du Maghzen de prendre part au rétablissement de l'ordre. En mai 1911, quinze mille hommes atteignent Rabat et Fès, tandis que les Espagnols font cesser les agitations dans leur zone d'influence. La riposte maritime allemande intervient le 1er juillet 1911 à Agadir pour faire fléchir militairement la France et ainsi permettre l'ouverture de renégociations des traités de 1906. L'intervention diplomatique britannique neutralise les espoirs allemands et impose un nouvel accord de paix, signé le 4 novembre 1911. L'Allemagne abandonne donc ses positions au Maroc en contrepartie de la cession par la France de deux cent soixante-quinze mille kilomètres carrés au Cameroun. Désormais seule, la France doit faire accepter à Moulay Abdelhafid un protectorat analogue à celui instauré en Tunisie en 1881.

Durant tout le règne de Moulay Abdelaziz, Tanger reste la porte d'entrée la plus aisée aux diplomates comme aux artistes occidentaux pour accéder aux principales villes du Maroc, mais aussi pour résider sur le sol marocain. La cité méditerranéenne, ayant le statut de station balnéaire d'hiver, se couvre de nombreux hôtels de luxe favorisant l'afflux constant de plasticiens étrangers. Entre 1880 et 1950, « [la ville] est visitée par 127 peintres britanniques et seulement 76 Français et 37 Espagnols. […] 28 peintres américains sont venus y travailler pendant cette période. […] Seuls 9 Italiens et 7 Belges ont pu être identifiés. Encore moins de Russes : 5 ; d'Austro-Hongrois : 5 ; de Hollandais : 4 ; d'Australiens : 2 ; de Canadiens 2 ; de Tchécoslovaques : 2 ; de Danois : 2 ; de Polonais : 2 ; de Sud-Africains : 2. Parmi les autres nationalités : 1 Allemand, 1 Portugais,

[13] Moulay Abdelhafid est le frère du Sultan Moulay Abdelaziz. Nommé *khalifa* de Marrakech, il s'oppose aux accords d'Algésiras, mais souhaite ardemment prendre le pouvoir à la tête du maghzen. Il réussit à destituer Moulay Abdelaziz, avec l'aide de Madani el Glaoui (1860-1918) qui deviendra par la suite son ministre de la Guerre puis le Grand Vizir. D'abord proclamé Sultan à Marrakech contre son frère, le 17 août 1907, son autorité, en tant que commandeur des croyants, s'impose avec son investiture à Fès, le 5 janvier 1908.

1 Suédois et 1 Suisse[14]. » De nombreux peintres américains, étudiant les Beaux-arts dans les grandes villes européennes que sont Londres, Paris et Madrid, et influencés par des peintres français ou espagnols ayant travaillé à Tanger, sont conquis par l'orientalisme. Harry Humphrey Moore (1844-1926), grâce à sa rencontre avec Marià Josep Bernat Fortuny i Marsal en 1870, en Espagne, tente le voyage au Maroc. Quant à James Wells Champney (1843-1903), s'il débarque dans le port marocain en 1880, c'est pour suivre les traces d'Henri Regnault et Marià Josep Bernat Fortuny i Marsal. Pour les peintres étasuniens, venir à Tanger représente – par rapport aux Balkans, à la Turquie, à l'Égypte ou à la Palestine – un voyage plus court et moins coûteux. Ceux qui s'y rendent se connaissent tous parce qu'ils ont côtoyé les mêmes ateliers. Samuel Colman (1832-1920), qui visite la ville en 1860, influence ses deux amis, Louis Comfort Tiffany (1848-1933) et Robert Swain Gifford (1840-1905), à séjourner au Royaume chérifien, ce qu'ils font en novembre 1870 après leur voyage en Europe. Débarquant à Tanger, ils peignent et dessinent les marchés, les scènes de rue et les paysages environnants. Par la suite, les deux jeunes artistes explorent le centre et le sud du pays, traversant l'Atlas et campant dans le Sahara. L'impressionniste John Singer Sargent (1856-1925) et Edwen Lord Weeks (1849-1903), élèves de Léon Bonnat (1833-1922) et Carolus-Duran (1837-1917) à l'École des Beaux-arts de Paris, partent à Tanger en 1880. Souhaitant voir d'autres villes du Maroc, Edwen Lord Weeks s'aventure seul sur les chemins qui le mènent à Salé et Rabat, où il peint *Traversée du Fleuve* et *Porte du Chellah*, avant de gagner Marrakech[15].

Pour tous les plasticiens étrangers, la ville offre un climat doux et le coût de la vie est extrêmement abordable. Ils s'y établissent donc pour un séjour plus ou moins long et posent leur chevalet pour avoir à portée de main cet Orient, plus ou moins rêvé, qu'ils traduisent sur la toile avec leur style et leur vision d'Occidentaux. Tous ces peintres

[14]Clandermond, Andrew, MacCarthy, Terence, *A Dictionary of Painters in Tangier 1669-2003*, Black Eagle, Press for the Lawrence-Arnott Gallery, 2003, p.5.
[15] *Ibid.*, p.282.

ont une formation classique et connaissent *Les Mille et une Nuits*. Cette œuvre littéraire persane, datant entre le IXe et XIe siècle et traduite pour la première fois en français par Antoine Galland entre 1704 et 1717, est leur référence pour se faire une idée du monde arabo-musulman[16]. Ils y entremêlent aussi des connaissances sur l'Antiquité. Cet amalgame entache la vision des plasticiens même si ces derniers sont en contact réel avec la culture des pays d'Afrique du Nord et du Proche-Orient. À Tanger comme dans les villes impériales (Rabat, Fès, Meknès et Marrakech), les artistes sont confrontés à des difficultés jusqu'à l'instauration des Protectorats. Ils ne peuvent pas peindre en public au sein de la médina sans être pris en chasse par les citadins. Dans *Le Monde illustré* du 31 mars 1888, il est décrit les désagréments que rencontrent le peintre Maurice Romberg de Vaucorbeil (1862-1943) lors de son séjour à Marrakech. « S'il s'installe quelque part, soit debout, soit assis, tout de suite un rassemblement d'une centaine de personnes se forme autour de lui ; le soldat préposé à sa garde les chasse à coups de bâtons, les groupes se reforment à dix pas, restent devant l'artiste, fût-ce même une journée entière, jusqu'à ce qu'il s'en aille[17]. » Pour parer à ces problèmes, les artistes se font accompagner de domestiques ou de gardes armés de bâtons. L'autre obstacle rencontré est la difficulté qu'ont les peintres à trouver des modèles professionnelles dans la communauté arabo-musulmane. Certains artistes doivent finalement se contenter de modèles juives, voire de prostituées. Malgré ces complications, les artistes réussissent à retranscrire à leur manière ce qu'ils voient : les populations locales, les principaux monuments de Tanger comme la kasbah datant du XIIIe siècle, la grande mosquée, les rues et scènes de rue de la médina ou encore des vues de la ville et de ses alentours. Mais, la cité portuaire n'offre pas d'endroit fixe pour leur permettre de présenter leurs œuvres. Finalement, les expatriés

[16] La seconde traduction des *Mille et une Nuits* est réalisée par le docteur Joseph-Charles Mardrus, originaire d'une famille d'origine arménienne installée au Caire et grand ami d'André Gide, il publie cette nouvelle traduction en seize volumes de 1899 à 1904, qui paraît alors dans *La Revue blanche* jusqu'en 1902. Elle est ensuite éditée par la maison Charpentier et Fasquelle.
[17] « L'ambassade belge au Maroc », *Le Monde illustré*, n° 1618, 31 mars 1888, p. 202.

s'approprient les halls des hôtels pour remédier à ce problème. Le quotidien tangérois, *Al-Moghreb Al-Aksa,* fait état le 11 février 1893 d'une exposition individuelle picturale de l'artiste Manuel Alvarez. L'année suivante, en mai, le journal annonce celle des peintres américain et espagnol Harry Humphrey Moore (1844-1926) et José Tapiró i Baró[18]. Ce peintre orientaliste catalan est installé à Tanger depuis 1876. Il a transformé un ancien théâtre du quartier juif de la Fuente Nueva en atelier-musée de style mauresque dans lequel il rassemble ses œuvres et une collection d'objets orientaux et antiques. Il trouve l'inspiration, pour ses compositions, dans la vivacité des rues de la médina où se côtoient différentes cultures et populations. Il excelle notamment dans les portraits comme dans son aquarelle *Retrat del santó Darcagüey* de 1890. Le peintre exécute le portrait d'un marabout de Tanger en faisant poser un de ses modèles qu'il habille de vêtements et pare de bijoux appartenant à sa collection personnelle[19]. Le tour de force de l'artiste est de rendre crédible cette supercherie grâce à sa minutie du rendu du costume, des parures, ainsi que des traits physiques. Bien que ses toiles soient de pures inventions, elles sont attrayantes pour l'ensemble des amateurs d'art de Tanger. Le peintre trouve d'ailleurs dans cette ville cosmopolite une clientèle assidue, aussi bien européenne que juive, qui achète avec passion ses principaux tableaux.

Avec l'avènement de Moulay Abdelhafid et le retour au calme sur le territoire marocain, l'afflux constant d'artistes venant à Tanger pousse ses habitants occidentaux à ouvrir un Salon de peinture au printemps 1909. L'idée est lancée par le Stade Marocain, association sportive locale, qui, lors de la première édition de ce salon, regroupe dans leur local des toiles d'artistes résidant dans la ville ainsi que des œuvres prêtées par les Tangérois eux-mêmes. Cette manifestation

---

[18] Clandermond, Andrew, MacCarthy, Terence, *A Dictionary of Painters in Tangier 1669-2003*, Black Eagle, Press for the Lawrence-Arnott Gallery, 2003, p.13.

[19] Le marabout est un sage musulman facilitant la vulgarisation de l'Islam et faisant office d'un culte populaire.

étant un succès, d'autres se succèdent[20]. En automne 1909, l'exposition rassemble entre autres des peintres européens venant d'Algérie comme Maxime Noiré (1861-1927) et Francisque Noilly (1855-1942)[21]. Entre 1910 et 1913, le Salon réunit des artistes locaux, ceux de la métropole et des étrangers, dont le peintre finlandais Hugo Elias Backmansson (1860-1953), John Lavery (1856-1941) et Maurice Romberg de Vaucorbeil[22]. Cet artiste belge, naturalisé français, débarquant en 1887 à Tanger, accompagne pendant quatre mois l'archéologue Henri de la Martinière (1859-1922) à travers tout le Maroc en passant par les principales villes comme Tétouan, Rabat, Fès, Mekhnès et Marrakech. Ces dessins et tableaux qu'il rapporte de ses expéditions sont ensuite exposés à Tanger. Il poursuit la découverte du Maroc en se fondant dans la population pour mieux retranscrire sur la toile les beautés architecturales du pays même si certaines sont interdites aux Européens[23]. Un autre Français fait sensation au Salon de 1911, il s'agit du peintre Maurice Tranchant de Lunel (1869-1932). Il y présente des aquarelles illustrant les principaux monuments de la capitale culturelle et cultuelle du Maroc. Cet architecte-peintre est un grand voyageur qui a visité le continent asiatique dont notamment les contrées indochinoises et le Moyen-Orient. Il s'est installé à Fès dans le mellah (quartier juif) de la médina qui est quasiment détruit lors de l'insurrection fassie en avril 1912, juste après la signature du traité du 30 mars 1912 instaurant le Protectorat français au Maroc.

---

[20] Rabanit, Henri, « Art et littérature », *France-Maroc*, juin 1923, p.118.

[21] Maxime Noiré est un peintre orientaliste français qui s'installe en 1882 à Alger où il réside jusqu'à sa mort. Il est le chantre de cette contrée maghrébine peignant des paysages de la côte et du Sud algérien. Francisque Noilly s'installe en 1880 à Alger où il crée un atelier de peinture. Directeur de l'École d'arts industriels à Alger et adhérent à la Société des Beaux-arts, Noailly excelle dans la peinture de scènes de genre algériennes. Il est, avec Noiré, un des fondateurs de la Société des artistes orientalistes algériens.

[22] John Lavery est un peintre irlandais résidant à Tanger depuis 1891. Il ouvre en 1910 un atelier de peinture. Il est le mécène de l'artiste marocain Ben Ali R'bati.
Rabanit, Henri, « Les sports au Maroc », *France-Maroc*, avril 1920, p.115.

[23] Arama, Maurice, *Maroc, le royaume des peintres,* Rabat, Édition La croisée des chemins, 2017, p.308.

Le Protectorat français est une forme de régime mettant en relation un État protecteur et un État protégé. Le premier, représentant l'État sous sa protection, conclut les accords internationaux à sa place. Le pouvoir interne est partagé entre les deux États bien que le pouvoir autochtone soit à l'origine de la législation. Le traité de Fès impose au Royaume chérifien de se moderniser administrativement, judiciairement, économiquement, financièrement, scolairement et militairement. En contrepartie, les mœurs et coutumes, la religion et le statut du Sultan sont sauvegardés. La constitution du maghzen est renforcée par l'adjonction de fonctionnaires français à tous les niveaux du pouvoir. Les anciens vizirats des finances, de la justice et de la guerre sont remplacés ou réformés. Le Commissaire Résident Général, représentant de la République française au Maroc, prend la place de l'ancien vizir de la mer. Il a les fonctions de ministre des Affaires étrangères, de celui de la Défense et de l'Intérieur, et assure la direction de tous les services publics locaux. Le nouveau vizirat de la justice est chargé de tout ce qui se rapporte à l'administration de la justice « indigène », au culte, au haut enseignement musulman et à la propriété immobilière. Le vizirat des Habous a la charge de la gestion des fondations pieuses. Le Sultan garde ses prérogatives sur le plan religieux et sur la communauté marocaine. Il est aidé par son grand vizir dont toutes mesures ou décisions doivent être en accord avec les vues du Résident Général ou un de ses collaborateurs. La mise en place du Protectorat participe à la sédentarisation du Sultan dans une des villes impériales. Sont considérées comme telles, les cités de Fès, Meknès, Marrakech et Rabat, car elles possèdent un palais royal au sein de leur périmètre.

La signature du Protectorat éveille un élan de protestation et de violence au sein du Maroc. Fès s'insurge le 17 avril 1912. Les officiers français présents sont massacrés, tandis que la ville est assiégée par les tribus berbères récalcitrantes à la tutelle française. Moulay Adbelhafid ne fait rien pour apaiser les revendications. Il laisse les Français rétablir l'ordre petit à petit. La désorganisation soudaine du Royaume chérifien déconcerte le pouvoir français d'autant plus que le nouveau Résident Général n'a pas encore été nommé. Le ministère des Affaires étrangères français dépêche d'urgence le général Hubert Lyautey (1854-1934), alors en garnison à Rennes, afin de trouver des solutions à cet imbroglio. Fort de son expérience aux frontières algéro-marocaines en 1906-1907, il est alors la meilleure personne à envoyer sur le territoire marocain pour représenter la République française. Lyautey, investi de sa charge depuis le 28 avril, débarque à Casablanca le 13 mai pour rejoindre Fès le 24. Le Résident Général organise dès lors la défense de la ville avec la collaboration du général Henri Gouraud (1867-1946). Dès la mi-juin, il prend la direction de Marrakech et du Souss afin de pacifier les régions occupées par les insurgés en prenant appui sur l'aide militaire des grands caïds du Sud. Les relations entre Moulay Abdelhafid et Hubert Lyautey sont assez mauvaises. Le Sultan, ne voulant pas être le jouet de la politique française, refuse de signer des dahirs (lois) instituant les nouveaux services administratifs ou modifiant les anciens. Il répond aux remontrances du Résident Général par la menace de son abdication qui a finalement lieu le 12 août 1912. Le 13, le Maghzen, réuni au palais impérial de Rabat, institue le demi-frère de Moulay Abdelhafid, Moulay Youssef Ben Hassan (1881-1927), comme nouveau Sultan. Cette investiture favorise la pacification du pays, du moins à l'Est, au nord de Fès et dans la région de Marrakech.

La création du Protectorat français est un des facteurs qui incite la venue des artistes au Maroc. Les territoires du pays sont plus facilement accessibles grâce à la présence militaire qui sécurise les principales voies de communication. Les villes impériales s'offrent enfin à la contemplation des plasticiens même si la Résidence générale interdit l'accès des lieux de culte et d'apprentissage de l'Islam aux non-musulmans. Les artistes peuvent donc à loisir croquer sur le vif et en public les édifices et les populations de ces cités et déployer tout leur talent pour les transposer sur leurs toiles ou en sculptures. L'organisation administrative du Protectorat nécessite une multitude de fonctionnaires dont la présence dans les villes impériales demande l'édification de nouvelles agglomérations en annexe, explicitement adaptées aux commodités européennes, mais qui gardent le cachet originel des médinas adjacentes. Le Maroc est donc un pays en construction qui sollicite une main-d'œuvre artistique non seulement pour l'architecture, mais aussi pour le décor des intérieurs, tâche à laquelle les peintres peuvent s'atteler aisément. Les plasticiens sont aussi des relais pour la propagande coloniale. Leurs œuvres servent à véhiculer les beautés du Maroc via les expositions artistiques organisées par les différentes sociétés artistiques existantes en métropole, mais aussi au Maroc, grâce notamment au Salon de Tanger.

Le traité de Fès partage donc le Maroc en trois zones : une zone espagnole dont la capitale est Tétouan ; la petite zone de Tanger enclavée dans la zone espagnole ; la zone française, dans le reste du pays, dont le siège est à Rabat[24]. Ces trois espaces restent sous la souveraineté théorique du Sultan, mais Tanger, en raison de la présence ancienne des consuls et d'une population cosmopolite, jouit d'un régime de neutralité internationale. Un statut définitif est l'objet de longues négociations, en particulier entre l'Espagne, la France et la Grande-Bretagne, jusqu'à la convention du 18 décembre 1923. Ce nouvel accord instaure alors un gouvernement collectif, représentant les grandes puissances, qui s'exerce par l'intermédiaire d'une assemblée législative, d'un comité de contrôle chargé de vérifier l'application des traités et d'une administration internationale, tandis que le Sultan est représenté par un délégué. Malgré quelques amendements, le statut international est maintenu jusqu'à l'indépendance du Maroc.

Le nouveau statut de Tanger n'empêche aucunement l'évolution du Salon artistique de la ville, bien au contraire, puisqu'en 1913, la manifestation est installée dans les salles du Syndicat international du Tourisme. Les membres-organisateurs souhaitant faire venir des peintres et sculpteurs européens d'Algérie s'adressent alors à la

[24] Le Protectorat français au Maroc est instauré le 30 mars 1912, tandis que le Protectorat espagnol au nord du pays, est lui mis en place le 27 novembre 1912.

Société des artistes algériens orientalistes pour les aider dans le recrutement. En échange, les membres de cette association, désirant venir au Salon, ont leurs frais d'emballage et d'expédition de leurs œuvres pris en charge par le comité responsable de la manifestation tangéroise qui prélève, en revanche, vingt pour cent sur les ventes des toiles et sculptures envoyées[25]. Interrompu durant la Première Guerre mondiale, le Salon de Tanger reprend de plus belle à partir de 1923 sous l'égide du Cercle privé d'Escrime. Lors de cette manifestation, les nombreux exposants sont de nationalités française, italienne, anglaise et américaine : Louis Pastour (1876-1948), Marie Campardon, M.P. Mesple, Hélène Rivière (1895-1977), M. Soudon, Édouard Herzig (1860-1926), Nicolo Brentono, Henrietta Moodie Vickers (1870-1939), Gertrude Gwendolyne Scott (1878-1961), Dirk Jansen (1878-1952), Françoise Molle, Dario Villares Barbosa (1880-1952), Jacques Majorelle (1886-1962), Maurice Bouviolle (1893-1971), Gordon Coutts (1869-1937), François de Marliave (1874-1953), le Dr David Donald, Helen Wilson (1873-1924), M. Paryse, James Povedano et Mme Wild. L'ensemble de ces artistes présentent quatre cents œuvres dont une partie de leur vente rapporte quinze mille francs.

En 1924, le Salon prend de plus en plus d'importance avec la participation d'artistes venus d'Alger, de Marrakech, de Paris et de Toulouse, car un jury attribue enfin des prix. Le quotidien *Al-Moghreb Al-Aksa,* du 5 avril 1924, liste l'ensemble des bénéficiaires des récompenses lors de ce Salon : Gordon Coutts a obtenu le Rappel de Prix d'honneur et José Cruz Herrera (1890-1972), le Prix d'honneur. Paston, Édouard Herzig et Dirk Jansen ont obtenu les médailles d'or, tandis que Mattéo Brondy (1866-1944), Françoise Molle, René Bénézech (?-1945), David Donald, Helen Wilson, Ruth Benthall (1898-1949) et Gordon Coutts ont reçu les médailles d'argent[26]. Le succès de cette dernière manifestation encourage les organisateurs à la réitérer chaque année à la même période. Le Salon tangérois devient

---

[25] « Le Salon à Tanger », *L'Echo d'Alger*, n° 624, 29 novembre 1913, NP.
[26] Clandermond, Andrew, MacCarthy, Terence, *op. cit.*, p.13.

donc annuel. Il permet ainsi d'accroître l'affluence d'artistes de tout style comme les fauves Henri Matisse (1869-1954) et Albert Marquet (1875-1947) dont les séjours s'échelonnent entre 1911 et 1913. Pour ces peintres, le Maroc est une source de renouvellement et de maturation dans la recherche de la lumière et des couleurs. Ils exposent leurs œuvres au sein des sociétés artistiques françaises les plus importantes.

La Société des peintres orientalistes (1893) avec la Société coloniale des artistes français (1906) accueillent lors de leur salon annuel respectif l'essentiel des artistes peignant au Maroc. Ces premières sociétés artistiques dévolues aux peintres et sculpteurs voyageant dans les colonies font des émules en Afrique du Nord. Des associations de ce genre y éclosent afin de faire valoir les œuvres des artistes résidant au Maghreb. En Tunisie, l'Institut de Carthage, créé en 1890, devient la principale organisation culturelle au service de la communauté française, en inaugurant, en 1894, un Salon tunisien. En Algérie, dès 1897, la Société des peintres orientalistes algériens est fondée dans le même esprit. L'affluence des artistes européens est encore plus grande grâce à la création en 1907 de la villa Abd-el-Tif à Alger. Cette institution accueille des peintres, après l'obtention d'une bourse annuelle à la Société des peintres orientalistes, pour une période d'un an afin qu'ils puissent retranscrire les beautés du pays. Ce concept est aussi envisagé pour le Maroc. Dès les premiers mois de l'année 1914, le Duc de Trévise (Édouard Mortier), De Vilmin, Léon Bonnat (1833-1922), Alfred Micié, Georges Clairin et Léonce Bénédite (1859-1925) envisagent la création de la Fondation Henri Regnault à Tanger. Mais, la déclaration du conflit européen, en août 1914, balaie tout espoir de réalisation de ce projet qui n'est pas repris en 1918[27]. Toutefois, le rapprochement de la Société des peintres orientalistes avec la Résidence générale permet l'ouverture, en 1917, au pavillon de Marsan au Louvre, d'une exposition consacrée à l'art marocain. Cette manifestation est divisée en deux sections : l'une est réservée à l'artisanat local et l'autre à la peinture du Maroc. Les

[27] Bénédite, Léonce, « Art et Maroc », *France-Maroc,* 15 octobre 1917, p.7.

auteurs de ces toiles sont pour la plupart des orientalistes mobilisés au Maroc ou des peintres définitivement installés là-bas. Joseph de la Nézière (1873-1944), peintre travaillant pour le Service des antiquités, Beaux-arts et monuments historiques au Maroc, présente trois œuvres : *Retour de fantasia, Rabat, le Matin* et *Le marché aux poteries*[28]. Ses tableaux résument bien l'exposition. Rabat, capitale du pays, est aussi une cité impériale tout comme Fès, Meknès et Marrakech. Le marché aux poteries fait référence à l'artisanat présent dans l'exposition. La fantasia rappelle les coutumes ancestrales du pays. Ces courses équestres ont été très souvent peintes. L'artiste orientaliste Alfred Dehodencq en a exécuté de nombreuses. Le thème est aussi repris par Charles Duvent (1867-1940) et Suzanne Crépin (1880-1956). Quant à Jules Galand (1882-1924), il se distingue des autres artistes par la présentation d'œuvres sur bois où les vues de villes sont gravées au canif telle que *Kasbah des Oudaïas à Rabat*.

Le succès de cette première exposition de peinture favorise l'organisation d'une autre à Casablanca, l'année suivante. En effet, en 1918, la capitale économique accueille le concours agricole général du Maroc. Dans la lignée des foires économiques instituées en 1915, cette manifestation a pour objectif de montrer les ressources agricoles locales et d'activer les échanges commerciaux avec la France. Cette manifestation se déroule dans l'ancien camp militaire français en dehors de la médina. Elle est l'occasion pour la nouvelle revue *France-Maroc* de programmer, dans le hall de l'hôtel Excelsior, une exposition de peinture qui regroupe les artistes illustrateurs du mensuel éponyme créé en 1916. Nombreux sont ceux qui étaient présents à Paris en 1917 comme Maurice Tranchant de Lunel, Joseph de la Nézière, Gabriel Rousseau (1876-1951), Albert Laprade (1883-1978), Bernard Boutet de Monvel (1881-1949), Suzanne Crépin, Jules Galand, Jacques Majorelle, Azouaou Mammeri (1892-1954), Henri Dabadie (1867-1949) et Jean de Gaigneron (1890-1976). Les autres peintres sont Henri Hourtal (1877-1944), Pierre Brissaud (1885-

[28] *Exposition des arts marocains organisée par l'union des arts décoratifs et la société des peintres orientalistes*, 1917, Édition de la revue France-Maroc, p.5.

1964), Alméry Lobel-Riche (1880-1950), Robert Massart (1892-1955) et Eugène Delaporte (1878-1964)[29].

En 1921, la Société coloniale des artistes français convie les peintres du Maroc à son Salon[30]. Elle relaie les orientalistes par son ouverture vers le Maghreb. Ce rapprochement s'est effectué grâce à la création du prix du Maroc en 1919 qui a été décerné pour la première fois en 1914 à Marcelle Ackein (1882-1952), puis la seconde fois, en 1920, au peintre Camille Boiry (1871-1954) et au sculpteur Gaston Broquet (1880-1947) dont le talent avait déjà été récompensé au Salon des Beaux-arts en 1912 par une bourse de voyage[31]. Le troisième prix du Maroc est encore octroyé à un sculpteur, Eugène L'Höest (1874-1937). Comme son confrère de 1920, il a été élève de Gabriel Jules Thomas (1824-1905) et de Jean-Antoine Injalbert (1845-1933)[32]. La Société coloniale des artistes français crée encore deux autres prix pour permettre aux peintres et sculpteurs de se rendre au Maroc : le prix de la Compagnie générale transatlantique en 1921 et celui de la Compagnie Paquet en 1924. Cependant, ces bourses ne couvrent que les frais de voyages, les artistes doivent faire appel à d'autres ressources pour payer leur séjour. C'est pour remédier à ces problèmes financiers que des maisons d'art sont installées dans les grandes villes marocaines afin d'accueillir gratuitement les artistes venant de métropole. L'idée a été émise par Louis Barthou (1862-1934), ministre des Affaires étrangères, lors d'un banquet à la Résidence générale le 5 avril 1919[33]. Lyautey en a pris note et il confie le projet à Edmond Pauty (1887-1980), directeur du Service des Beaux-arts et monuments historiques. Ainsi, en mai 1922, une maison d'art est créée à Fès Boujeloud, elle comprend cinq ateliers destinés pour le travail des artistes et une salle d'exposition pouvant servir

[29] P.P, « Une exposition de peintre à Casablanca », *France-Maroc*, 15 décembre 1918, pp.354-357.
[30] Schultz, Marcel, « Les arts marocains à Paris », *France-Maroc,* juin 1921, pp.105-106.
[31] Richemont, Stéphane, *Les Salons des artistes coloniaux*, Paris, les Éditions de l'Amateur, 2003, p.119.
[32] *Ibid.*, p.185.
[33] Griffel, « Pour la défense des vieilles cités et le classement des paysages », *France-Maroc,* 15 juillet 1919, p.200.

aussi bien aux manifestations picturales qu'aux travaux d'écoliers et qu'aux ateliers d'art indigène. Sur les cinq ateliers ainsi constitués, déjà trois sont occupés par des artistes[34]. En 1923, une maison d'art, avec trois ateliers, est installée à l'entrée du Palais de la Bahia de Marrakech, deux autres, comportant deux ateliers chacune, sont ouvertes à Meknès – une au Palais du Boujeloud et une dans un bastion de Bab Mansour – et enfin trois ateliers sont créés à Safi, dans un vieux bâtiment de la Kechla (ancienne garnison militaire)[35]. Quant à Rabat, elle se voit doter d'une maison d'art avec trois ateliers, une salle d'exposition et un théâtre de verdure[36]. En plus de ces aménagements, la Résidence générale met à disposition des artistes des billets gratuits ou à demi-tarif délivrés par les compagnies de chemins de fer du Maroc et des réquisitions de passage sur mer gratuites ou à tarif réduit délivrées par les bureaux du Cabinet civil[37]. Toutes ces facilités sont aussi un moyen d'encourager les peintres et les sculpteurs à résider au Maroc, accroissant ainsi les liens entre les sociétés artistiques. Ceux-ci se renforcent aussi grâce à la création de correspondants au Maroc pour le compte de la Société coloniale des artistes français. Ces derniers sont supervisés par le Service des Beaux-arts et monuments historiques. À Casablanca, le peintre Édouard Brindeau de Jarny (1867-1943) est un de ces correspondants tout comme le journaliste Gustave Babin (1865-1939) pour Fédala. Jean Gallotti (1881-1971) et Léon Fomberteaux (1871-1936), respectivement inspecteurs des Beaux-arts de Marrakech et de Mazagan, le sont aussi pour ces villes. À Safi, il s'agit du contrôleur civil Maurice Leglay (1868-1936). À Meknès et à Rabat, les peintres Alphonse Clément, André Brondy dit Mattéo Brondy et Bruno Condo de Satriano (1876-1924) ont le même statut. Enfin à Fès, Aline de Lens-Reveillaud (1881-1925), qui administre une agence

[34] Pauty, Edmond, « Le Service des Beaux-arts et monuments historiques », *Bulletin de l'enseignement public,* n° 41, mai 1922, pp.94-99.
[35] Vidal-Bué, Marion, *André Suréda*, Paris, Les Éditions de l'Amateur, 2006, pp.183-184.
[36]« Les maisons des arts au Maroc », *L'Art et les artistes,* n° 40, octobre 1923, p.202.
[37] Lespes, Marlène, *De l'orientalisme à l'art colonial : les peintres français au Maroc pendant le Protectorat (1912-1956)*, Thèse de doctorat d'histoire de l'art, Université Toulouse Jean Jaurès, 2017, p.430.

permettant aux artistes de se procurer des modèles dans les meilleures conditions, fait partie aussi des huit correspondants marocains. Le rôle de ces élus est de donner des nouvelles de l'art au Maroc en France.

L'année 1922 est déterminante pour la création artistique au Maroc. Le pays a enfin son propre pavillon à l'Exposition coloniale et nationale de Marseille. Celui-ci est constitué de plusieurs sections : l'une est réservée à une rétrospective des œuvres des peintres du XIXe siècle, tandis que le bâtiment adjacent est dédié au Maroc pittoresque qui est décoré de huit dioramas et un panorama représentent les villes impériales dont celui de Fès exécuté par la main de Joseph de la Nézière[38]. Les peintres du Maroc sont répartis dans deux salles du palais des Beaux-arts réservées à la Société des peintres orientalistes et à la Société coloniale des artistes français. La même année, en automne, une exposition de peinture intitulée *Le Maroc vu par les artistes contemporains* est organisée à la galerie Georges Petit à Paris, sous le patronage du général Lyautey. Elle regroupe deux cent trente-neuf œuvres exécutées par seulement trente-huit artistes dont Henri Avelot (1873-1935), Étienne Bouchaud (1898-1989), Suzanne Crépin, Charles Dagnac-Rivière (1864-1945), Charles Duvent, Gabriel Rousseau, Azouaou Mammeri, Maurice Romberg de Vaucorbeil, André Suréda (1872-1930), Marcel Vicaire (1893-1976). Ces derniers étaient déjà présents en 1917 au Pavillon de Marsan. D'autres sont nouveaux comme le détenteur du prix du Maroc de 1921, Marcel Lalaurie (1885 – ?) qui présente un tableau commandé par la ville de Casablanca : *L'arrivée de M. Millerand le 5 avril 1922*[39]. Le poète de *France-Maroc*, Gustave Rouger (1886-1974), dans la revue *L'Art et les Artistes* de cette même année, dédie trente-sept pages sur l'apport du Maroc à la peinture orientaliste.

---

[38] Régismanset, Charles, *L'exposition nationale coloniale de Marseille de 1922,* Paris, 1922, p.48.

[39] « Une exposition de peintures et de sculptures marocaines », *L'Echo d'Alger,* n° 4767, 27 octobre 1922, p.1. Alexandre Millerand (1859-1943) est Président de la République du 23 septembre 1920 au 11 juin 1924.

« Ce n'est pas en vain que le Maroc porte en arabe le nom générique de "Moghreb" qui signifie l'Occident. Car s'il est orienté par ses mœurs et l'empreinte profonde de ses conquérants arabes, le Maroc est surtout océanique dans sa contexture et dans sa lumière. Rude quant au caractère de ses habitants autochtones et à l'aspect de ses côtes, où vient se briser un océan rendu rageur par son accueil, le Maroc est enveloppé d'une lumière très différente de celle qui écrase l'Afrique du Nord, une lumière changeante et dorée qui tempère par sa douceur même cette rudesse des choses, une lumière qui les baigne, fait corps avec elles et les unit par un lien palpable à la respiration lointaine de la mer. Un ciel couvert presque chaque matin, même en été, de longs jours de pluies, avec leurs cortèges de halos, de reflets si riches, des brumes fréquentes estompant les reliefs de la côte, une atmosphère souvent embuée exaltant en finesse les demi-teintes, et tout cela dans des tonalités mesurées, très proche de nos conceptions les plus classiques, dans une intimité distante plus intellectuelle que sensible, voilà ce que la lumière du Moghreb dévoile aux yeux de l'artiste attentif, voilà en quoi elle s'éloigne de la qualité de lumière jetée dans le domaine public par les peintres de l'Algérie et de l'Orient[40]. »

Sept sculpteurs sont présents à l'exposition de 1922. Parmi eux, Céline Lepage (1882-1928) dévoile sa série de cinq piliers quadrangulaires sculptés intitulés *La récolte des oranges.* Gustave Rouger, dans son article, lui consacre quelques lignes élogieuses en expliquant la difficulté du sculpteur à posséder des modèles d'atelier.

« Si le peintre en effet trouve déjà difficilement des modèles, mais peut remédier à ce défaut avec quelque persévérance, le sculpteur ne peut pour ainsi dire compter sur aucun modèle, non pas tant par respect de la défense coranique concernant "les figures qui font ombre", que par crainte, informulée, mais très nette, de quelque possibilité ultérieure d'envoûtement. Il y a donc nécessité pour lui de

[40] Rouger Gustave, « Nos artistes au Maroc », *L'Art et les Artistes*, novembre 1922, pp.8-9 et 14.

renoncer même au croquis rapide qui distrait, pour s'imprégner, au cours des sorties quotidiennes dans les marchés, parmi les ruelles, au long des douars, au milieu des travaux des jardins et des champs, des lignes et des volumes, des attitudes statiques, les porter longtemps en soi et en donner ensuite, de mémoire, une interprétation forcément synthétique et décorative[41]. »

Les deux autres sculpteurs, Paul Landowski (1875-1961), et Émile Pinchon (1872-1933), ont réalisé le monument aux morts commémorant les soldats français et marocains tués sur le front lors de la guerre de 1914-1918. Ils proposent au public une maquette réduite du monument qui représente un cavalier français et un cavalier marocain se donnant la main, par-dessus l'encolure de leur monture, dans un mouvement fraternel et symbolique. La statue, à l'échelle originelle, est réalisée en pierre dure d'une proportion totale d'environ huit mètres. Le groupe est élevé sur un socle où alternent les inscriptions et les bas-reliefs, au nombre de cinq, exécutés par Émile Pinchon. *L'honneur aux morts* occupe le relief central de la face principale. Les sujets des faces latérales sont *La guerre des tranchées* et *En colonne.* Sur la face arrière, *Le départ*, *La victoire* et *La paix* prennent place. Les noms de toutes les unités, ayant quitté le Maroc pour se rendre aux champs de bataille, sont gravés dans les espaces laissés libres entre les bas-reliefs. L'ensemble de l'œuvre est érigé sur une plate-forme de quinze mètres de long sur deux mètres de large à laquelle on accède, aux extrémités, par de larges emmarchements. Le monument aux morts est installé à Casablanca, à l'extrémité du rectangle formé par la place administrative qui est fait face au palais de Justice[42].

Le succès de l'exposition de peinture à la Galerie Georges Petit et le nombre important d'artistes y participant permet de jeter les bases d'un regroupement de peintres et sculpteurs qui prend corps en 1923 sous le nom de l'Association des peintres et sculpteurs du Maroc. Dans sa lignée, de nouvelles sociétés artistiques sont fondées à partir de 1925. Certaines

---

[41] *Ibid.*, pp. 32-33.
[42] « Le monument de la victoire », *France-Maroc*, 1921, p.241.

sont éphémères et d'autres sont encore en activité de nos jours. Elles se distinguent les unes des autres par leurs spécialisations respectives.

Chapitre 2
Les sociétés artistiques

En 1922, les peintres français du Maroc s'unissent pour la première fois lors de l'exposition à la galerie Georges Petit, à Paris, entre le 25 octobre et le 11 novembre[43]. Sur les trente-huit artistes participants, la plupart résident au Maroc comme Mattéo Brondy, Maurice Romberg, Jean de Gaigneron ou encore Jacques Majorelle. Certains d'entre eux travaillent même au sein de l'administration coloniale tels que Joseph de la Nézière, Maurice Tranchant de Lunel, Gabriel Rousseau et Albert Laprade[44]. D'autres sont juste de passage au Maroc comme Joseph-Victor Communal (1876-1962) et Jules Émile Galand (1869-1924). Cette exposition est une réussite puisque la revue *l'Art et les Artistes* en consacre un très long compte-rendu dans son numéro de novembre 1922[45]. À partir de cette exposition, se fait donc jour l'idée de créer une société artistique qui regrouperait et promouvrait tous les artistes domiciliés au Maroc. Cette initiative a le soutien d'Hubert Lyautey. L'Association des peintres et des sculpteurs du Maroc naît alors en 1923, elle est plus connue sous le nom de la « Kasbah » jusqu'aux années 1930. Elle a comme présidents d'honneur, Léonce Bénédite, président de la Société des peintres orientalistes et Armand

[43] Rouger, Gustave, « Nos artistes au Maroc », *L'Art et les Artistes*, 1922, pp.3-40.
[44] Maurice Tranchant de Lunel est directeur du Service des Antiquités, Beaux-arts et monuments historiques jusqu'en 1923. Joseph de la Nézière est directeur de l'Office des arts indigènes jusqu'en 1923. Albert Laprade est architecte au Maroc qu'il quitte aussi au début des années 1920. Quant à Gabriel Rousseau, il reste inspecteur de l'Enseignement professionnel et du dessin aux arts indigènes jusqu'en 1935.
[45] Théliol, Mylène, « L'Association des peintres et sculpteurs du Maroc (1922-1933) », *Rives méditerranéennes*, Jeune chercheur, n° 32-3, 2009, p. 242.

Dayet, inspecteur général des Beaux-Arts en France et directeur de la revue *l'Art et les Artistes*. Son siège social se situe au Palais de la Mamounia, bâtiment où sont intégrés les locaux de la Direction générale de l'Instruction publique de Rabat, une salle d'exposition et un conservatoire de musique. Cette association, dont l'activité perdure jusqu'en 1953, a divers objectifs : unifier les artistes d'excellence éparpillés aux quatre coins du Maroc, donner une visibilité pour que les plasticiens puissent vivre de leur art et enfin lutter contre un amateurisme pictural grandissant. Enfin, comme le précise Georges Hardy lors de la première exposition de la Kasbah, entre le 15 décembre 1923 et le 8 janvier 1924 à la Mamounia, l'autre tendance du programme de cette association est de « rendre l'art colonial à son vrai caractère, le ramener à la sincérité des Delacroix et des Descamps ; le préserver de cette fantaisie qui trouve son excuse dans une fausse conception de l'exotisme, lui conférer une valeur de documentation qui, sans nuire le moins de monde à son charme, en accroît l'intérêt[46]. » Ainsi les différentes expositions qui suivent celles de Rabat ont donc pour but d'éduquer le public à une peinture et sculpture qui se proposent de rendre compte du pittoresque marocain en pénétrant l'âme du pays et en adaptant les yeux et les techniques artistiques aux territoires rencontrés. Si la première manifestation de l'association se tient dans la capitale en janvier 1924, la seconde a lieu en mars 1924 à Casablanca. Il s'en suit d'autres entre 1924 et 1933, car le salon devient annuel. Il se déroule principalement à Rabat, hormis en 1926 et 1929 où il a lieu dans le grand hall de l'Automobile Club de Casablanca. Pour aider financièrement ses adhérents, l'Association des peintres et des sculpteurs du Maroc achète quelques-unes de leurs œuvres lors des différentes manifestations du groupe[47]. Entre 1923 et 1930, le président de l'Association des peintres et sculpteurs du Maroc est Gabriel Rousseau (inspecteur de l'Enseignement professionnel et du dessin). Il permet de faire

---

[46] Ker-Melin, « Les Artistes au Maroc : L'Exposition de la "Kasbah" », *France-Maroc*, n° 86, janvier 1924, p.2.
[47] Lespes, Marlène, *op.cit.*, p.477.

connaître les artistes du Maroc en France, notamment à Paris avec l'organisation d'expositions collectives. La première se produit à la galerie Georges Petit en automne 1924, la seconde se tient à la galerie Simonson en décembre 1928[48]. Ces deux manifestations retiennent l'attention de la presse, notamment celle du journal *La Dépêche coloniale et maritime,* au sein de laquelle, commente Gabriel Rousseau en montrant les différentes façons de peindre d'une grande partie des membres de l'association.

« Les uns, comme Jacques Majorelle, passent une partie de leur vie dans les montagnes du Haut Atlas, couchant pendant des mois sous la tente, pour se pénétrer complètement de l'existence primitive des Berbères et pour étudier leurs aspects les étonnantes casbahs flanquées de tours babyloniennes ; d'autres, comme André Suréda, brossent de rudes et sévères compositions longuement rêvées d'après des scènes juives, ou d'originales pages décoratives figurant des mouflons dans la forêt ; d'autres encore comme M. Baldoui, exprime la délicatesse des tonalités des terrasses de la casbah des Oudaïas[49]. »

Une autre exposition officielle est organisée, au Palais des Beaux-arts de Lisbonne en novembre 1925, conjointement avec une série de conférences sur la colonisation du Maroc qui est présentée par Émile Lévi Provençal, directeur ès lettre et professeur de l'Institut des hautes études marocaines de Rabat[50]. Avec cette prestation, l'Association des peintres et sculpteurs du Maroc commence à avoir une aura en Europe et au Maghreb. Leurs œuvres rentrent aussi dans les collections muséales parisienne et algérienne. En 1927, le musée du Luxembourg à Paris recèle deux œuvres marocaines qui ont été achetées, par l'État français, à Jacques Majorelle (*La vallée d'Oulina*) et à André Suréda

---

[48] Hardy, Georges, « À propos d'une exposition : des artistes qui contribuent à faire connaître le Maroc », *La dépêche coloniale et maritime,* n° 9283, 7 décembre 1928, p.1.
[49] Rousseau, Gabriel, « Peintres et peinture du Maroc », *Le Monde colonial illustré,* n° 65, 1er janvier 1929, p.5.
[50] Théliol, Mylène, *op. cit.*, p.243.

(*Femme de Marrakech*)[51]. Au sein du Musée des Beaux-arts d'Oran, consacré à l'art français en Afrique du Nord, les créations d'Édouard Brindeau de Jarny, Suzanne Drouet-Reveillaud, Raphaël Pinatel, Marcel Vicaire, Jules-Henri Derche (1896-1971), Azouaou Mammeri et Mattéo Brondy font partie des mille deux cents œuvres exposées en 1930[52]. En 1936, le Musée national des Beaux-arts d'Alger possède quinze tableaux réalisés par des peintres français résidant au Maroc dont dix, acquises entre 1929 et 1934, sont de la main des membres de l'Association des peintres et sculpteurs du Maroc : *Moulay Idriss* de Jean Baldoui ; *Vue de Fès* d'Étienne Bouchaud ; *Les remparts de Fès* de Jean Bouchaud ; *Vue de Safi* et *Les Silos de Casablanca* d'Édouard Brindeau de Jarny ; *Salé* de Camille Paul Josso ; *Rue dans un village arabe* et *Terrasses de Marrakech* d'Azouaou Mammeri ; *Le minaret vert* et *Mauresque nue* de Marcel Vicaire[53]. Cette diffusion de leurs œuvres dans les collections publiques montre que les artistes de cette société artistique ont une reconnaissance nationale et font partie intégrante de l'art français aussi bien en métropole qu'au Maghreb. Cette prospérité est due particulièrement au nouveau président, Édouard Brindeau de Jarny, qui ouvre une nouvelle ère pour

[51] Masson, Charles, *catalogue des peintures, sculptures et miniatures au musée du Luxembourg*, Paris, Musées nationaux, 1927, pp.37 et 50. Le Musée du Luxembourg créé en 1818 par Louis XVIII au sein du palais du Luxembourg est dédié aux artistes vivants. Ce musée est à la fois un lieu de consécration artistique et de diffusion officielle de l'art. En 1879, le Sénat réclamant l'intégralité du palais pour s'y développer, finance la reconversion de l'orangerie et la construction d'une aile (l'actuel musée du Luxembourg) pour y loger provisoirement les collections du musée, en attendant que l'État se décide à lui construire un bâtiment digne de son rayonnement international. En 1937, le musée du Luxembourg ferme ses portes, il reste sans affectation pendant plus de quarante ans avant l'ouverture du Musée national d'art moderne, en 1947, au palais de Tokyo où les œuvres sont transférées. Celles-ci trouvent enfin une résidence fixe au Centre Pompidou à partir de 1977.

[52] « Inauguration du Musée et de l'Exposition des Beaux-arts par M. Bordes, Gouverneur général », *L'Afrique du Nord illustrée,* n° 477, 21 juin 1930, pp.14-15.

[53] Alazard, Jean, *Catalogue des peintures et sculptures exposées dans les galeries du Musée national des Beaux-arts d'Alger*, Paris, Édition H. Laurens, 1936-1938, pp. 27, 34, 35, 38, 99 et 133. Les autres œuvres marocaines sont exécutées par des peintres ayant séjourné peu de temps au Maroc : Édouard Herzig (1860-1926) avec *Médersa à Marrakech* (acquis en 1927) ; Yvonne Kleiss-Herzig (1895-1968) avec *Moulay-Idriss* (acquis en 1933) ; Mainssieux Lucien (1885-1958) avec *Environs de Marrakech* (acquis en 1930) ; Marcel Roche (1890-1959) avec *Paysage de Fès* (acquis en 1929) ; Théodore Van Rysselberghe (1862-1926) avec *Vue de Tanger* (acquis en 1932).

l'association[54]. Un changement est d'abord opéré concernant les expositions collectives, elles se déroulent dans les différentes villes marocaines : Rabat en 1932 et 1938 ; Fès en 1935 ; Port-Lyautey en 1936 ; Marrakech en 1940 et 1941. Vers 1935, l'association transforme son nom pour devenir l'Association des peintres et sculpteurs français professionnels du Maroc afin de se démarquer des autres sociétés artistiques qui acceptent des plasticiens amateurs. Elle prévoit même pour s'agrandir de mettre en place des délégués à Fès, Casablanca, Marrakech, Meknès et Rabat[55]. Elle contrôle aussi les expositions réalisées au sein du Protectorat en donnant son accord au service des douanes pour autoriser certaines galeries d'art à importer des œuvres d'artistes métropolitains ayant déjà une notoriété en France. Le but de ce procédé est de sauvegarder la qualité des créations présentées aux Français du Maroc et de protéger les intérêts des artistes professionnels. À partir de 1947, cette surveillance devient caduque, due à l'augmentation des manifestations artistiques, à l'affluence grandissante de plasticiens inconnus au sein du Royaume chérifien et au changement de goût en matière d'art des Européens au Maroc[56]. Sous le mandat d'Édouard Brindeau de Jarny, l'association accentue davantage la multiplication des expositions en Europe comme en juin 1934 à Londres [57]ou encore en 1938, lors du Salon des orientalistes à la galerie Charpentier à Paris[58]. Le président organise aussi les présentations des différentes œuvres des sociétaires lors des manifestations artistiques de l'Afrique française, de l'Afrique du Nord ainsi qu'au sein des expositions coloniales et d'outre-mer à Paris comme celle de 1937 dédiée aux arts et techniques appliqués à la vie moderne[59].

---

[54] « Casablanca », *L'Echo d'Oran*, 10 février 1932, p.8.

[55] Archives privées d'Astrid Mallick, Procès-verbal de l'Assemblée générale de l'Association des peintres et sculpteurs professionnels du Maroc du 28 juin 1941.

[56] Lespes, Marlène, *op. cit.*, p.478.

[57] « Une exposition de peinture marocaine à Londres », *L'Echo d'Alger*, n° 8713, 13 juin 1934, p.1.

[58] « Le Maroc artistique à l'honneur », *Le Petit Marocain*, n° 6964, 14 octobre 1938, p. 2.

[59] Édouard Brindeau de Jarny est l'instigateur de l'Exposition artistique d'Afrique du Nord qui regroupe les principales œuvres des peintres et sculpteurs du Maghreb pour donner annuellement une synthèse artistique de qualité. La manifestation automnale est organisée principalement dans

Avec la déclaration de la Seconde Guerre mondiale, les membres de l'association font œuvre de bienfaisance en aidant les artistes nécessiteux. En effet, une exposition permanente de leurs créations est organisée au foyer de la danse du théâtre municipal de Casablanca dans le but de créer une caisse de secours afin d'aider financièrement les artistes du Maroc qui souffrent des effets de la guerre. La durée de cette manifestation est indéfinie puisque les œuvres sont renouvelées au fur et à mesure des ventes[60]. En 1940, Édouard Brindeau de Jarny fait de nouveau appel à la générosité de l'ensemble des peintres et sculpteurs résidant dans le Royaume chérifien pour développer l'aide matérielle aux artistes en grande difficulté lors de cette période de conflit.

« C'est en constatant l'état de vie précaire où quelques artistes étaient tombés du fait de la guerre que notre ami Brindeau, dont les généreuses initiatives en faveur des camarades ne se comptent plus, eut la pensée de grouper des efforts de tous en faveur des misères naissantes. Après bien des démarches, il est arrivé à instituer au moins pour ces mois d'hiver et de printemps, une exposition permanente ouverte à tous les artistes, avec la garantie d'un jury éclairé et soucieux d'offrir au public que des œuvres de valeur. Un pourcentage pris sur la vente des tableaux sera réservé et permettra d'entretenir une caisse de secours qu'alimenteront encore les dons librement consentis soit par les amis des artistes, soit par les artistes eux-mêmes[61]. »

Ainsi est constituée dès le 20 janvier 1940, une exposition permanente d'œuvres des peintres et sculpteurs résidant au Maroc au Syndicat d'Initiative du Tourisme au boulevard de la Gare au profit d'une mutuelle des artistes en peinture et sculpture du Protectorat. À

les villes du Maroc et à Paris. La première exposition instituée par l'Association des peintres et sculpteurs français professionnels du Maroc a lieu en 1942 à Casablanca. Après le décès d'Édouard Brindeau de Jarny en 1943, Jean Baldoui puis Marcel Vicaire reprennent son organisation à Paris (1947) et à Marrakech (1948).

[60] « Caisse de secours pour les artistes », *Le Petit Marocain*, n° 5887, 12 décembre 1939, p. 4.

[61] Isis, « Propos du Jour », *Le Petit Marocain*, n° 5923, 19 janvier 1940, NP.

la mort d'Édouard Brindeau de Jarny en février 1943, Pierre Lavalley reprend la présidence de l'Association des peintres et sculpteurs français professionnels du Maroc. Il poursuit l'œuvre de son prédécesseur en mettant en place, en 1945, des expositions en faveur des peintres amateurs américains mobilisés[62]. Il permet aussi la réouverture du salon annuel de l'association l'année suivante dont la direction est alors assurée par Jean Baldoui. « Après plusieurs années de sommeil, qui furent pour beaucoup d'entre nous des années d'angoisse sinon de deuil, l'Association des Peintres et Sculpteurs Français Professionnels du Maroc, fondée en 1923, regroupant ses anciens membres et s'adjoignant de jeunes talents, organise une exposition de leurs œuvres, du 27 octobre au 11 novembre 1946, dans la salle des fêtes de la Chambre de commerce et d'Industrie de Rabat[63]. » Lors de cette manifestation sont comptabilisés vingt et un peintres et sculpteurs. La majorité des tableaux sont des huiles sur toiles dont les sujets sont quasiment tous marocains : paysages, vues de médinas et quelques portraits d'autochtones. Suzanne Drouet-Reveillaud présente un tableau ayant comme sujet *Minaret de Bab Guissa* qui fait écho aux *Oudaïas vues de Salé* de Louis Serrière-Renoux ou encore aux *Oudaïas* de Jean Baldoui. Il faut retenir aussi le *Conteur de Bab Guissa à Fès* de Marcel Vicaire et *Teinturier juif* de Georges Miollan. Une multitude de peintures de fleurs vient encadrer les œuvres phares et mettre en valeur les sculptures éparses de Marguerite Anne de Blonay, Pierre Lavalley et la magnifique panthère en bronze d'Henri Wacquiez[64]. Plus les années avancent, plus la presse française au Maroc n'est plus unanime à s'enflammer sur de la qualité des créations présentées lors des expositions de l'Association des peintres et sculpteurs français professionnels du

[62] « Casablanca : Le vernissage de l'exposition des œuvres d'art des mobilisés américains », *Le Petit Marocain*, 13 juillet 1943, p.7.
[63] CADAN, Archives du Protectorat du Maroc, Cabinet civil, 1 MA/6B, artistes au Maroc : « Lettre de Monsieur Baldoui au Résident général au Maroc, Erik Labonne, l'invitant à l'exposition de l'Association des peintres et sculpteurs français professionnels du Maroc », 2 octobre 1946.
[64] « Le Salon des Peintres et Sculpteurs professionnels du Maroc », *Le Petit Marocain*, n° 9446, 29 octobre 1946, p.4.

Maroc. Elle est même plutôt très caustique concernant la manifestation organisée par le nouveau président, Marcel Vicaire, à la salle des fêtes de la Chambre de commerce de Rabat en 1948. Vingt-deux peintres présentent cent soixante-dix tableaux qui avaient été envoyés, l'année précédente, à l'Exposition artistique de l'Afrique française de Paris. Lors de cette dernière exposition métropolitaine, les journaux artistiques n'avaient pas accueilli favorablement ce regroupement, la critique avait été assez acerbe voire violente. Paul Poucel, le journaliste de *Maroc-Matin*, en fait état dans son article sur l'exposition de 1948, il partage même ce constat en affirmant qu'« il en est beaucoup qu'il aurait mieux valu ne pas exposer à Paris[65] ». Le pittoresque tant recherché par les plasticiens dès la création de l'association est passé de mode. Le public des grandes villes marocaines est plus au fait des œuvres contemporaines venant de métropole, exposées dans les principales galeries d'art de Rabat et de Casablanca, que de ces poncifs appartenant à un autre âge. L'art colonial n'est plus, d'ailleurs sa principale défenseuse, la Société coloniale des artistes français a changé de nom, en 1946, pour devenir la Société des Beaux-arts de la France d'outre-mer, s'adaptant ainsi aux récents statuts des colonies et aux nouvelles mentalités. Entre 1948 et 1953, la presse ne rédige quasiment plus aucun commentaire sur les manifestations de cette société artistique, hormis en 1951, où elle indique qu'une exposition a lieu au Pavillon des Beaux-arts de la Mamounia à Rabat entre fin mars et début avril[66]. À partir de 1953, les journaux ne font plus aucune mention de l'Association des peintres et sculpteurs français professionnels du Maroc qui, pourtant, regroupait les principaux plasticiens français et espagnols domiciliés au Maroc. En effet, entre 1923 et 1924, l'association compte vingt-cinq membres : Jean Baldoui (inspecteur des arts indigènes à Fès), Édouard Brindeau de Jarny, Émile Lafond, Gabriel Rousseau, Joseph de la Nézière, Maurice Tranchant de Lunel, Jean Hainaut (professeur

[65]Poucel, Paul, « À la Chambre de Commerce-Salon d'Hiver », *Maroc-Matin*, n° 3483, 13 janvier 1948, NP.

[66] « Echos : Exposition de l'Association des peintres et sculpteurs français professionnels du Maroc », *La Vigie Marocaine*, 26 mars 1951, p.4.

de dessin au collège musulman à Rabat), Albert Laprade (architecte au plan de ville au Maroc), Blanche Laurent-Berbudeau (sculptrice au Maroc), André Lenoir (sculpteur à Meknès), Edmond Pauty (directeur du Service des Beaux-arts et monuments historiques entre 1922 et 1925), Raphaël Pinatel (conservateur de la médersa de la Kasbah des Oudaïas), Carlos Abascal (1871-1948), Marcel Vicaire (inspecteur des arts indigènes à Rabat), Bruno Condo de Satriano (professeur de dessin au lycée Gouraud à Rabat)[67], Suzanne Crépin (elle séjourne à Oujda), Jean Denis (administrateur de la maison des arts de Fès), Jules-Henri Derche (il réside à Casablanca), Marguerite Barrières-Prévost (professeur de dessin au Lycée de jeune fille à Rabat), Aline de Lens-Reveillaud (elle réside à Fès jusqu'à sa mort en 1925), Joseph-Victor Communal (1876-1962), Marcel Lalaurie, Azouaou Mammeri, l'aquarelliste Eugène Delaporte (1878-1964), Jacques Majorelle (1886-1962), Marcelle Ackein, Suzanne Drouet-Cordier (1885-1970), Henri Camax, André Suréda (1872-1930), Jean Bouchaud (1891-1977), Étienne Bouchaud (1898-1989), Bernard Boutet de Monvel (1881-1949) et Mattéo Brondy[68]. D'autres artistes viennent grossir les rangs de la société comme le caricaturiste Paul Néri (1899-1969) en 1925. Lors de l'exposition de fin novembre début décembre 1928, à la galerie parisienne Simonson, plus de vingt-cinq peintres et sculpteurs du Maroc y montrent leurs œuvres. En plus des premiers adhérents, on compte de nouveaux visages comme Émile Baes (1879-1953), Élisabeth Dandelot (1898-1995), Yves Brayer (1907-1990), Paul Moreau-Vauthier (1871-1936), Édouard Marcel Sandoz (1881-1971) et Camille Paul Josso (1902-1986). En 1932, six autres artistes rejoignent l'association : Henri Pontoy (1888-1968), Marguerite Delorme (1876-1946), Paul Sloan Franck (1900-1984), Robert Camille Quesnel (1881-1962), Jean Jorrot (1892-1974-agent

[67] Originaire de Marseille, Bruno Condo de Satriano suit les cours de dessin et de peinture à l'École des Beaux-arts de sa ville natale. Il réalise ses premières œuvres en Provence. Dans les années 1906-1907, il part en Égypte où il rapporte de nombreuses toiles et dessins. Il s'installe au Maroc, dans la capitale, à la fin de la Première Guerre mondiale. Il enseigne le dessin au collège et lycée Gouraud entre 1919 et 1923. Il meurt à Rabat en 1924.

[68] Rivier, Georges, « Première exposition de l'Association des peintres et sculpteurs français au Maroc », *Le Journal des Arts,* 29 octobre 1924, p.2.

technique au Service des arts indigène) et Olek Teslar (1900-1952)[69]. En 1941, l'association comptabilise encore des adhérents en plus comme Louis Riou (1893-1958), Edy-Legrand (1892-1970), Élie Anatole Pavil (1873-1944), Raymond Crétot-Duval (1895-1986) et Louis Morère (1885-1949)[70]. Au Salon de 1946, orchestré par son président Jean Baldoui et son vice-président, Marcel Vicaire, il y a vingt et un participants dont dix-huit peintres et trois sculpteurs : Félix Bellenot (1892-1963), Suzanne Drouet-Reveillaud, Simone Lorimy-Delarozière (1905-1987), Louis Serrière-Renoux (dessinateur au cadastre de Rabat), Marcel Vicaire, Jean Baldoui, Georges Miollan (1910-1962), Gilbert F. Bons (1900 – ?), Élie Anatole Pavil, Armand Céré (1907 – ?), Hervé Kervella, Roger Tremel (1907-1987), Jean Hainaut (1894-1959), Jean-Gaston Mantel (1914-1995), Jean Besancenot (1902-1992), Henri Coulon (peintre officiel du Maréchal Lyautey), Henri Pontoy (1888-1968), Marguerite Anne de Blonay (1897-1966), Pierre Lavalley (1894-1951) et Henri Wacquiez (1907-1998)[71]. Lors de la manifestation de 1948, seuls vingt-trois peintres sont représentés dont de nouveaux exposants : Philippe Ancellin (1922-2010), Roger Bezombes (1913-1994), Odette Bruneau (1891-1984), Robert Cassin (1914-2015), Monique Cras (1910-2007), Gabrielle Dauguet, Robert Génicot (1890-1981), Pierre Lafages (1925-2005), Pierre-Louis Thévenet, Jacqueline Mathis-Brodskis (1912-2006), Charles-René Payen (?-1963) et Jane Wise (1926 – ?)[72]. Il est illusoire de connaître exactement le nombre d'adhérents, car si certains restent membres durant toute la durée d'existence de

---

[69] Vattier, Joseph, « Réflexion sur un salon », *L'Echo d'Oran,* 30 juin 1932, p.3.

[70] Archives privées d'Astrid Mallick, Procès-verbal de l'Assemblée générale de l'Association des peintres et sculpteurs professionnels du Maroc du 28 juin 1941.

[71] « Le Salon des Peintres et sculpteurs professionnels du Maroc », *Le Petit Marocain,* n° 9446, 29 octobre 1946, p. 4. Hervé Kervella est un peintre breton dont le style est proche des fauves. Il peint surtout des natures mortes et des portraits, voire des autoportraits. Il est recensé au Maroc dès 1945. Il participe aux expositions de l'Association des peintres et sculpteurs français professionnels du Maroc (1946) et de l'Association des artistes indépendants du Maroc (1947). Entre 1947 et 1948, il présente ses toiles à la galerie Escribano de Casablanca et à la Mamounia de Rabat. En 1948, il est présent au Salon d'Automne.

[72] « Association des peintres et sculpteurs français professionnels du Maroc », *La Vigie marocaine*, 10 janvier 1948, NP ; Poucel, Paul, « À la Chambre de Commerce-Salon d'Hiver », *Maroc-Matin*, n° 3483, 13 janvier 1948, NP.

l'association, d'autres, en revanche, ne s'y sont affiliés que pour un temps plus restreint.

En plus de ses sociétaires, l'Association des peintres et sculpteurs français du Maroc accueille aussi les artistes de passage qui, à partir de 1923, peuvent séjourner gratuitement au Maroc grâce à l'initiative du Service des Beaux-arts et monuments historiques. En effet, ce dernier a mis en place, pour les accueillir, des ateliers au sein de maisons d'art, qui sont dispersés dans les plus grandes villes marocaines[73]. Ainsi chaque peintre ou sculpteur peut y venir travailler durant quatre mois. Au-delà de ce délai, il est possible de demander un transfert dans un autre atelier. Dans le règlement de 1928, le temps d'occupation est limité à trois mois. Il est ramené à deux mois à partir de 1949 pour les plasticiens résidant hors du Maroc et à un mois pour ceux habitant le pays. Les artistes qui peuvent bénéficier de ces ateliers sont très variés : des boursiers, des étrangers, des locaux, des peintres venus d'Algérie et des métropolitains. Cependant, les boursiers sont prioritaires par rapport aux autres[74]. Ces ateliers sont très populaires auprès des artistes. Ceux de Rabat, Fès et Marrakech sont les plus sollicités. À Fès, entre 1931 et 1935, les demandes de réservation des ateliers sont si nombreuses, que le Service des Beaux-arts et monuments historiques ne peut parfois pas satisfaire les quémandeurs. Entre 1923 et 1932, cent quatre-vingt-douze artistes ont pu bénéficier des locaux fassis. Les artistes occupent souvent sur leur période de résidence au Maroc plusieurs ateliers dans différentes villes. Entre décembre 1933 et septembre 1934, le peintre américain Frederic O'Hara (1904-1980) réserve successivement les ateliers de Rabat, Meknès et Fès[75]. En 1949, le peintre parisien Maurice Martin (1894-1978) reçoit le Prix du Maroc et une bourse de voyage, ce qui lui permet de venir séjourner deux mois dans le Royaume chérifien. Il s'installe alors à Fès dans un des ateliers de la Résidence qui lui a été

[73] « Les Maisons des arts au Maroc », *L'Art et les Artistes*, 1923, p.202.
[74] Lespes, Marlène, *op.cit.*, pp.450-453.
[75] *Ibid.*, p.459.

mis à sa disposition. Il réalise, à la mi-février 1950, sa première exposition fassie au sein de la galerie Bras où il présente des paysages de la capitale française et quelques vues des principales villes marocaines[76]. Après son escale à Fès, il part quelque temps à Rabat où, là encore, un des ateliers lui est octroyé pour ses travaux. Les ateliers sont particulièrement appréciés par les plasticiens qui y séjournent même si ces derniers ne sont pas très bien entretenus soit par faute de moyen, soit par négligence. Certains plasticiens se plaignent même de l'état de délabrement de certains d'entre eux comme le sculpteur François de Hérain (1877-1962) en 1934 concernant un des ateliers fassis[77]. C'est sans doute cet état de vétusté constant qui oblige les autorités marocaines à les fermer après l'indépendance du pays. Ils leur sont substitués des résidences de création privées. À Rabat, elles sont regroupées dans le quartier des Oudaïas. Elles sont toutes créées par des peintres qui mettent à disposition des pièces de leur demeure voire la totalité de leur maison après leur décès à d'autres peintres. Seules quelques résidences perdurent encore dans les années 1970 et 1980[78]. Parallèlement aux ateliers, s'organisent, dès 1918, dans les grandes villes du Maroc – d'abord Casablanca, puis Rabat et enfin Meknès, Fès, Marrakech et Mazagan – des foyers littéraires et artistiques. Ces derniers ont pour but de favoriser la mise en place d'activités durant les mois d'hiver en mettant en place des représentations théâtrales, des concerts, des conférences et des bals. Certains foyers œuvrent aussi pour les peintres et sculpteurs locaux en créant des expositions artistiques annuelles comme les foyers artistiques de Rabat, de Fès et de Mazagan. Toutes les manifestations organisées pour encadrer et accroître l'effervescence culturelle au Maroc sont une réussite. Elles renforcent l'attrait du Royaume chérifien sur les artistes, dont les flux

[76] « À la galerie Bras, des brumes des quais de Seine à la lumière des villes marocaines », *Le Courrier du Maroc*, n° 6239, 17 février 1950, NP.
[77] Lespes, Marlène, *op. cit.*, p.458.
[78] Clément, Jean-François, « Le développement des résidences d'artistes au Maroc », *Culture & Musées*, n° 31, 2018, p.210.

de plus en plus importants permettent à d'autres sociétés artistiques de s'épanouir.

Les sociétés d'artistes et d'amateurs

Certaines sociétés artistiques regroupent des amateurs qui peignent ou sculptent pour leur plaisir. Ainsi, en décembre 1925, est fondée la Société des peintres géographes du Maroc – plus connue sous le nom de « La Montagne » – qui regroupe trois membres de l'Association des peintres et sculpteurs du Maroc : Jean Baldoui (1890-1955), Édouard Brindeau de Jarny et Jean Hainaut. Cette association, soutenue par la Société de géographie du Maroc, organise une exposition de peinture chaque année qui se déroule généralement en même temps que le Congrès de Géographie du Maroc[79]. Les toiles présentées doivent comporter des sujets botaniques, ethnologiques et géographiques. Les œuvres s'apparentent alors à la photographie. Cette société s'accroît considérablement car elle favorise le dilettantisme pictural qui est aussi encouragé par Georges Hardy : « Il serait injuste de passer sous silence les peintres amateurs, les "peintres du dimanche". Eux aussi sont très nombreux au Maroc, et beaucoup d'entre eux font même preuve de talent. Ceux de Rabat, sous le patronage de la société "La Montagne", organisent un Salon annuel, qui, ma foi, en vaut d'autres[80]. »

Les foires économiques pour stimuler l'artisanat marocain ont commencé dès 1915 avec celle de Casablanca, puis elles se sont enchaînées chaque année en tournant sur les différentes grandes cités du pays. En 1922, la ville de Marrakech décide de réaliser une foire annuellement due à son succès grandissant les années précédentes[81].

---

[79] « Le premier Congrès de Géographie du Maroc », *La Géographie,* Tome XLV, 1926, p.391.
[80] Hardy, Georges, « La vie intellectuelle et artistique au Maroc », *Le Comité de l'Afrique française et le Comité du Maroc*, n° 3, 1927, p.111.
[81] « La 10e foire de Marrakech », 1930, *L'Afrique du Nord illustrée*, n° 469, p.7. La première foire de Marrakech est instituée en 1920, elle était juste une foire de ville avec un concours d'élevage. En 1921, elle devint un vrai concours agricole, mais aussi une vitrine pour la promotion de l'agriculture, le commerce et l'industrie de la ville de Marrakech. Le succès de la seconde et le triomphe de la troisième manifestation décidèrent les organisateurs à répéter la

En avril 1927, lors de sa septième édition dédiée à l'économie de la ville, aux arts indigènes et au tourisme, il y apparaît pour la première fois un Salon des Beaux-arts qui accueille les peintres et sculpteurs locaux. Ce salon n'est mentionné dans la presse qu'à partir de 1935 afin d'annoncer son règlement[82]. Ne sont acceptés à cette manifestation que les peintures à l'huile, aquarelles, dessins, gravures et sculptures traitant des sujets de la foire. Chaque artiste a le droit d'exposer trois œuvres et les tableaux doivent être encadrés. Seulement deux ou trois artistes choisis par le comité organisateur peuvent présenter un panel plus important de créations. Chaque participant paie une cotisation de vingt francs et doit retourner son adhésion avant le 15 mars 1935[83]. Ce huitième salon est une grande réussite, puisque cent cinquante œuvres traitant du Maroc y sont regroupées[84]. En avril 1936, dix-sept artistes exposent lors de la neuvième édition. Neuf résidents à Marrakech : René Martin, Jacques Majorelle, Vladimir Tamikowski (architecte à Marrakech), James Mallery Wilson (1890-1962), R. Grahame Mervyn, Paul Nassivet (1904-1977), Charles Balay (1861-1943), Mme Olivieri (peintre casablancaise) et Olek Teslar. Deux artistes viennent de Meknès : Julien Matthey (1889-1956) et Madeleine Chalureau-Perrin. Trois proviennent de Fès (Henri Pontoy, Anny Mathieu 1897-1994 et Emmy Leuze-Hirchfeld[85]), un de Rabat (Louis-Jean Endrès), un de Safi (Édouard Marichal 1921-2012) et un dernier de Tanger (Marie Pinatel)[86]. Ce Salon des Beaux-arts devient de plus en plus conséquent

---

foire chaque année en avril. Un Comité permanent fut mis en place et acquit des terrains propices à accueillir les pavillons et les stands de cette exposition annuelle.

[82] Henry, Paul, « La XVe foire de Marrakech », *L'Afrique du Nord Illustrée*, n° 725, 1935, p.12. En 1935, la foire de Marrakech a lieu du 13 au 22 avril.

[83] « Règlement du VIIIe Salon des Beaux-arts », *Le Petit Marocain*, n° 5650, 1935, p.6.

[84] Henry, Paul, « La XVIe foire de Marrakech », *L'Afrique du Nord Illustrée*, n° 779, 1936, p.13.

[85] Emmy Leuze-Hirchfeld (1884-1976) est née à Vienne en Autriche. Elle suit ses études à l'École des Beaux-arts de sa ville natale. En 1905, elle arrive à Concarneau et se marie en 1906 à Emil-Benediktoff Hirschfeld, peintre russe. Elle fréquente les artistes de Concarneau et est adhérente à la Société des artistes français. Ses peintures au pastel représentent des femmes bretonnes, des paysans et paysannes, des paysages du pays breton ou le port et le marché de Concarneau. À la suite de la mort de son mari en 1922, elle voyage en Tunisie, Algérie, Espagne (1933) et au Maroc (1936).

[86] « IXe Salon des Beaux-arts », *Le Petit Marocain,* n° 5851, 6 avril 1936, p.9.

au fil des années, même durant la Seconde Guerre mondiale. En effet, en avril 1942, il est ouvert à tous les artistes du pays, y compris à l'Association des artistes indépendants du Maroc[87]. Cette manifestation artistique s'estompe à la fin du Protectorat. Dans la lignée de la foire de Marrakech, celle de Rabat, instituée en 1934, est aussi annuelle et propose une double exposition à la fois artisanale et artistique qui accueille les plasticiens rabatais, ainsi que les élèves de l'École des Beaux-arts de Rabat toute juste créée. En 1942, est mise en place une exposition de peinture d'artistes marocains[88]. C'est la première fois que ces jeunes plasticiens sont confrontés à un public plus important que celui des amateurs d'art qu'ils ont l'occasion de rencontrer. L'éphémère foire de Tanger – 1934-1937 – reprend les mêmes principes que celles de Marrakech et Rabat. La foire artisanale de Fès, créée en 1933, et réalisée chaque année au printemps, ouvre dès sa première édition une section des Beaux-arts où chaque peintre et sculpteur domicilié au Maroc peut venir présenter ses créations. Quant à la foire agricole annuelle de Meknès, inaugurée dans les années 1920, qui s'arrête en 1930 pour reprendre dix-neuf ans plus tard et perdurer jusqu'à la fin du Protectorat, elle n'ouvre qu'en mai 1951 deux sections artistiques avec deux salles distinctes[89]. L'une est réservée pour les artistes professionnels, l'autre pour les amateurs[90]. Cette distinction entre les créateurs reflète la division qui est effectuée au sein même des sociétés artistiques.

Dans la lignée du Salon des Beaux-arts de Marrakech, est institué, en 1928 à Rabat, un Salon administré par le Cercle militaire. Cette nouvelle manifestation artistique regroupe uniquement les soldats et officiers des troupes marocaines ayant un talent artistique affirmé et peignant des vues du Maroc. La première exposition est inaugurée par

---

[87] « Exposition des Beaux-arts de Marrakech du 2 au 12 avril 1942 », *Le Petit Marocain*, n° 7390, 3 mars 1942, p.2.
[88] « L'Art à la foire de Rabat 27 juin-12 juillet 1942 », *Le Petit Marocain*, n° 7462, 30 mai 1942, p.4.
[89] « La Foire de Meknès a été inaugurée ce matin par le Général Juin », *La Vigie marocaine*, 21 mai 1949, NP.
[90] « Les artistes peintres et sculpteurs du Maroc à la foire de Meknès », *La Vigie marocaine*, 21 mai 1951, p.4.

le général de division Vidalon dans la salle des Services municipaux de Rabat. Les participants utilisent diverses techniques picturales pour rendre compte des beautés du pays. Certains sont des aquarellistes, d'autres des graveurs ou des caricaturistes. La première exposition est perçue comme étant un florilège de peintres amateurs. « Cette exposition constitue un ensemble d'œuvres qui, presque toutes, mériteraient d'être signalées[91]. » Le capitaine Bruneau et notamment sa femme, Odette Bruneau, professeur de dessin au Lycée de Casablanca, sortent du lot. Dans ce rassemblement de militaires, beaucoup d'entre eux sont membres de la Société des artistes français, ce qui explique la qualité de leurs œuvres. On compte parmi ces peintres-soldats, Théophile-Jean Delaye (1896-1970), le commandant Izard et le lieutenant Marcilly[92]. Le Salon militaire, organisé en 1929 à Marrakech puis à Casablanca en 1930, se taille une forte popularité au Maroc que renforcent les louanges de la presse qui ne fléchissent pas. Au Salon de 1934, plus de trente exposants affichent leurs œuvres. Parmi eux, certains sont plus remarqués que d'autres tels que le soldat Guy Bourneuf, le caporal Walter Weiss, le colonel Marcel Perrot, le capitaine Marcilly, le sculpteur François Cogné (1876-1952), le capitaine Maurice David et le capitaine Bruneau ou encore Mme Jacques Plessis, Mme Pons Delluc, Anny Mathieu et Odette Bruneau. Une grande majorité des Salons militaires se tient dans la galerie Monterrat, boulevard de la Liberté à Casablanca hormis les quatre derniers[93] : en 1937, il se déroule à Fès alors qu'en 1938, 1939 et 1940, il a lieu à Marrakech[94]. Avec la Seconde Guerre mondiale, la manifestation est arrêtée. En décembre 1946, le Cercle militaire de Casablanca inaugure le premier Salon d'hiver de la France

[91] « Premier Salon militaire au Maroc », *L'Afrique du Nord illustrée*, 17 novembre 1928, p.5
[92] « Le troisième Salon militaire de Peinture à Casablanca », *L'Afrique du Nord illustrée*, 24 octobre 1930, p.14.
Le lieutenant Théophile-Jean Delaye est affecté en 1925 au Service géographique de l'armée au Maroc. Il réside dans ce pays jusqu'en 1960. Il est aussi un grand artiste croquant sur le vif au fusain, à l'aquarelle, à l'encre de Chine ou à la gouache, les hommes et les paysages de l'ensemble du Protectorat.
[93] « Le Salon militaire de Peinture », *La Vigie marocaine*, n° 8391, 1934, p.4.
[94] « Le Xème Salon artistique de Fès », *Le Petit Marocain*, n° 6261, 1937, p.4.

combattante qui est une reprise du Salon militaire, mais cette manifestation est de courte durée[95].

Le Foyer artistique des peintres du Maroc à Rabat est une association créée le 1er mars 1936 par René Martin (1871-1950) et l'architecte Maurice Cuinet. René Martin est un peintre suisse qui s'est installé à Marrakech où il réside entre 1925 et 1937. L'année suivante, il part à Rabat où il crée un atelier au sein de la Kasbah des Oudaïas. Il meurt dans la capitale en 1950. En plus d'être un peintre de talent, l'artiste est aussi un grand collectionneur d'œuvres d'art marocaines. Président du Foyer artistique des peintres du Maroc, il en définit les multiples objectifs : l'entraide matérielle et morale entre ses membres, la réalisation d'expositions en commun, le rapprochement entre les peintres et les sculpteurs amateurs ou professionnels des différentes villes du pays[96]. Les manifestations collectives annuelles du Foyer, entre 1936 et 1939, sont organisées en décembre[97]. Lors de son premier salon, il y a douze exposants venant de tout le Maroc et beaucoup sont des amateurs : Madeleine Charlureau-Perrin, Pierre Alérini, Marthe Gotteland (1897-1989), René Arnould, Roger Belliot (architecte-décorateur à Rabat), Georges Le Diberder (Lieutenant de l'état-major à Rabat), Auguste Hauwen, Charles Goulley, René Martin, Jean Molinard, Carl Hugo Sundstedt (1886-1966) et Albert Vaur (décorateur à Rabat)[98]. À la seconde manifestation artistique, les participants sont des peintres chevronnés. Il ne reste de la première édition que René Martin, Madeleine Charlureau Perrin, Marthe Gotteland ainsi que Charles Goulley[99]. Quelques-uns sont des

---

[95] « Casablanca-Le vernissage du premier Salon d'hiver de la France combattante », *Le Petit Marocain,* n° 9496, 22 décembre 1946, p.3.

[96] « Le Foyer artistique des peintres du Maroc est constitué », *La Vigie Marocaine,* n° 8841, 1er mars 1936, p.7.

[97] CADAN, Archives du Protectorat du Maroc, Cabinet civil, 1 MA/6B, artistes au Maroc : « Lettre de Monsieur René Martin au Résident général de la République française au Maroc indiquant la liste du nouveau bureau du Foyer pour l'année 1937 », 20 janvier 1937.

[98] « Le Salon du Foyer artistique des peintres du Maroc », *La Vigie Marocaine*, 11 décembre 1936, p.7.

[99] Marthe Gotteland suit son mari Jean Gotteland au Maroc en 1927, car celui-ci est nommé directeur général de l'Instruction publique, des Beaux-arts et des antiquités. Il s'installe alors en famille à Rabat. En novembre 1933, Marthe invite sa cousine, Jacqueline Mathis-Brodskis, à venir visiter le Maroc. En 1936, elle endosse la fonction de vice-présidente du Foyer artistique

adhérents du Salon militaire tels que Walter Weiss ou Jean-Théophile Delaye. Les autres proviennent de Rabat, Meknès, Fès, Marrakech et Casablanca : Jean-Marcel Belloni, Marcel Bovyn, Mme Chiaramonti-Viellemarette, Henri Coulon, Henri Courcier, Maurice Cuinet, Julien Matthey (1889-1956), Melle Lefèvre, Léo Mage, Jean-Gaston Mantel (1914-1995), Charles et Jacques Marmey (1906-1988), Louis Morère, Lina Pavil, Henri Pontoy et Robert François[100]. En 1938, sur les soixante-quatre adhérents que compte l'association, seulement vingt-neuf participent pour la première fois à une exposition collective[101]. Le salon de 1938 est itinérant, en novembre il se déroule à Rabat et en décembre, il se tient à Mazagan. En février 1939, lors de la fête du Foyer littéraire et artistique de Mazagan, le salon du Foyer artistique des peintres du Maroc promeut les cent trente-trois toiles présentées, dont celles de Marcel Bovyn, Alfred Buzons, Sergio Degl'Innocenti, Paul Ehretsmann (1917-1980), K. Gori, François Huet, Dario Mecatti (1909-1976) et François Verdy[102]. En parallèle de leur exposition annuelle, l'association encourage l'amateurisme pictural en mettant en place dès 1936, entre mars et avril, un rallye et une compétition de peinture autour d'un sujet type, reprenant ainsi quelque peu le concept

des peintres du Maroc. En 1940, les Gotteland reviennent définitivement en France. Mais entre 1957 à 1986, Marthe Gotteland séjourne plusieurs fois au Maroc.

[100] « Le deuxième Salon du Foyer artistique des peintres du Maroc », *La Vigie Marocaine*, 11 novembre 1937, p.7. Léo Mage est présent au Maroc au début des années 1930. Employé dans l'administration privée, il peint en amateur des paysages marocains, parisiens et bretons ainsi que des natures mortes à l'aquarelle. Adhérent de la Société des artistes indépendants à Paris, il est un des membres fondateurs du Foyer artistique des peintres du Maroc où il expose régulièrement. Il réalise ses premières prestations au sein des galeries en 1936 (galerie des Curiosités à Rabat) et 1938 (galerie Sumica à Casablanca). En 1947, il est un des vice-présidents du foyer pour la ville de Moulay-Idriss où il réside.

[101] « Le troisième Salon du Foyer artistique des peintres du Maroc », *La Vigie Marocaine*, n° 10938, 4 décembre 1938, p.7. Parmi les vingt-neuf artistes présents à ce salon, il faut nommer : Paul Benoit, Albert Bou, Melle Bader, Mme Guichard, Becker, Camille Josso, Mme LeFloch Zagède, Mattéo Massoni, Mme Mercier, Mme Bureaux-Briol, Baillagou, Angèle Clément, Henri Dauphinot, Sergio Degl'Innocenti, Djakonoff, Paul Ehretsmann, K. Gori, Albert Matherat, Nicolas, Le Colonnel Perrot, Marcel Sagan, Jack Saillant, Scmied, Dominique Trombetta, Germain Tarmone, François Verdy, André Verdier, Yves Valentin et Znamerowsky.

[102] « Mazagan, Ouverture du Salon du Foyer des peintres », *Le Petit Marocain,* n° 5686, 1939, p.7.

François Verdy est un peintre parisien qui a présenté ses œuvres à la Société des artistes français, à la Société des artistes indépendants et aux Salons d'Automne et d'Hiver. Il arrive au Maroc au début des années 1940, en pleine guerre. Il réalise des expositions à la galerie du Livre à Casablanca en 1942, 1944 et 1947.

de la Société des peintres géographes. La compétition du 17 avril 1937 a pour thème la nature morte : une salade de laitue placée sur un torchon et accompagnée d'un citron non coupé et d'une bouteille d'eau minérale[103]. Durant la période de la Seconde Guerre mondiale, les manifestations artistiques sont sporadiques. Encore vivaces en 1940, elles cessent les années suivantes. L'activité du Foyer ne reprend vigoureusement qu'à partir de 1946. Présidée par Maurice Cuinet que seconde Jean-Marcel Belloni[104], l'association exhorte l'esprit de camaraderie lors de ses réunions et de son salon annuel qui se tient alors dans la salle des fêtes de la Chambre de commerce à Rabat[105]. Lors de leur sixième Salon inauguré mi-avril 1947, deux cent vingt-deux toiles sont exposées par trente et un peintres : Louis Maurice Adam, René Arnould, Lionel Ayache (1910-2008-peintre oranais), Louise Bailly (1890 – ?), Jean Belloui, Albert Bou, Marcel Bovyn, Yves Crozes (médecin), Maurice Cuinet, Jacques de Chabalier, Henri Dauphinot (1879-1951-géneral de brigade), Diakonoff, Louis Paul Grand, Raymond Hug, Jules Jouan, Georges Lemonnier (vice-amiral d'escale de la marine française), Jean Le Treize, Léonard Maye, René Martin, Fernand Melet (chef d'orchestre), Françoise Molle, Marcel Perrot, M. de Roche, Albert Subiran, M. Taranto, Yves Valentin, Albert Vaur (1906-1973), André Verdier (1906-1971-architecte), Hélène Vogt (1902-1994), Boris Inamerousky et Zaborska Francine[106]. Paul Poucel, le critique d'art de *Maroc-Matin* trouve que le nombre des œuvres est trop important, selon lui « le Comité artistique aurait dû limiter à trois ou quatre toiles l'envoi de chaque exposant [107]. » Cette exposition montre bien que le Foyer artistique des peintres du Maroc est constitué majoritairement

---

[103] « Foyer artistique des peintres du Maroc », *Le Petit Marocain*, n° 6198, 18 mars 1937, p.5.
[104] « Foyer artistique des peintres du Maroc », *La Vigie Marocaine*, 10 juin 1946, p.3.
[105] « Foyer artistique des peintres du Maroc », *La Vigie Marocaine*, 27 janvier 1947, p.3.
[106] Poucel, Paul, « Le VIe Salon des peintres du Maroc », *Maroc-Matin,* n° 3150, 16 avril 1947, pp.1-2. Élève de Victor Prouvé à l'École des Beaux-arts de Nancy, Hélène Vogt quitte les Vosges pour travailler au Maroc en tant que professeur de dessin entre 1920 et 1950. Elle participe aux manifestations du Foyer artistique des peintres du Maroc et réalise des expositions particulières à Casablanca (1945) et Meknès (1950). Elle participe aussi aux Expositions artistiques de l'Afrique française en 1942.
[107] *Ibid,* pp.1-2.

de peintres et sculpteurs amateurs dont le talent n'est pas toujours attesté et la qualité des œuvres assez médiocres. Début février 1947, la société artistique s'agrandit avec l'inauguration d'une section à Fès[108]. Elle met ainsi en place des vice-présidents dans toutes les villes où le Foyer peut s'agrandir. Ainsi, Léo Mage est vice-président pour sa ville Moulay-Idriss, Charles Goulley l'est pour Fès et André Verdier pour Oujda.

Une autre société d'artistes amateurs est créée en 1937 à Casablanca. Il s'agit de la Société artistique de l'Office chérifien des P.T.T présidée par Gaston Bonnier. Cette association est cependant différente des autres parce qu'elle met en valeur diverses catégories d'œuvres comme la broderie, le macramé, la dentelle, la photographie, le dessin, l'aquarelle et la peinture à l'huile. Le salon annuel se déroule dans le hall de l'Office chérifien des PTT durant deux semaines consécutives. Cette manifestation devient importante puisque d'une vingtaine d'adhérents à ses débuts, elle en compte une quarantaine en 1939. Les exposants de cette dernière édition présentent cent cinquante œuvres[109]. En 1951, le cinquième Salon est organisé entre le 20 novembre et le 2 décembre[110].

L'exposition artistique qui s'ouvre à Casablanca en 1950, intitulée *La Police et les Arts*, permet à de nombreux artistes, dont quelques-uns appartiennent aux Indépendants, d'offrir aux yeux du public un étonnant spectacle pictural[111].

Des sociétés artistiques professionnelles

À partir des années 1930, au moment où l'Association des peintres et sculpteurs du Maroc connaît une période de ralentissement, des sociétés artistiques professionnelles apparaissent. À Casablanca,

---

[108] « Foyer artistique des peintres du Maroc – Section de Fès », *La Vigie marocaine*, 4 février 1947, NP.
[109] « L'exposition de la Société artistique de l'Office chérifien des P.T.T », *La Vigie Marocaine*, n° 11139, 24 mai 1939, p.7.
[110] « Expositions », *La Vigie marocaine*, 26 novembre 1951, p.4.
[111] Saint-Aignan, « Promenades à travers les expositions – Le 1er Salon *La Police et les Arts* », *Le Petit Marocain*, n° 10463, 15 février 1950, p.3.

l'Association des artistes indépendants du Maroc, créée en 1932, reprend le principe de la Société des artistes indépendants de Paris : supprimer les jurys d'admission afin de permettre aux artistes de présenter les œuvres au jugement du public. Cette liberté d'expression favorise l'adhésion de nombreux plasticiens qui participent alors régulièrement au salon annuel même durant la Seconde Guerre mondiale. Le caractère insolite du salon fait qu'il se maintient jusqu'aux années 1970[112]. Il accueille des peintres de tout horizon en ne leur imposant pas de présenter des œuvres illustrant exclusivement le Maroc, les artistes ont le choix de leurs sujets. Dès la première manifestation, vingt-quatre participants exposent vingt-cinq tableaux. Tous les styles sont exploités, de l'impressionnisme au réalisme en passant par le futurisme, l'abstraction et le cubisme notamment avec la présence de Maurice de Wlaminck (1876-1958). D'autres peintres moins célèbres participent à cette manifestation comme Mme A. Trouillot dont les recherches picturales sont axées sur le portrait des autochtones juifs et marocains. Les aquarellistes sont aussi nombreux tels que René Besnier, Albert Cultréra ou encore Albert Abt dont le journaliste artistique de *L'Afrique du Nord illustrée*, Robert Ferry, fait l'éloge. « On reste surpris, confondu devant ses aquarelles largement larvées et spontanées, diaphanes, où tout est signé, tout est un langage humain, intelligible. Point de compromis avec une prétendue fidélité, mais un art dépourvu de lourdeurs, de détails affligeants qui donnent à certaines œuvres un faux aspect de gouaches ou de peintures à l'huile[113]. » Il faut aussi noter la présence d'une sculptrice, Marie Blanche[114]. En 1938, le salon s'ouvre au boulevard du 4e Zouave dans l'immeuble Moretti attenant au Musée des Arts indigènes à Casablanca. Une douzaine d'artistes professionnels y dévoilent leurs œuvres tels que Charles-René Payen (?-1963)[115],

[112] Il a été réouvert dans les années 2000.
[113] Ferry, Robert, « Albert Abt, peintre à la Galerie O'Hana, à Casablanca », *L'Afrique du Nord illustrée,* 22 décembre 1934, p.3.
[114] « Un salon des indépendants au Maroc », *L'Afrique du Nord illustrée*, 7 janvier 1933, p.11
[115] Charles-René Payen, élève de Fernand Cormon (1845-1924), est un peintre paysagiste qui a vécu une vingtaine d'années à Montmartre. Il a notamment participé au Salon d'Automne et aux expositions de la Société coloniale des artistes français, car il a voyagé en Méditerranée (Italie,

Marion Salomon, Eugène Leclerc (1885-1968), Gustave Meli, Guin Eyguinaut, René Castaing (1896-1943), Livaudière, Meziane Meriem, Albert Jean, Mme A. Trouillot, Paul Franck Sloan (1900-1984), Mario De Ferrante (1898-1992), Odette Plessis et M. Bavesi[116]. En 1945, le sixième Salon des Artistes indépendants revient sur le devant de la scène, à la galerie Escribano, après avoir été absent durant toute la période de la guerre. Le septième se tient à la maison du Combattant avec moult participants comme Hervé Kervella de Port-Lyautey, André Bertrand, Roger Foissac (1897-1986), Charles O. Holbing, Charles Lechat (1900-1980), Henri-Pierre Meyer et A. Smeets[117]. C'est dans le hall du journal la *Vigie Marocaine* à Casablanca, en 1947, que s'installe la huitième manifestation annuelle des Indépendants. La neuvième ouvre une nouvelle voie dans l'élection des meilleures toiles présentées au public. C'est en effet ce dernier qui doit sélectionner par vote anonyme les cinq lauréats de cette exposition[118]. La dixième exposition annuelle des Indépendants, organisée en 1949 par le président de l'association, André Blondeau (1897-1972)[119], au Majestic Hôtel, est particulièrement intéressante, car elle regroupe de nouveaux artistes et notamment de nombreuses femmes : Gabrielle La Pallec, Jacqueline Ribet dit Abejdid (1924 – ?), Rose Derouault,

---

Espagne) et en Suisse. Il arrive au Maroc en 1932. Il habite dans un premier temps à Rabat avant de s'installer à Marrakech où il découvre l'Atlas. Il expose au Salon des Indépendants dès 1932 et au Salon militaire en 1934. Il réalise de nombreuses expositions personnelles dans les galeries d'art de Rabat et Casablanca. Il est actif au Maroc jusque dans les années 1950.

[116] De Bruchard, Charles, « Chez nos artistes – L'exposition des Artistes indépendants du Maroc », *Le Petit Marocain,* n° 6922, 11 décembre 1938, p.5.

[117] Charles O. Hobling est un peintre impressionniste qui s'installe à Marrakech au début des années 1930 où il reste jusqu'à son décès. Il enseigne alors le dessin et la peinture, entre 1938 et 1973, au lycée Mangin qui prend le nom d'Ibn Abbad à l'indépendance du Maroc. Ces œuvres sont surtout des paysages, notamment des représentations des kasbahs de l'Atlas. Membre de l'Association des artistes indépendants du Maroc, il réalise en 1946 et 1948, deux expositions personnelles à la galerie Escribano à Casablanca et une à la galerie Harmonies en 1951. Il participe aussi au Salon d'Automne du Maroc. Entre 1952 et 1955, il reprend la direction du Salon d'Hiver de Marrakech en continuant les objectifs fixés par son prédécesseur, Olek Teslar.

[118] « Les résultats de vote du public du Salon des artistes indépendants », *La Vigie marocaine*, 9 janvier 1948, NP.

[119] « Association des Artistes indépendants du Maroc », *La Vigie marocaine*, 8 avril 1949, NP. Lors de la réunion de l'association, le 26 mars 1949, le renouvellement du bureau a été effectué. René Martin devient président d'honneur et laisse la place à la direction à André Blondeau qui est secondé par deux vice-présidents : Anne Curt-Savidan et André Bertrand.

Suzanne Martinet-Delagarde, Madeleine Vagner, Frida Uzan (1906-1976), Alice Laceil (peintre abstraite), Anne Curt-Savidan, Lucienne Claerebout et Gretl Heitelé[120]. Les Indépendants sont une des sociétés artistiques où les femmes peintres ou sculptrices peuvent dévoiler librement leur création. Leur présence est importante lors du onzième Salon installé au Palais des Conférences de Casablanca entre le 1er et le 12 décembre 1950. Trois sections sont alors ouvertes : peinture, sculpture et céramique. Sur les cinquante-trois peintres participants, quinze femmes exposent leurs tableaux : Jacqueline Abejdid, Perla Barchilon de Cohen, Odette Bruneau, Hélène Clavel, Florence Conti, Anne Curt-Savidan, Rose Derouault, Brigitte Elfy, Sabine Legris, Gabrielle Le Pallec, Suzanne Martinet-Delagarde, Evelyn Ortlieb (1925-2008)[121]. Quant aux sculptrices, elles dominent la section en étant majoritaires avec leur nombre de huit sur quatorze : Algéria Azancot, Andrée Bleton, Lucienne Buniet-Grosmaire, Florence Conti, Blanche Laurent-Berbudeau, Sylvie Lederrey, Lucienne Levy-Lebhar et Raquel Mahieux[122]. Dans la section de céramique sont présentés des faïences, grès d'art et émaux, réalisés avec des matériaux typiquement marocains par les artisans Ben Ahmed Haddaoui, Ben Ahmed Lahousine et Ben Djillali Lahcen. L'Association des artistes indépendants du Maroc valorise aussi bien les amateurs que les professionnels, mais au fil des ans, les nombreux participants sont souvent des élèves issus des Écoles des Beaux-arts de Rabat et de Casablanca ou des apprentis de plasticiens ayant ouvert un atelier comme c'est le cas de Blanche Laurent-Berbudeau. La majorité des sculpteurs, présents lors de la onzième exposition, sont

---

[120] Saint-Aignan, « Le Xème Salon des Artistes indépendants du Maroc », *La Vigie Marocaine*, 26 novembre 1949, NP.

[121] « Dictionnaire des peintres du Maroc-Evelyn Ortlieb », *La Vigie marocaine*, 29 juillet 1951, p. 4. Evelyn Ortlieb est née à Strasbourg en 1925 où elle étudie aux Arts décoratifs de la ville en 1945, après avoir passé un an à l'École des Beaux-arts de Clermont-Ferrand. Elle ne finit pas son apprentissage à cause de son mariage, mais c'est au contact de son père, peintre professionnel, qu'elle finit sa formation artistique. Elle s'installe au Maroc en 1946 à Bou-Izakaren où elle peint les paysages de l'extrême sud marocain. Elle reste dans le Royaume chérifien jusqu'en 1962, date à laquelle elle part pour Paris où elle se lance dans le minimalisme pictural.

[122] Catalogue du XIe Salon de l'Association des Artistes indépendants du Maroc, 1950.

ses disciples : Ralph Abitbol, Algéria Azancot, Andrée Bleton, Antoine Faccendini, Gretl Heitelé, Sylvie Lederrey, Raquel Mahieux, Pierre Talou.

À Rabat, en 1935, le romancier Henri Bosco (1888-1976) crée au sein de sa villa (14 rue de Marrakech), la Société des Amis des Lettres et des Arts (S.A.L.A), dont le but est de montrer la vraie culture du Maroc. Pour cela, il invite des peintres et des écrivains pour réaliser des conférences tels que François Bonjean (1884-1963), Joseph Peyré, Pierre Benoît, Jean Amrouche (1906-1962), Louis Riou, Edy-Legrand, Joseph-Charles Mardrus (le traducteur du Livre des *Milles et une nuit*) ainsi que des auteurs parisiens comme Georges Duhamel, Jules Romains, André Maurois. La société artistique édite également sa propre revue, *Aguedal*. Parue de 1936 à 1944, elle est dirigée par Henri Bosco et Christian Funck-Brentano (1894-1966). Elle a des représentants permanents à Tunis et Alger, afin d'avoir une diffusion dans tout le Maghreb. Régulière jusqu'en juin 1940, elle est interrompue volontairement par Henri Bosco qui, finalement, la relance en 1943. Cependant, l'auteur, se heurtant à de trop nombreuses difficultés matérielles, l'abroge définitivement le 10 décembre 1944, après le dernier numéro consacré au *Tombeau de Max Jacob*[123]. La revue *Aguedal* publie en outre des chroniques littéraires, musicales, artistiques, donnant une vision très riche de la vie culturelle, des spectacles, des expositions et des conférences se tenant à Rabat et à Casablanca. Dans le numéro de juin 1936, un article est dédié à la peinture notamment sur les expositions qui ont lieu à Rabat[124]. L'année d'après, à la même période, Henri Bosco fait l'éloge de son camarade, le peintre Edy-Legrand[125]. Dans *Aguedal* sont aussi intégrés des articles et des extraits d'œuvres d'amis écrivains tels que François Bonjean, Gabriel Germain (1903-1978), Gabriel Audisio (1900-1978), Henri Pourrat (1887-1959), Noël Vesper (1882-1944),

[123] https://humazur.univ-cotedazur.fr/omeka-s-dev/s/henri_bosco/page/aguedal
[124] « La Peinture : les expositions », *Aguedal*, juin 1936, p.62.
[125] « Les Arts : Peinture », *Aguedal*, juin 1937, pp.166-165.

Jean Amrouche, Jean Grenier (1898-1971), Armand Guibert (1906-1990) …

Toujours à Rabat, l'Union des peintres et sculpteurs professionnels du Maroc est instituée en 1947. Ses objectifs sont multiples : aides financières et morales aux artistes qui sont dans la gêne pour réaliser leurs expositions particulières, organisation d'expositions en France et à l'étranger, défendre l'art véritable et défendre les intérêts des artistes. Pour aider les créateurs les plus nécessiteux de l'association, chaque année, douze artistes tirés au sort offrent une de leurs œuvres qui est ensuite vendue aux enchères afin d'alimenter une caisse de secours. Les artistes indigents sont certainement nombreux puisqu'en janvier 1948, l'Union organise un « bal des arts », à Rabat, dans le but de récolter des subventions. Des expositions hors du Protectorat sont même envisagées pour augmenter les recettes par les membres fondateurs de cette société que sont Charles Vanderblonck-Muratti, Edy-Legrand, Marguerite Anne de Blonay, Jacqueline Mathis-Brodskis, Henri Moreau, Marcel Roulleaux et Henri Wacquiez (le président)[126]. L'Union des peintres et sculpteurs professionnels du Maroc est souvent confondue avec l'Association des peintres et sculpteurs français professionnels du Maroc, car leurs objectifs et leur nom sont assez similaires. Hormis en 1947 et 1948, la presse ne fait plus écho de son existence les années suivantes. Il semblerait que l'appel passé dans *La Vigie marocaine*, *Le Petit Marocain* et *L'Echo du Maroc* aux artistes domiciliés au Maroc pour grossir les rangs de cette société n'ait pas eu autant de répercussions que le prévoyaient ses créateurs.

La même année, le Foyer artistique des peintres du Maroc de Rabat fait aussi appel aux plasticiens fassis pour s'unir afin de créer une section artistique qui prend alors le nom de l'Association des artistes peintres et sculpteurs de Fès. Cette société regroupe donc les principaux plasticiens domiciliés à Fès qu'ils soient professionnels ou amateurs. Présidée par le peintre Grare, elle organise un salon annuel,

[126] Abt, Albert, « Appel en faveur de l'Union des Artistes peintres et sculpteurs professionnels du Maroc », *Le Petit Marocain*, n° 8645, 21 octobre 1947, p.4.

fluctuant au fil des années entre fin mars et début mai, au sein de la salle des ateliers de la médina de 1947 à 1950[127]. En 1951, l'exposition se situe à la galerie Montparnasse, rue Maurial[128]. Lors de la seconde manifestation artistique en 1948, l'association ne compte que quinze membres : Bavesi, De Poortère, Finot, Charles Goulley, Grare, Graziani, Roger Lafargue, Georges-Sauveur Maury (1872 – ?), Marquet, R. Parent, Rateau, Schnell, Ahmed Sefrioui (1915-2004)[129], Severo et Guy Vinson[130]. La plupart des sociétaires sont aussi adhérents de l'Association des artistes indépendants du Maroc[131].

Les sociétés artistiques régionales

En 1933 est fondée l'Association des peintres et sculpteurs du Maroc oriental à Oujda. Située vers la frontière algérienne, cette ville marocaine subit les contrecoups de la guerre du Rif entre 1921 et 1926. Sortant de sa torpeur, Oujda s'ouvre alors au tourisme et met en avant ses atouts culturels favorisant ainsi l'éclosion de cette société artistique dont les fondateurs sont Mme Zorbaïdes-Darrouy et M. Braucourd (artiste originaire de la Haute-Marne), Raymond Carpentier, Serge Padtchertkoff, Marcel Reine (1901-1940) et Raymond Sanchez. « La première exposition, en 1933, attire l'attention du chef des Services municipaux, qui encourage l'initiative en décidant d'acheter chaque année un tableau à chaque artiste, afin de constituer une collection publique pour le futur musée

127 M. Kamm, « Vernissage de l'exposition des artistes peintres et sculpteurs de Fès », *Le Courrier du Maroc*, n° 5733, 28 mars 1948, NP ; « Fès – l'exposition de l'association des artistes peintres de Fès », *Le Courrier du Maroc*, n° 5738, 3 avril 1948, NP.

128 « La presse au vernissage de l'Association des peintres », *La Vigie marocaine,* 7 mai 1951, p.4.

129 Ahmed Sefrioui est le lauréat en 1947 du Prix littéraire du Maroc. Il est employé comme Inspecteur des Arts marocains à Fès.

130 « Dictionnaire des peintres du Maroc-Guy Vinson », *La Vigie marocaine*, 8 juillet 1951, NP. Né à Oujda, le 11 octobre 1923, Guy Vinson fait ses études de peinture à l'École des arts décoratifs de Paris. Sociétaire du Salon d'Automne de Casablanca, il expose aussi aux Expositions artistiques de l'Afrique française. Il est employé comme Inspecteur aux arts musulmans à Casablanca.

131 M. Kamm, *op. cit*, NP.

d'Oujda[132]. » La cinquième exposition annuelle de l'association se déroule dans la salle de l'École des Beaux-arts située dans un ancien internat de jeune fille depuis 1936[133]. Elle regroupe aussi bien les artistes locaux que ceux du Maroc occidental[134]. Cette association ne survit pas à la Seconde Guerre mondiale.

Après Oujda, c'est à Meknès qu'est créée, en 1932, une société artistique intitulée l'Union artistique de Meknès dont le président est M. Freyssinet[135]. La société a un double objectif : organiser les Jeux floraux de la ville et instaurer pour ses adhérents deux expositions artistiques annuelles, au printemps et en automne, afin de présenter leurs œuvres respectives. Parallèlement, l'Union artistique de Meknès ouvre des cours gratuits de dessin et de peinture à tous ceux qui souhaitent s'initier à la création picturale. Les tableaux les plus réussis sont ensuite montrés au public en automne lors des expositions annuelles dont la première débute en 1934, lors de la foire. Les artistes qui y participent sont pour la plupart des locaux, dont le peintre et caricaturiste Paul Néri (1910-1965), adhérent de l'Association des peintres et sculpteurs du Maroc[136]. En 1936, le quatrième salon de l'Union, situé au Palais du Mobilier, regroupe un petit nombre de peintres de Meknès dont le colonel Marcel Perrot, Tolédano, Boilon, Casanova, Mons, Chemzi, Lucien Dirou, Gueyraud et Mathé[137]. Les renseignements concernant cette société artistique sont trop lacunaires pour connaître son évolution après 1945. En revanche, en décembre 1938, s'ouvre le premier Salon des peintres du Maroc à Meknès rassemblant quelques plasticiens appartenant à d'autres sociétés artistiques comme Jacques Majorelle, Gaston Durel (1879-1954), René Martin et quelques élèves de la Casa de Vélasquez. Ces derniers

---

132. www.oriental.ma/upload/MoDUle_1/File_468.pdf

133 Le Cercle des Beaux-Arts d'Oujda, dirigé par le musicien Maurice Degand, comporte une École des Beaux-arts qui, depuis 1936, accueille aussi bien de jeunes plasticiens que des musiciens.

134 « Oujda : Vernissage », *Le Petit Marocain*, n° 6828, 1938, p.8.

135 « Les premiers Jeux floraux à Meknès », *L'Afrique du Nord illustrée*, 1936, p.9.

136 Arnaudies, Fernand, « La semaine artistique : Maroc », *L'Afrique du Nord illustrée*, 1935, p.13.

137 « Meknès : Chroniques des arts – L'exposition de peinture de l'Union artistique », *La Vigie marocaine*, 20 mai 1936, p.7.

sont présents à Fès depuis décembre 1937 à cause de la destruction de l'école madrilène, en 1936, lors de la guerre civile qui fait rage en Espagne. Les ateliers d'art de Fès-Boujeloud leur sont alors attribués ainsi que tout un étage du Grand Hôtel dans la ville nouvelle. Ainsi huit peintres (Yvonne Mariotte, Marthe Flandrin 1904-1987, Élisabeth Faure, Marie-Claire Noiseux, Jean Terles, Monique Cras, Paulette Legru, Marguerite Pauvert, Jean Even), deux architectes (Jean Delarozière et Guy Morizet) et trois sculpteurs (Gabrielle Marion-Vidal, Jean-André Cante et Jean-Marie Baumel) peuvent pratiquer librement leur art tout en suivant des cours au sein de l'atelier d'Henri Pontoy.

À Fès, une réunion de quelques artistes se fait jour autour de Marcel Vicaire. Elle comprend Marguerite Delorme et Henri Pontoy, auxquels s'ajoutent ponctuellement Robert Camille Quesnel, Suzanne Crépin, Raymond Crétot-Duval, Jean-Émile Laurent (1906-1983), Raymond Feuillatte et Albert Horel (1876-1964). Ces peintres exposent tantôt sous le nom de « groupe de Fès », tantôt sous l'appellation « groupe des huit », au début des années 1930. La plupart de ces peintres sont membres de l'Association des peintres et des sculpteurs professionnels du Maroc[138].

Les Salons artistiques

Les Salons promeuvent principalement les peintres et sculpteurs professionnels du Maroc. Celui d'Automne de Casablanca, fondé en 1938, est annuel et se déroule chaque mois de novembre, hormis en 1943 où il est décalé en janvier[139]. Le nom de ce salon fait référence à son homologue parisien créé en 1903 pour faire connaître les peintres impressionnistes et leurs successeurs. Mais au Maroc, durant ces premières années de création (1938-1944), le Salon d'Automne exhorte uniquement les peintres français résidant dans le pays ainsi que les artistes appartenant à diverses sociétés artistiques. Une

[138] Lespes, Marlène, *op. cit.*, p.483.
[139] « Le Salon d'Automne à l'Auto-club marocain », *Le Petit Marocain,* n° 7397, 1943, p.2.

nouvelle formule est mise en place à la renaissance du salon en 1947. Le but est de montrer une fois l'an les meilleurs artistes du pays. Son président Bernard Saint-Aignan encourage ainsi les jeunes plasticiens marocains à venir exposer. Les adhérents des sociétés artistiques existantes viennent aussi y présenter leurs œuvres qui doivent être validées par un jury lors des différents salons de 1947, 1948, 1949 et 1950 qui ont lieu au Palais des Conférences de Casablanca. À partir du dixième Salon, la sélection des tableaux et sculptures est plus rigoureuse. Seules les créations d'une trentaine d'artistes sont retenues pour la session de 1949. La plupart des plasticiens choisis par le jury appartiennent à l'Association des artistes indépendants du Maroc : Roger Foissac, Elyanne Bonnet, C. René Payen, Madeleine Vagner, Joseph Bontoux, Suzanne Martinet-Delagarde, José Cruz Herrera, Henri Texier, Gabrielle Le Palec, Louis Riou, Jacqueline Abejdid, André Blondeau, André Bertrand, Lucienne Claerbout, Odette Bruneau, Charles Desq, Fernand Gorry, Charles Lechat, Édouard Marichal (1921-2012), Ojeda, Marcel Perrot, Henri Pontoy, Armand Céré, Raymonde Soifranc, Frida Uzan, Alice Laceil, Anne Curt-Savidan, Guy Vinson[140]. On retrouve parmi les heureux participants beaucoup d'artistes professionnels comme Henri Wacquiez qui expose en 1949 deux tableaux, *Le Sebou* et *Sidi Bernoussi*, ainsi qu'une sculpture, *Panthère se léchant*. Les premiers peintres marocains, notamment Farid Belkahia (1934-2014) et Moulay Ahmed Drissi (1924-1973), exposent aussi la même année[141]. En 1950, le Salon devient plus important avec la création de différentes sections : peinture, sculpture, aquarelle-gouache-dessin-lithographie et arts décoratifs. De nouveaux plasticiens font aussi leur apparition, car le Salon d'Automne cherche à mettre en avant les artistes les plus novateurs du Maroc tels que le peintre naïf Mohamed

---

[140] « Xème Salon des Artistes indépendants du Maroc », *La Vigie marocaine*, 26 novembre 1949, NP.

[141] CADAN, archives du protectorat français au Maroc, Cabinet civil, 1 MA/93, exposition : Catalogue du Salon d'Automne de Casablanca du 21 octobre au 6 novembre 1949.

Ben Allal (1924-1995) ou encore Marianne Fayol (1908-2003)[142]. Cette artiste s'installe au Maroc entre 1951 et 1957 où elle est employée, en 1953, par le ministère de la Jeunesse et des Sports afin d'animer des ateliers d'art plastique pour les jeunes Marocains. Parallèlement à cette occupation, elle peint de nombreuses toiles dont le style est fortement influencé par le cubisme orphique dans la lignée des créations des peintres Jacques Villon (1875-1963) et Sonia Delaunay (1885-1979). Ses natures mortes, ses figures féminines et ses rares paysages se décomposent en facettes multicolores. Ces différents tableaux sont exposés dans des galeries d'art à Casablanca, mais aussi au Salon d'Automne qui est institué depuis 1951 à la galerie Harmonies. En 1954, elle y remporte même le Prix du public avec *La Voyageuse sans bagages*.

En 1946, un autre Salon d'Automne avec les mêmes aspirations que celui de Casablanca ouvre ses portes à Marrakech, mais il n'est pas renouvelé l'année d'après. Il faut attendre 1949 pour que soit créé dans la capitale du Sud, le Salon d'Hiver. Il a lieu chaque année entre le 20 décembre et le 31 janvier au Pavillon Jean Du Parc à Djenan el Harsti. Son président est Olek Teslar jusqu'en 1952, date de la mort du peintre[143]. La direction passe ensuite dans les mains de Charles O. Holbing jusqu'en 1955. La manifestation est financée à son lancement par les dons des Marrakchis, puis elle bénéficie ensuite de l'argent prélevé sur les achats des œuvres exposées ainsi que de l'aide pécuniaire du syndicat d'initiative local[144]. À partir de 1952, la

---

[142] Saint-Aignan, « Le Salon d'Automne marocain », *La Vigie marocaine*, 16 novembre 1950, p.5.

[143] Olek Teslar est un peintre polonais qui a fait ses études d'art entre 1918 et 1920 à l'École des Beaux-arts de Varsovie et dans les ateliers Noakowski et Butrymowicz. Il participe à l'exposition « Jeune Pologne » à la galerie Crillon à Paris en 1922. Il participe aux Salons des Beaux-arts de Bordeaux (1923 et 1925) et de Nice (1932). Il ouvre une école de peinture et de décoration à Bordeaux, puis à Nice qu'il dirige entre 1925 et 1931. À Nice, il se marie avec son élève, Jeannine Guillou, en 1929. Le couple part en Pologne en 1931 où naît leur fils, Antoine. La petite famille parcourt les Carpates avant de se fixer à Marrakech en 1932 où ils rejoignent le frère d'Olek, Alexandre lui aussi artiste. Olek Teslar quitte le Maroc en 1939 pour participer à différentes expositions des peintres polonais à travers l'Europe. Il retourne au Maroc, à Marrakech, en 1947, pour y demeurer jusqu'à sa mort en 1952. « Dictionnaire des peintres du Maroc-Olek Teslar », *La Vigie marocaine*, 29 juillet 1951, p.4.

[144] Lespes, Marlène, *op. cit.*, p.485.

Résidence générale accorde enfin son patronage au salon dont le but est de recevoir les artistes amateurs et professionnels locaux et internationaux qui mettent en valeur les beautés du Maroc[145]. Les peintres et sculpteurs présents au Salon d'Hiver appartiennent quasiment tous à une société artistique, notamment à l'Association des peintres et sculpteurs français professionnels du Maroc, à l'Association des artistes indépendants du Maroc, au Foyer artistique des peintres du Maroc et enfin à l'Association artistique des peintres et sculpteurs de Fès. Cette manifestation fonctionne comme le Salon d'Automne avec les mêmes sections. Lors de la première session, en 1949-1950, seulement quarante-quatre artistes y participent dont deux peintres marocains, Omar Mechmacha et Si Hassan El Glaoui. La seconde édition rassemble deux cent quatorze œuvres de quatre-vingt-six exposants, dont quinze parisiennes, cinq suisses, six hollandaises, six belges, six polonaises, seize marocaines et cent cinquante-sept de peintres français résidant au Maroc[146]. À la troisième session, soixante-treize exposants, dont six artistes marocains, y dévoilent leurs œuvres[147]. Le Salon d'Hiver concentre le plus grand nombre de plasticiens modernes du Maroc, notamment de jeunes talents comme Farid Belkahia qui pour l'année 1952-53 présente deux tableaux figuratifs et un abstrait : *Nu*, *Charmeur de serpent* et *Abstraction*. Cette manifestation artistique a un succès retentissant dans le Protectorat, et est obligatoire pour tous les artistes du Maroc qui veulent se faire connaître du moins jusqu'à la fin des années 1950, car le Salon s'essoufflant, finit par disparaître en 1962. Il renaît en 2010 avec comme objectif de faire découvrir l'art contemporain marocain et international.

[145] CADAN, archives du protectorat français au Maroc, Cabinet civil, 1 MA/93, exposition : « Lettre de Monsieur Olek Teslar, artiste-peintre, au Résident général de la France au Maroc, le général Juin, expliquant les objectifs de la fondation du salon d'hiver de Marrakech », 22 janvier 1952.

[146] Verdureau, « La Peinture à Marrakech : Au sujet du 2e Salon d'Hiver », *Le Sud Marocain*, n° 1208, 10 février 1951, NP.

[147] CADAN, archives du protectorat français au Maroc, Cabinet civil, 1 MA/93, exposition : Catalogues du deuxième et troisième Salon d'hiver du Maroc à Marrakech.

Au printemps 1937 a lieu le premier Salon de peinture à Agadir. La capitale du Souss, érigée en municipalité à partir de 1930, devient une destination balnéaire très appréciée favorisant ainsi l'accroissement urbanistique de la ville nouvelle et l'augmentation de la population européenne. Le développement culturel de la cité passe aussi par la mise en place, comme dans tant d'autres villes, d'une exposition de peinture annuelle. Lors de cette manifestation, seuls cinq artistes affichent leurs œuvres : le colonel Vignoli qui présente des paysages de l'Atlas, Pierre Petitfour avec ses illustrations des souks, Gray avec ses paysages atmosphériques, Marcel Reine et enfin Félix Bellenot (1892-1963)[148]. Cette première manifestation artistique n'a pas de suite. Ce n'est qu'en 1951 que le peintre Patrice Prost inaugure un Salon annuel à Agadir qui se tient au sein de l'immeuble Massart du 3 au 19 mars[149]. L'objectif de cette manifestation est identique à celui du Salon d'Hiver de Marrakech : exposer des œuvres marocaines exécutées aussi bien par des peintres locaux, nationaux ou internationaux. Cette exposition de peinture et de sculpture doit se pérenniser et devenir aussi conséquente que les Salons de Casablanca et de Marrakech[150].

Document 1 : Les principales sociétés artistiques du Maroc

Nom	Lieu du siège social	Dates de durée d'existence
L'Association des peintres et sculpteurs professionnels du Maroc	Rabat	1923-1953
Société des peintres géographes du Maroc	Rabat	1925 – ?

[148] Quarello, Lorenzo, « Premier Salon de peinture à Agadir », *Le Petit Marocain*, n° 6838, 1938, p.8.
[149] « Chronique locale : la décade dans le Sud », *Le Sud Marocain*, n° 1210, 28 février 1951, NP.
[150] Saint-Aignan, « Le Salon d'Agadir », *La Vigie marocaine*, 4 mars 1951, p.4.

Salon des Beaux-arts de Marrakech	Marrakech	1927-1956
Salon militaire	Rabat-Casablanca	1928-1950
Association des artistes indépendants du Maroc	Casablanca	1932-1970
Association des peintres et sculpteurs du Maroc Oriental	Oujda	1933-1940
Union artistique de Meknès	Meknès	1932 – 1956
Salon des peintres du Maroc à Meknès	Meknès	1938 – ?
Foyer artistique des peintres du Maroc	Rabat-Casablanca	1936-1956
Salon d'Agadir	Agadir	1937 1950 – ?
Société artistique de l'Office chérifien des P.T.T	Rabat	1937-1956
Union des peintres et sculpteurs professionnels du Maroc	Rabat	1947 – ?
Association des artistes peintres et sculpteurs de Fès	Fès	1947-1956
Salon d'Automne	Casablanca	1938-1962
Salon d'Hiver	Marrakech	1949-1962

Toutes les sociétés artistiques et les Salons créés dans les grandes villes marocaines sont inspirés de celles existant déjà à Paris. Les Français du Maroc veulent vivre comme en métropole avec les mêmes prérogatives culturelles. Aussi les objectifs des associations de peintres et de sculpteurs sont-ils les mêmes que ceux de la métropole : promouvoir les artistes adhérents par le biais des expositions collectives ; concourir à la progression du travail artistique en mettant en place des jurys permettant de juger de la qualité des toiles et sculptures produites ; favoriser la vente des créations, faire connaître les adhérents hors du Maroc en nouant des liens avec d'autres sociétés artistiques françaises ou nord-africaines. Ces associations jouent aussi un rôle important pour la création de l'artiste lui-même. Huit critères le définissent en tant que tels : le temps consacré à son activité ; le montant des gains issus de sa pratique artistique ; la réputation qu'il a auprès du public ; la reconnaissance de ses pairs ; la qualité de son travail ; l'appartenance à un groupe ou à une association ; la qualification professionnelle ; l'identification autosubjective. Les sociétés ont donc dans leurs objectifs la volonté de transformer leurs membres en peintre ou sculpteur dominant le marché de l'art, les galeries d'art complétant les apports pécuniaires par la vente des œuvres d'art créées. Ce processus de métamorphose est garanti par l'Association des peintres et sculpteurs français professionnels du Maroc dont la reconnaissance en France est indubitablement efficiente grâce aux relations qu'elle entretient avec la Société coloniale des artistes français et la Société des peintres orientalistes. Cette dernière a soutenu l'essor de la peinture marocaine en ouvrant les portes de ses expositions à des artistes résidant au Maroc et en collaborant à l'organisation de la première exposition parisienne des Arts marocains de 1917 au pavillon de Marsan, au Louvre[151]. Liée au Maroc par différentes bourses de voyage, la Société coloniale des artistes français admet dès 1921 les artistes du Maroc lors de ses Salons. Certains d'entre eux y adhèrent comme Aline de Lens-

[151] *Exposition des Arts marocains au Pavillon de Marsan,* Rabat, Édition de France-Maroc, 1917, pp.2-6.

Reveillaud qui devient une correspondante de la société à Fès jusqu'à sa mort en 1925.

La participation des plasticiens professionnels du Maroc à la grande Exposition artistique de l'Afrique française accentue leur renommée en Tunisie et en Algérie. Cette manifestation automnale est instituée en 1928 par les trois gouvernements des pays de l'Afrique du Nord et l'Afrique occidentale française afin de faire valoir les œuvres des artistes natifs ou domiciliés dans ces pays, mais aussi celles de créateurs métropolitains qui ont un caractère typiquement africain. Elle se déroule chaque année jusqu'en 1956, principalement dans les grandes villes du Maghreb et en France[152]. Ainsi, Tunis l'accueille en 1928, 1932, 1936, 1941, 1946 et 1950 ; Casablanca en 1929, 1935 et 1942 ; Alger en 1930, 1934 et 1939[153] ; Fès en 1933[154] ; Rabat en 1945 ; Oran en 1949 ; Paris en 1931 et 1935 ; New York en 1947 ; Monaco en 1951 ; Meknès en 1952 ; Constantine en 1953 ; Bordeaux en 1956. En 1929, les membres de l'Association des peintres et sculpteurs du Maroc et quelques peintres indépendants sont nombreux à participer à la première édition qui se tient à Casablanca[155]. Ils sont tous réunis dans la section marocaine dont l'ordonnancement est orchestré par Édouard Brindeau de Jarny qui garde cette mission jusqu'à sa mort. Cette responsabilité est ensuite dévolue à Jean Baldoui entre 1943 et 1947, puis à Marcel Vicaire de 1948 à 1952 et enfin à Pierre Lafages de 1953 à 1956[156]. Cette participation constante de l'association montre combien sa notoriété est grande au Maroc et que son influence sur le développement culturel du pays est déterminante. Le Salon d'Hiver de Marrakech reprend ce rôle en nouant des relations artistiques entre la métropole, le Maroc et l'étranger. Olek Teslar, son président, souhaite centraliser tous les artistes travaillant au Maroc lors de la manifestation annuelle

[152] « Une exposition artistique Nord-africaine à Tunis », *L'Afrique du Nord illustrée*, 1928, p.6.
[153] Vidalenc, Georges, « L'exposition triennale nord-africaine de 1929 », *L'Art et les artistes,* 1929, pp.33-34.
[154] « L'Exposition triennale nord-africaine de peinture et de sculpture », *L'Afrique du Nord illustrée,* 1933, p.11.
[155] « L'Exposition artistique de l'Afrique française », *L'Afrique du Nord illustrée*, 1929, p.3.
[156] CADAN, Archives du Protectorat du Maroc, Cabinet civil, 1 MA/93, Exposition.

de Marrakech. Il veut faire de la capitale du Sud le centre culturel du pays, concurrençant ainsi les villes de Rabat et Casablanca.

Ces deux cités se sont dotées de musées d'art. L'ouverture d'un Musée des Beaux-Arts à Rabat rassemblant des œuvres françaises contemporaines représentant des vues et types du Maroc est envisagée dès les années 1916 par le Résident Général. Les travaux commencent en 1924 et s'échelonnent jusqu'à son inauguration en 1929, au cœur de la médersa de la Kasbah des Oudaïas. Faisant pendant au Musée des Arts indigènes ouvert depuis 1915, il se compose d'une salle et d'une galerie d'exposition. Baptisé Musée Delacroix, en l'honneur du grand peintre orientaliste du XIXe siècle, il accueille notamment les œuvres des artistes du Maroc. La même année, s'ouvre, à la Mamounia, un Musée des arts français qui rassemble des tableaux d'artistes métropolitains et du Maroc tels que celui du peintre René-Xavier Prinet (1861-1946) en 1933 ou encore celui de Jean-Paul Laurens (1838-1921), *La Tour Hassan*. Deux ans après la fondation du Musée des arts français, s'ouvre, rue de l'avenir à Casablanca, un Musée des Beaux-arts qui met en valeur les peintures françaises des XIXe et XXe siècles et celles du Maroc. Le directeur de ce musée est Édouard Brindeau de Jarny. À sa mort en 1943, un concours est lancé pour recruter le prochain conservateur de l'École des Beaux-arts et du Musée des Beaux-arts de Casablanca. En 1946, il est question de rénover le musée en lui donnant un aspect plus local en favorisant l'entrée dans les collections des peintures de belles factures des artistes marocains. Au rez-de-chaussée du bâtiment, les Services municipaux ont instauré des cours de dessins et d'arts décoratifs. Le musée devient alors un pôle artistique pour les Casablancais[157].

Si l'objectif majeur de l'ensemble des sociétés artistiques est bien de mettre en valeur leurs différents adhérents par le biais d'expositions collectives, les artistes ne sont en revanche pas cloisonnés à une seule association. Ils sont plutôt sociétaires de plusieurs d'entre-elles,

---

[157] « La vie intellectuelle à Casablanca – Le Musée municipal », *Le Petit Marocain*, n° 9377, 9 août 1946, p.3.

d'abord celle de leur ville de résidence, puis celles qui leur donnent la possibilité de se faire connaître dans tout le Maroc et au-delà. Les expositions de ces sociétés sont généralement annuelles, voire bisannuelles, afin de stimuler leurs membres à montrer l'évolution de leur travail au jugement d'un jury ou d'un large public. Ces manifestations permettent aux amateurs d'art, à la Résidence Générale du Maroc et au Maghzen d'acquérir des œuvres pour enrichir leurs collections ou embellir différents établissements publics ou privés. Ainsi, lors des deux premières sessions du Salon d'Hiver de Marrakech, les ventes de tableaux ont été assez conséquentes : six cent mille francs pour 1949-50, et cent vingt-cinq mille francs pour 1950-51[158]. Les expositions des Beaux-arts lors des foires sont aussi une occasion pour les plasticiens du Maroc de voir certaines de leurs œuvres être achetées par la Direction générale de l'instruction publique, des Beaux-arts et monuments historiques. Celle-ci alloue la somme de trente mille francs afin d'acquérir, pour leur propre compte, des peintures, aquarelles, sculptures ou dessins du Maroc[159]. Le tableau, *Perspective sur Fès*, de Raymond Crétot-Duval, est ainsi acheté par l'administration coloniale lors de la troisième foire de Fès en 1936[160].

Les œuvres présentées, durant les différentes expositions collectives, doivent illustrer le Maroc, mais ce n'est pas toujours le cas. L'Association des artistes indépendants du Maroc et le Salon d'Automne de Casablanca offrent la possibilité aux plasticiens de présenter des tableaux aux thèmes, styles et techniques variés. Les sujets sont souvent figuratifs et classiques bien qu'il y ait quand même des artistes impressionnistes, cubistes et abstraits. Cependant, les motifs sont quand même souvent récurrents chez l'ensemble des artistes au début comme à la fin du Protectorat : ce sont des paysages,

---

158 CADAN, archives du protectorat français au Maroc, Cabinet civil, 1 MA/93, exposition : « Lettre de Monsieur Olek Teslar, artiste-peintre, au Résident général de la France au Maroc, le général Juin, expliquant les objectifs de la fondation du salon d'hiver de Marrakech », 22 janvier 1952.

159 Lespès, Marlène, *op.cit.*, p.430.

160 Arnaudies, Fernand, « La semaine artistique », *L'Afrique du Nord illustrée*, 4 juillet 1936, p.15.

des scènes pastorales, des animaux, des monuments, des panoramas de ville, des scènes de marché et de rue, des nus, des portraits de femmes et d'hommes, des marchands, des artisans et des fleurs. Les peintres se bornent à représenter ce qu'ils perçoivent de la vie marocaine. L'artiste de passage au Maroc et le peintre qui y réside plus de dix ans n'ont pas la même approche. Le vétéran a l'œil aguerri, la rétine a capturé depuis longtemps la lumière du pays, laissant dans son sillage, non plus cette éclatante luminosité qui vient recouvrir la toile des novices, mais toutes ces nuances allant du blanc au violet. La palette se charge de myriades de tons qui s'agglutinent pour former le tableau. Les souks, les scènes de rue, les montagnes de l'Atlas qui se découpent sur la ligne d'horizon, c'est le pays de l'artiste résidant. Le Maroc, il l'a dans le sang. Les paysages qu'il perçoit ou ressent au loin, la poussière des pistes, les embruns de l'océan, la chaleur moite et parfois un ciel de Provence vers le Moyen Atlas, tout cela c'est le Royaume chérifien. Un mélange étonnant que retranscrit l'artiste lorsqu'il parcourt les chemins qui le mènent dans toutes ces contrées. Quant à celui qui arrive de métropole, pour lui tout est nouveau : une lumière plus dense que celle de France, des scènes et des visages inconnus… Son regard s'attarde de partout, explore, interroge et trouve enfin un sens sur la toile pour représenter ce qu'il voit ou croit voir. Mais, toute cette vie qui s'anime dans les médinas devant les yeux des artistes n'est peut-être qu'un leurre, une volonté intrinsèque du Protectorat, et notamment du Service des Beaux-arts et monuments historiques, pour préserver l'authenticité des villes arabo-musulmanes en y limitant voire en y interdisant sévèrement toute construction moderne[161]. Grâce à cette protection outrancière, les villes européennes se développent, pourtant elles sont aussi très sérieusement surveillées pour éviter toute dysharmonie architecturale entre les deux cités voisines. L'urbanisme des principales villes marocaines est donc façonné pour que les deux communautés ne

[161] La politique patrimoniale du Protectorat s'applique aussi aux antiquités romaines, aux monuments berbères de l'Atlas (kasbah et ksour) ainsi qu'aux édifices portugais datant des XVe et XVIe siècles. Des lois sont émises pour sauvegarder l'ensemble de ces bâtiments dans leur état d'origine.

vivent pas ensemble, chacune dans une agglomération respective, bien qu'à partir des années 1930, l'élite marocaine s'installe dans les cités françaises. Elle est vite influencée par la mode européenne et finalement au bout de quelques années, elle se confond avec la population occidentale. Il en va de même pour la communauté juive. Mais, cette séparation opérée dès le début du Protectorat entraîne parfois un repli sur la ville même : pour les Européens, la médina, bien que proche, reste encore un autre univers. C'est le cas pour les habitants des villes françaises de Fès et de Meknès. Pour Rabat et Marrakech, la médina étant plus proche, le rapport entre les populations est donc moins distant. Pour faciliter les relations culturelles entre les élites françaises et marocaines, des associations sont créées dans les différentes grandes villes du Maroc comme l'Association des Amis de Fès en 1932 dont le président est Marcel Vicaire. Cet organisme se développe rapidement, il compte, en 1938, déjà trois cent cinquante adhérents. Son activité annuelle perdure jusqu'en 1956. L'objectif de cette association est de faire découvrir l'artisanat marocain et les traditions fassies.

« Chaque mois, une conférence promenade conduit les membres de l'Association dans les tanneries, les souks des babouches, les fabriques de poteries. Les amateurs d'archéologie, de littérature, d'histoire, d'art, de vie sociale indigène, urbaine et rurale, se réunissent également et encouragent les travaux de ceux qui s'intéressent à l'histoire de Fès, de ses monuments, des divers éléments de sa population. Ils s'efforcent de recueillir des dons et de favoriser les acquisitions d'objets d'art pour les musées de la ville, de livres pour les bibliothèques[162]. »

L'artiste participe lui aussi à ce rapprochement entre les cultures en rapportant des vues des médinas qui sont pour la plupart des habitants européens une découverte. Il fait de même pour les zones rurales et montagnardes qui, malgré l'essor du tourisme, dans les

---

[162] « Chronique marocaine », *Correspondance d'Orient,* octobre 1938, p.447.

années 1920, restent encore inconnues puisqu'elles sont habitées uniquement par une population berbère nomade, voire semi-nomade. Le premier peintre à partir à leur rencontre est Jacques Majorelle. L'artiste arrive à Rabat en septembre 1917, puis part rapidement s'installer à Marrakech. Le 2 août 1921, il obtient une autorisation du Pacha de la ville pour réaliser son expédition de quatre mois, dans le Haut Atlas, vers les vallées de Telouet et d'Ounila et le pays de Glaoua, avec sa femme et une escorte. Il découvre alors les Kasbahs et les Ksour et, se mêlant aux populations montagnardes, il appréhende leurs coutumes. Dans ces décors grandioses, Jacques Majorelle peint, de longues heures sous le soleil, devant le chevalet, ses forteresses et villages fortifiés de manière stylisée avec des cadrages différents afin de rendre, avec un réalisme photographique, le gigantisme de ses constructions qu'accentuent davantage les effets de lumière et les jeux chromatiques de la peinture. De ce séjour dans l'Atlas, Jacques Majorelle rapporte quatre-vingt-dix-sept toiles qu'il expose entre décembre 1921 et janvier 1922 à la galerie Georges Petit à Paris[163]. Trois d'entre elles sont achetées par Hubert Lyautey pour la Résidence générale de Rabat. En juin 1922, le peintre décide de repartir dans les montagnes, mais cette fois-ci dans la vallée de N'Fiss. Il tombe si malade qu'il ne produit que cinquante toiles, mais il rédige son *Carnet de Voyage dans l'Atlas*. Ces deux premiers voyages sont suivis par six autres entre 1924 et 1950. Dans le sillage de Jacques Majorelle, d'autres artistes se confrontent aussi à l'Atlas comme Jean Hainaut et Marcel Lalaurie qui se passionnent pour les villages fortifiés berbères. Grâce à l'obtention du prix du Maroc en 1921, Marcel Lalaurie effectue son voyage au Royaume chérifien où il se complaît à peindre « [...] la kasbah de Tazert découpant ses masses d'architecture féodale, celle d'Arbalou, rustique ; le village de Telouet aux habitations primitives, avec une paysanne à la fontaine, les peupliers et les lauriers roses sur la route de cette même bourgade ; le

[163] Séguy, René, « L'exposition J. Majorelle », *France-Maroc*, n° 64, 1er janvier 1922, pp.82-83.

village d'Aït Ourir et d'autres localités toutes aussi curieuses[164]. » En 1932, Élisabeth Dandelot est la première femme peintre à fouler le sol du Tafilet dans le Moyen Atlas. Passant un mois à Boudnib et un autre à Erfou, elle y exécute des aquarelles et gouaches de femmes berbères habillées de bleu et des kasbahs aux tonalités roses. Elle décrit en détail la vie au sein des ksour dans ses toiles qu'elle présente, en novembre, à la galerie Derche[165]. Comme sa consœur, Edy-Legrand, à partir de 1930, se rend régulièrement dans le Talifet, puis en 1943, après sa démobilisation, il se fixe à Télouet et sillonne la vallée d'Ounila. Au début des années 1950, il s'installe durablement à Goulimine jusqu'à l'indépendance du Maroc. Dans leur exploration de l'Atlas, les peintres jouent le rôle d'ethnographes en herbe qui dans leur carnet et leurs tableaux rendent compte avec leur propre style l'expérience de ces espaces méconnus. La peinture au Maroc se complaît aussi à reprendre des motifs photographiques très stéréotypés diffusés par les cartes postales dans l'ensemble de l'empire français. Les artistes participent donc à la propagande coloniale à travers leurs œuvres picturales ou sculpturales. Certaines d'entre elles sont reproduites par les acteurs du tourisme que sont la Compagnie générale transatlantique (CGT), la Compagnie générale de transports et de tourisme au Maroc (CTM), la Compagnie de navigation Paquet (CNP), les chemins de fer Paris-Lyon-Méditerranée (PLM), les messageries maritimes, les chemins de fer du Maroc, la Fédération des syndicats d'initiative et de tourisme du Maroc (ou de Tanger), l'Office marocain de tourisme de Rabat, les chemins de fer Paris-Orléans-Midi et, plus tardivement, Air France et Air Atlas-Maroc. La compagnie des chemins de fer Paris-Lyon-Méditerranée (PLM) publie chaque année, entre 1910 et 1930, un agenda dont le but est d'inciter les touristes à partir en toute saison. Pour rendre le voyage plus attractif, le PLM ajoute dans ses petits livrets des cartes postales tirées à part, des photos en noir et blanc

---

[164] Santenac, Paul, « Le peintre Marcel Lalaurie », *La Revue des Beaux-arts,* n° 431, 31 mai 1925, pp.9-10.

[165] « Élisabeth Dandelot, peintre du Tafilet », *L'Afrique du Nord illustrée,* n° 602, 12 novembre 1932, p.7.

datant d'avant 1914, des reproductions de peintures originales en couleurs ainsi que de nombreux textes plus ou moins littéraires évoquant les différentes destinations touristiques. Le PLM crée aussi des atlas dont la composition reprend celle des agendas avec l'incorporation supplémentaire de cartes géographiques. Dans l'Atlas PLM du Maroc, datant des années 1920, seulement deux reproductions de peintures sont présentes : *Mosquée Si Ahmed Tijani* de Gabriel Rousseau et *Le Sultan et son cortège* de Joseph de la Nézière. Le choix de ces deux artistes n'est pas anodin, ils sont tous les deux des affichistes au service de la propagande touristique du Maroc. Gabriel Rousseau est le créateur de l'affiche *Venez au Maroc via Marseille* commandée par les PLM en 1914, Joseph de la Nézière effectue celle de l'Exposition de Casablanca en 1915. D'autres membres de l'Association des peintres et sculpteurs français professionnels du Maroc sont employés par les Syndicats d'initiative pour promouvoir les atouts des villes impériales comme Mattéo Brondy à Meknès, Marcel Vicaire, Robert Camille Quesnel et Henri Pontoy à Fès, Raphaël Pinatel à Rabat ou encore Charles Édouard Derche à Marrakech. Jacques Majorelle exécute différentes affiches pour la Fédération des syndicats d'initiative et de tourisme au Maroc en 1923, pour le PLM au Maroc en 1926 et enfin pour les chemins de fer Paris-Orléans-Midi en 1929.

L'affluence d'artistes dilettantes explique la multiplication des sociétés artistiques et la distinction entre amateurs et professionnels. Les « peintres du dimanche » ne sont pas autorisés à présenter leurs créations dans les sociétés artistiques professionnelles ni au sein des deux principaux salons, mais ils sont acceptés aux expositions artistiques des grandes foires annuelles de chaque grande ville marocaine. Les Salons d'Automne et d'Hiver sont pour les plasticiens des manifestations à ne pas manquer et où il faut surtout se faire remarquer. Les sociétaires de l'Association des peintres et sculpteurs français professionnels du Maroc, du Foyer artistique des peintres du Maroc ou encore ceux de l'Association des artistes indépendants du Maroc sont le plus souvent sollicités lors des salons, et la presse locale et nationale en fait l'écho. La revue *France-Maroc* est la première à informer le public des différentes expositions collectives de l'Association des peintres et sculpteurs du Maroc au pavillon des Beaux-arts de la Mamounia de Rabat ou encore à la galerie Derche à Casablanca entre 1923 et 1925[166]. Elle présente non seulement le rôle de la société, mais elle fait paraître des articles sur les principaux adhérents tels que Jean Baldoui, Édouard Brindeau de Jarny, Jacques Majorelle, Marguerite Delorme (1876-1946), Marcel Vicaire, Suzanne Drouet-Reveillaud (1885-1970). *La Vigie marocaine* et *Le Petit Marocain* poursuivent le travail de *France-Maroc* en présentant les différentes sociétés artistiques qui se créent durant les années 1925 à 1956. Les deux quotidiens mentionnent non seulement les manifestations artistiques collectives, mais aussi les expositions particulières dans les nombreuses galeries d'art que rescellent les grandes villes marocaines. Des biographies sont aussi publiées concernant les plasticiens qui ont déjà une notoriété comme le peintre militaire Théophile-Jean Delaye ou encore le cubiste Maurice de Wlaminck (1876-1958) lors de l'inauguration du premier Salon de l'Association des artistes indépendants du Maroc en 1932[167]. Les peintres et sculpteurs renommés, ayant travaillé au Maroc, sont promptement invités à présenter leurs créations à la section marocaine lors des expositions coloniales ou d'outre-mer à Paris en 1931, 1935, 1940 et 1942. Ces occasions sont pour eux un moyen de se faire reconnaître du public français, mais aussi d'obtenir la décoration des différents palais des colonies. Lors de l'Exposition coloniale de 1931, Suzanne Drouet-Reveillaud est chargée, à la suite d'un concours, de réaliser cinq grands panneaux pour orner le Pavillon du Maroc. L'une de ces toiles marouflées, *Tribunal du Pacha à Fès,* est ensuite achetée pour décorer la Résidence générale à Rabat. C'est aussi le cas pour le diorama représentant un service de santé dans un

---

[166]K.er-Melin, « Les Artistes au Maroc : L'Exposition de la "Kasbah" », *France-Maroc*, n° 91, 1924, pp.107-115.

[167] Théophile-Jean Delaye, lieutenant dans l'armée, est affecté en 1925 au Service géographique de l'armée au Maroc. Il réside dans ce pays jusqu'en 1960. Il est aussi un peintre exécutant ses œuvres en plein air en utilisant le fusain, l'aquarelle, l'encre de chine ou encore la gouache. Il dessine et peint les habitants et les paysages du Maroc.
« Un Salon des indépendants au Maroc », *L'Afrique du Nord illustrée*, 1933, p.11

dispensaire au Maroc[168]. La participation des peintres et sculpteurs du Maroc au sein des différentes manifestations collectives à Paris comme dans les villes marocaines les aide à se démarquer et incite les galeries d'art à organiser leur exposition individuelle au Royaume chérifien et en métropole.

---

[168] Réveillaud Kriz, Suzanne, *l'odyssée d'un peintre : Drouet Réveillaud,* Paris, Édition Fischbacher, 1973, p.143.

Chapitre 3
Les galeries d'art

La galerie d'art est la clef de voûte de l'engrenage du commerce d'objets d'art, elle est le lieu emblématique où se rencontrent le plasticien, le galeriste (ou autre intermédiaire en transaction) et l'acheteur (amateur ou collectionneur). Le marchand d'art au sein de sa boutique reçoit les œuvres de l'artiste à qui il donne une valeur marchande en prenant en considération la valeur inestimable du travail de création. Les galeristes choisissent les plasticiens qu'ils souhaitent promouvoir par le biais d'expositions individuelles et la publication d'un catalogue reprenant les œuvres accrochées lors des différentes prestations artistiques. Les prix, en revanche, ne sont pas affichés, les transactions se font en toute discrétion. Pour les peintres et sculpteurs du Maroc, la galerie d'art est donc inévitable afin de se faire connaître et se constituer un groupe de fidèles acheteurs qui se ne laisserait pas de ses successives présentations durant toute sa carrière. L'enjeu financier est le point culminant de cette exhibition solitaire que tente prestement chaque plasticien avec souvent le soutien de leur société artistique. Les galeries d'art ont donc pignon sur rue au sein des principales villes marocaines pour recevoir les nombreux exposants. À Rabat, capitale administrative depuis 1913 qui centralise, au sein du Service des Beaux-arts et des monuments historiques, de nombreux artistes à l'origine de la création l'Association des peintres et sculpteurs du Maroc, est la première des grandes cités impériales à se doter de salles d'exposition au début des années 1920 : un local au sein de la kasbah des Oudaïas dans le musée des arts indigènes et le pavillon des Beaux-arts au palais de la Mamounia[169]. C'est au sein de ce dernier espace public, géré par le Service des Beaux-arts et des monuments historiques, que Marcel Vicaire et Suzanne Drouet-Reveillaud présentent leurs tableaux respectifs, en février 1929 pour une huitaine de jours[170]. Entre 1929 et 1946, le pavillon des Beaux-arts accueille toute l'année, hormis en été, les œuvres d'artistes français membres des sociétés artistiques du Maroc ainsi que les plasticiens français adhérant à la Société des Artistes français comme Élie Anatole Pavil (1873-1948)[171]. Le peintre dévoile, en mai 1935, ses paysages animés parisiens aux effets de lumières rappelant ceux des impressionnistes. Le mois suivant, Jean Hainaut, sociétaire de l'Association des peintres et sculpteurs français professionnels du Maroc, présente ses toiles et bois gravés de l'Atlas[172]. En février 1936, c'est autour de Jean Jacques Deyrolle (1911-1967) de montrer ses travaux.

« Portraitiste et paysagiste, Jean Deyrolle nous offre des travaux qu'il doit à la Bretagne et au Maroc. À celui-ci, il a demandé des têtes particulièrement expressives, traitées sobrement, en profondeur ; et des nus, où le peintre s'est avéré assez amoureux des volumes et des masses pour nous faire remercier une fois encore les cubistes pour l'influence bienheureuse qu'ils ont exercée sur la peinture d'aujourd'hui, en les éloignant des éternels chromos qui sévissent encore dans quelques salles du Salon des Artistes Français[173]. »

Durant les années de guerre, les manifestations artistiques sont plus irrégulières. Il faut attendre 1946 pour que l'activité du Pavillon des Beaux-arts reprenne, mais les expositions particulières, moins

---

169 Le palais de la Mamounia se situe sur une ancienne orangerie entre la médina et la gare de Rabat. Cet espace regroupe la Direction de l'Instruction publique, des Beaux-arts et des antiquités, le musée d'Art français, un ancien pavillon mauresque transformé en salle des expositions ainsi que le conservatoire de musique.

170 « Une double exposition à la Mamounia », *L'Afrique du Nord illustrée*, 2 mars 1929, p.7.

171 Martin, René, « L'exposition Pavil à la Mamounia », *Maroc-Matin*, 3 mai 1935, NP.

172 Arnaudies, Fernand, « La semaine artistique : Maroc », *L'Afrique du Nord illustrée*, 8 juin 1935, p.15.

173 B.S, « Jean Deyrolle expose à la Mamounia », *Maroc-Matin*, 29 février 1936, p.5.

fréquentes que dans les années trente, sont surtout organisées par les artistes rabatais. Ainsi, entre 1946 et 1948, Marguerite Anne de Blonay, Omblyne de Richemont-Salvy (1919-2006), Hervé Kervella, Henri Camax[174], Olek Teslar, Henri Coulon, Jean Baldoui, Edmond Pauty, Philippe Ancellin, Pierre Lafages présentent successivement leurs créations. En 1950 et 1951, les plasticiens qui réalisent leurs expositions personnelles sont moins académiques. En octobre, le peintre Dick Van Driest (1889-1989) expose ses paysages marocains notamment des vues de Rabat dans un style rappelant celui des pointillistes[175]. Entre la mi-novembre et la mi-décembre 1950, la Mamounia est investie par le Salon d'Automne, c'est la première fois qu'il se déroule dans la capitale marocaine. En février 1951, le peintre Jean-Pierre Remon (né en 1928) montre des marines exécutées dans le Cotentin où sont mis en valeur la mer, le ciel, le vent : les éléments façonnent la toile pour former le paysage animé[176]. À partir du milieu des années 1950, les peintres marocains peuvent aussi organiser leur propre exposition au sein du pavillon des Beaux-arts. Un des premiers à le faire est Farid Belkahia (1934-2014) en 1955 et 1957.

Il faut attendre le milieu des années trente pour que des galeries d'art fassent leur apparition à Rabat. Entre les années 1934 et 1956, cinq se partagent l'ensemble des prestations personnelles des peintres et sculpteurs du Maroc : l'Echo du Maroc (1934-1956), la Boîte à Musique (1945-1947), la galerie Daléas (1946-1949), la Boutique

---

[174] Henri Camax est originaire de Carolles en Normandie. Il commence à peindre des pastels de sa région et de Bretagne qu'il présente à Paris dans diverses galeries, dont celle de Kondogiorgis, en 1906. Deux ans après, il reprend le cabinet d'architecture de son père dans sa ville natale. En tant qu'architecte, il est mobilisé au Maroc durant les années de la Première Guerre mondiale. Peignant des vues de Casablanca et de Rabat, il les présente dans des salles d'exposition improvisées de la cité portuaire ainsi lors des foires de 1915 et 1917 à Casablanca et Rabat. Membre de l'Association des peintres et sculpteurs du Maroc, il participe aux deux premières expositions en 1923 et 1924 aussi bien au Maroc qu'à Paris. Il expose ensuite des tableaux et des livres à la Kermesse de Mazagan en août 1944 avec le peintre Lorenzo Quarello. En 1945, il présente ses foules marocaines à la galerie Escribano de Casablanca en février – mars et en novembre tandis qu'en mai, il ressort de ses cartons ses anciennes œuvres parisiennes et celles qu'il a effectuées au Maroc entre 1915 et 1918 pour les montrer aux habitants de Meknès. En 1947, l'artiste présente ses nouvelles œuvres au pavillon de la Mamounia à Rabat. En 1948, il participe à la XVe Exposition artistique de l'Afrique qui a lieu à Marrakech.

[175] Gravier, Louis, « Van Driest récidiviste… », *La Vigie marocaine,* 18 octobre 1950, p.4.

[176] « J.P Remon expose aujourd'hui à la Mamounia », *La Vigie marocaine*, 20 février 1951, p.4.

d'art (1941-1949), la galerie Bagatelle (1949-1956). La saison artistique se décompose en deux périodes spécifiques : la première s'échelonne de janvier jusqu'en juin, tandis que la seconde s'effectue entre septembre et décembre. Les sociétaires appartenant à l'Association des peintres et sculpteurs français professionnels du Maroc, au Salon militaire, au Foyer artistique des peintres du Maroc, à l'Association des artistes indépendants du Maroc ainsi que les métropolitains membres de la Société des artistes français ou de la Société nationale des Beaux-arts sont ceux qui réalisent le plus d'expositions. Ainsi, en 1935, à la galerie L'Echo du Maroc, installée au sein des locaux du journal éponyme dans la rue de la République, le peintre Mattéo Brondy y présente ses toiles équestres[177]. Dans les années suivantes, Robert Camille Quesnel[178] en février 1936 ou encore Louis Endrès en 1936 et 1939 sont aussi accueillis par la galerie d'art tout comme les artistes français itinérants auxquels Grabrielle Frasez (1882-1970) appartient[179]. En 1934, les galeries Cousin reçoivent les artistes locaux et européens comme les aquarellistes Guérard et Franz Kohler dans leurs locaux[180]. La même année, avec l'ouverture de l'École des Beaux-arts, une de ses salles est réservée pour les expositions d'artistes rabatais notamment celles de Guérard, d'Henri Duvignaud et Jean Baldoui[181]. En mars 1935, c'est au tour de Marie Pinatel d'y dévoiler ses toiles[182].

---

[177] Arnaudies, Fernand, « La semaine artistique », *L'Afrique du Nord illustrée,* 23 novembre 1935, p.35.

[178] Arnaudies, Fernand, « La semaine artistique », *L'Afrique du Nord illustrée,* n° 773, 28 février 1936, p.19 ; Arnaudies, Fernand, « La semaine artistique », *L'Afrique du Nord illustrée,* n° 775, 7 mars 1936, p.15 ; « L'exposition Louis Endrès à l'Echo du Maroc », *La Vigie marocaine,* 27 février 1939, p.7.

Robert Camille Quesnel, élève de Jean-Paul Laurens et Paul Chabas à l'Académie Julian, est le peintre du ministère de l'Air. Domicilié à Séfrou depuis 1930, il y a ouvert un atelier. Il peint des scènes de la vie quotidienne de cette petite bourgade près de Fès ainsi que des portraits et des scènes de chasse.

[179] Arnaudies, Fernand, « La semaine artistique », *L'Afrique du Nord illustrée,* n° 779, 4 avril 1936, p.19.

[180] « Rabat-Salé-Les Beaux-arts-Franz Kohler, le "vieux Marocain" », *La Vigie Marocaine,* 19 décembre 1934, p.6.

[181] « Rabat-Salé-Les Beaux-arts-Henri Duvignaud, Guérard et Baldoui », *La Vigie Marocaine,* 9 décembre 1934, p.6. Henri Duvignaud est professeur de lettres et grammaire au lycée Gouraud de Rabat dans les années 1930.

[182] « Rabat-Salé-Aux Beaux-arts-Marie Pinatel », *La Vigie Marocaine,* 19 mars 1935, p.6.

Au milieu des années 1940, la Boîte à Musique, rue Doumer, est l'autre grande galerie d'art qui héberge les expositions des artistes français de Rabat et Casablanca comme les sculpteurs Félix Leca (1901-1977) et Henri Wacquiez ; les membres du Foyer artistique des peintres du Maroc que sont Marcel Perrot et Paul Ehretsmann ; C. René Payen des Indépendants ; les anciens élèves de l'École des Beaux-arts de Rabat comme Georges Patittuci et Marcel Batier ; les sociétaires de l'Association des peintres et sculpteurs français professionnels du Maroc ; les adhérents de la Société des artistes français de passage à Rabat tels que Robert Hermann, Mary Bony[183], Henri Voisin et quelques artistes amateurs comme Alice Fenech[184]. Faisant concurrence à la Boîte à Musique, est créée au sous-sol de la librairie Daléas, située sur le cours Lyautey, une galerie d'art qui fait office de point de chute pour les peintres français du Maroc. Ainsi pour le mois de décembre 1946, Robert Cassin y dépose, pour une semaine, ses toiles tortueuses aux colories sombres[185].

La plus importante des galeries de Rabat est La Boutique d'art au 7 cours Lyautey. Elle est dirigée par l'antiquaire Pierre Carrez qui prend aussi la direction de la Maison d'Art à Casablanca, à l'angle du

---

La fille du peintre Raphaël Pinatel (1879-1933) a étudié la peinture auprès de son père et de la famille Teslar à Marrakech. Elle expose pour la première fois avec elle, en 1931, sous le nom de Marie Teslar. C'est sous son vrai nom qu'elle réalise, par la suite, ses autres expositions.

[183] Mary Bony est une portraitiste française qui expose depuis la fin depuis les années 1890 à la Société des artistes français et au Salon de Lyon. Elle présente pour la première fois ses œuvres au Maroc en 1941 à la galerie du Livre à Casablanca. Elle renouvelle cette prestation au sein de la même galerie en 1942 et 1944. En 1945, ses tableaux sont accrochés à la cimaise de la galerie Escribano de Casablanca, tandis qu'en 1947, c'est à la Boîte à Musique de Rabat que ses toiles sont montrées. En 1948, elle expose de nouveau à Casablanca chez Jane Hivert.

[184] Cl.V, « À travers les expositions : Wacquiez et Marcel Perrot », *L'Echo du Maroc*, n° 9942, 21 janvier 1947, p.3 ; « Les Arts : l'exposition C. René Payen à la Boîte à Musique », *L'Echo du Maroc*, n° 7908, 31 octobre 1945, NP ; « À la Boîte à Musique, exposition Alice Feneck », *L'Echo du Maroc*, n° 8024, 29 novembre 1945, NP ; « À la Boîte à Musique, à 16 h, vernissage de l'exposition Robert Hermann. Paysages de Tunisie, Maroc, natures mortes », *L'Echo du Maroc*, n° 8034, 10 décembre 1945, NP ; « Les Expositions : Marcel Batier », *L'Echo du Maroc*, n° 9024, 24 mars 1946, p.3 ; « À la Boîte à Musique, Mary Bony expose des intérieurs, des fleurs et des études d'Arabe », *L'Echo du Maroc*, n° 9030, 31 mars 1946, p.2. ; « À la Boîte à Musique, Georges Patitucci », *L'Echo du Maroc*, n° 9030, 30 avril 1946, p.2. ; « Les Expositions : Douceur d'Henri Voisin », *L'Echo du Maroc*, n° 9130, 18 mai 1946, NP ; « À la Boîte à Musique, Paul Ehretsmann expose ses fleurs jusqu'au 12 décembre », *L'Echo du Maroc*, n° 9280, 9 novembre 1946, p.3 ; « À la Boîte à Musique, les aquarelles de François Riff », *L'Echo du Maroc*, n° 9952, 7 février 1947, NP.

[185] « Chez Daleas : Robert Cassin », *L'Echo du Maroc*, n° 9303, 6 décembre 1946, p.3.

Boulevard de Marseille et de la rue Colbert, en 1941[186]. Les artistes qui peuvent exposer à la Boutique d'art appartiennent à l'Association des peintres et sculpteurs français professionnels du Maroc et au Foyer artistique des peintres du Maroc, mais les peintres nouvellement installés dans la capitale comme Janine Danner (1919-1997) et son mari Pierre Fougerat ont aussi la primauté pour y présenter leurs créations[187]. Les orientalistes français ou algériens séjournant à Rabat tels qu'Oscar Spielmann (1901-1974), René Joly de Beynac (1876-1968), Francis Cariffa (1850-1975) et Charles Manciet (1874-1963) ainsi que les artistes métropolitains en vogue à Paris comme le peintre abstrait Jules Ramis (1909-1990) ou encore André Libion (1924-1993) y sont aussi admis[188].

Durant l'année 1949, de nombreuses galeries d'art ferment leurs portes, seule la galerie Bagatelle, au 7 rue Louis Gentil, est inaugurée le 22 décembre. Bien que spécialisée dans la vente d'objets d'art et de bijoux, cette succursale fait office de lieu d'exposition pour tous types d'artistes. Les premières manifestations individuelles apparaissent en 1951 avec notamment celles de Louise Cerf, Jacqueline Mathis-Brodskis, Raymond Crétot-Duval, Micheline Henriot et Jean-Pierre Remon[189]. Pour compenser le manque effectif de locaux, l'hôtel Balima sur le cours Lyautey et la galerie Art et Style servent aussi d'écrin pour accueillir les créations de quelques plasticiens[190].

Seuls les artistes français et européens domiciliés ou de passage dans la capitale sont avantagés par les galeries d'art contrairement aux

---

[186] « La Maison d'art », *La Vigie Marocaine*, 14 octobre 1941, p. 2.

[187] « Echos : À la Boutique d'Art à Rabat, exposition de J. Danner et P. Fougerat », *La Vigie Marocaine*, 13 mai 1948, NP.

[188] « Echos : À la Boutique d'Art à Rabat, exposition d'O. Spielmann », *La Vigie Marocaine*, 7 mars 1946, NP ; « Echos : À la Boutique d'Art à Rabat, exposition de René Joly de Beynac », *La Vigie Marocaine*, 10 mai 1946, NP ; « Echos : À la Boutique d'Art à Rabat, exposition de Charles Manciet », *La Vigie Marocaine*, 6 mai 1947, NP ; « Echos : À la Boutique d'Art à Rabat, exposition de F. Cariffa », *La Vigie Marocaine*, 21 janvier 1948, NP ; « Echos : À la Boutique d'Art à Rabat, exposition de Jules Ramis », *La Vigie Marocaine*, 17 janvier 1946, p.2. ; « Echos : À la Boutique d'art à Rabat [exposition André Libion] », *La Vigie marocaine*, 5 juin 1945, p.2.

[189] « Expositions », *La Vigie marocaine*, 5 mars 1951, p.4 ; « À la Galerie Bagatelle, Jacqueline Mathis-Brodskis », *La Vigie marocaine*, 22 mars 1951, p.4 ; « Expositions : Crétot-Duval à la Galerie Bagatelle », *La Vigie marocaine*, 16 avril 1951, p.4 ; « Exposition », *La Vigie marocaine*, 1er juin 1951, p.4 ; « Expositions », *La Vigie marocaine*, 26 novembre 1951, p.4.

[190] « Exposition », *La Vigie marocaine*, 1er juin 1951, p.4.

peintres marocains qui, émergeant durant les années 1950, ne peuvent que rarement présenter individuellement leurs œuvres. Pour combler cette injustice, en 1955, le peintre Moulay Ahmed Drissi (1924-1973) ouvre L'Œil noir, à Rabat, afin que plusieurs de ses compatriotes puissent montrer plus facilement leurs créations[191]. En 1957, le caricaturiste Lardi Belcadi (1939-2001) y expose pour la première fois. Avec l'Indépendance du Maroc, la capitale administrative se voit doter par le nouveau ministère de la Culture d'une galerie nationale à l'intérieur de Bab Rouah afin de permettre aux nouveaux plasticiens d'y accrocher leurs toiles.

Document 2 : Les principales galeries d'art à Rabat

Nom	Adresse	Dates d'activité
Pavillon des Beaux-arts	Palais de la Mamounia	1929-1956
L'Echo du Maroc	Rue de la République	1934-1962
La Boîte à Musique	Rue Doumer	1945-1947
Galerie Daléas	Cours Lyautey	1946-1949
La Boutique d'Art	7 cours Lyautey	1941-1949
Galerie Bagatelle	7 rue Louis Gentil	1949-1956

Entre 1929 et 1956, Rabat connaît une effervescence artistique due à l'engouement de ses habitants pour les expositions de peintures. Lors de l'année 1950, la galerie l'Echo du Maroc attire un nombre considérable de visiteurs grâce à une programmation innovante. Au

[191] Zahi, Farid, *D'un regard, l'autre : l'art et ses médiations au Maroc,* Rabat, Édition Marsam, 2006, p.69.

mois de mai, MAG. B attire le Tout-Rabat qui se presse pour admirer ses aquarelles et rire devant ses portraits humoristiques des hauts dignitaires et des grandes personnalités du Maroc[192]. La même année, entre septembre et décembre, cinq peintres sont particulièrement appréciés par le public à la galerie l'Echo du Maroc. L'artiste amateur Louis Guillemain, avec ses paysages, ses nus et sa fameuse sculpture représentant la tête de Marcel Cerdan, n'a pourtant guère enchanté Louis Gravier, le critique d'art de *La Vigie marocaine*. Ce dernier n'est pas avare d'acerbes commentaires envers l'artiste en affublant ses peintures de « chromos badigeonnés de couleurs vives[193]. » En revanche, cette diatribe n'est point pour les peintres qui lui succèdent : Dick Van Driest avec ses portraits, René Martin et ses pastels, Henri Pontoy avec ses toiles hivernales de France où la brume s'immisce et ses tableaux lumineux de Rabat[194]. Quant à Anny Mathieu, si ses gouaches représentant des paysages d'Irhem Azoumak (région Beni Mellal-Khénifra) sont louées par la critique, ce n'est pas le cas de ses huiles montrant des vues conventionnelles des Oudaïas sur la tour Hassan, elles ressemblent trop à des clichés de cartes postales[195]. Cet enthousiasme des Rabatais, pour tous les vernissages de peintures, s'explique par la présence accrue de lieux culturels et d'établissements de formations artistiques que sont l'École des Beaux-arts et les ateliers d'artistes professionnels comme ceux de Jean-Émile Laurent et de René Martin au sein de la kasbah des Oudaïas. De nombreux Rabatais s'empressent à s'inscrire dans les cours de dessin et de peinture qu'offre gratuitement le Foyer artistique des peintres du Maroc. Chacun d'entre eux essaie alors de pouvoir vivre de son art avec l'espoir de réaliser, à son tour, sa propre exposition dans une des nombreuses galeries de la capitale. Ces

[192] « À travers la ville – Et MAG. B conduit le bal », *La Vigie marocaine*, 12 mai 1950, p.3.
[193] Gravier, Louis, « À côté de l'Art », La Vigie marocaine, 6 octobre 1950, p. 4.
[194] « Expositions : Dick Van Driest expose ses portraits à la Galerie l'L'Echo du Maroc », *La Vigie marocaine*, 22 septembre 1950, p.4 ; « Expositions : René Martin à la Galerie l'Echo du Maroc », *La Vigie marocaine*, 14 octobre 1950, p.4 ; « Expositions : Pontoy à la Galerie l'Echo du Maroc », *La Vigie marocaine*, 29 octobre 1950, p.4.
[195] « Rendez-vous des peintres – À l'Echo du Maroc », *La Vigie marocaine*, 9 décembre 1950, p.3.

dernières n'accueillent d'ailleurs que des peintres ou sculpteurs reconnus au Maroc ou en France, permettant aussi de former l'œil des néophytes aux nouveautés, tout en montrant les sujets de prédilection des amateurs d'art : paysages marocains ou français voire méditerranéens, portraits, caricatures et œuvres humoristiques, peintures de fleurs et enfin sculptures. Ces créations sont alors vendues aux plus offrants dans les galeries mêmes. De nombreux collectionneurs d'art, installés à Rabat, férus de peintures contemporaines et orientalistes, achètent avec frénésie les œuvres qui se présentent à eux. Quant aux artistes exposants, ils transposent automatiquement leur exposition à Casablanca dans les mois ou années qui suivent leur passage à Rabat. Il y a un roulement continuel des manifestations entre la capitale administrative et la capitale économique, cette dernière étant plus attractive par son statut de port. Pourtant quelques peintres, préfèrent, pour se faire connaître du public, parcourir les principales villes du pays afin d'y exposer leurs œuvres. C'est le cas de la famille Teslar (Jeannine, Olek et leur fils Antoine), résidant à Marrakech, qui réalise le tour du Maroc entre 1933 et 1934, avec comme seul bagage un petit campement que porte un âne. Au mois de mars 1934, elle a déjà effectué les trajets Marrakech-Taroudant-Agadir-Casablanca en onze mois[196]. Les trois peintres effectuent des dessins et croquis durant leur traversée qu'ils présentent ensuite dans les villes d'étape. Cette escapade marocaine est relancée par l'orientaliste Henri Pontoy en 1938. Il visite le Sud du pays notamment le Souss, Trafraoute et Goulimine avant de rejoindre Tiznit, Casablanca et enfin Tanger où, hébergé chez des amis, il peut composer de grands tableaux à partir des dessins qu'il a exécutés durant son parcours[197].

À Casablanca, les galeries sont plus nombreuses qu'à Rabat. Dès 1923, la salle de l'Aéro-club accueille les manifestations artistiques des sociétaires de l'Association des peintres et sculpteurs du Maroc

[196] « Le Tour du Maroc par trois peintres », *La Vigie Marocaine,* 26 mars 1934, n° 8192, p.4.
[197] « Tanger la séduisante », *Le Petit Marocain*, 2 septembre 1938, n° 6924, p.6.

tels qu'Émile Lafond et Jules-Henri Derche[198]. Ce peintre décide alors de fonder sa propre galerie, 8 rue Nolly, afin de recevoir les expositions collectives et individuelles des membres de son association et de vendre leurs œuvres aux nombreux amateurs casablancais[199]. À partir de 1930, la galerie Derche inaugure sa saison artistique en octobre pour la clore en juin. Les expositions de chaque artiste durent sept jours puis elles s'allongent à dix à partir de 1937. La galerie est très prolifique entre 1934 et 1949, hormis durant sa fermeture de septembre 1939 à mars 1940. En revanche, en 1944, elle enchaîne toute l'année, à une cadence effrénée, les expositions individuelles décadaires. Entre 1934 et 1949, la galerie Derche met à disposition ses salles aux artistes de l'Association des peintres et sculpteurs du Maroc et du Salon militaire. En 1936, elle élargit sa clientèle en intégrant les sociétaires du Foyer artistique des peintres du Maroc de Rabat. Durant l'année 1937, la galerie Derche accueille deux artistes métropolitains, Edgar Bohlman (1902 – ?) et Jean-Roger Sourgen (1883-1978). Cet artiste autodidacte demeure à Hossegor depuis 1925, il y peint les beautés landaises, dont le lac d'Hossegor enchâssé dans les pins qu'il répète inlassablement dans ses toiles. « Il ne s'agit point dans la production de cet artiste d'une vision spéciale de la nature, mais d'une transposition, sur un plan presque irréel, de motifs qui se drapent ainsi de somptueux relief[200]. » Les élèves des Beaux-arts sont aussi admis à la galerie Derche comme Jean Even (1910-1986), pensionnaire de la Casa de Velasquez à Fès, qui expose ses premières toiles marocaines en 1938[201]. Il faut attendre 1942 pour que les plasticiens métropolitains tels qu'Albert Marquet (1875-1947), Pierre Deval (1897-1993), Jean Puy (1876-1960), Simon Mondzain (1888-1979), Henri Manguin (1874-1949) et Charles Camoin (1879-1965) aient une représentation aussi importante que

[198] « Art et Littérature : Exposition », *France-Maroc,* n° 75, 1923, p.28.
[199] « L'exposition Gabriel Rousseau », *La Vigie Marocaine,* n° 8506, 1935, p.5.
[200] Plaisance, Maxime, « Sur la cimaise », *Maroc magazine,* avril 1937, p.105.
[201] « L'exposition Jean Even à la galerie Derche », *La Vigie marocaine,* n° 10980, 16 décembre 1938, p.8.

celle des peintres du Maroc[202]. Les anciens étudiants de l'École des Beaux-arts de Rabat et de Casablanca, le paysagiste Louis J. Chareyre et la portraitiste hollandaise Anne Maria Blaupot Ten Cate (1902-2002) sont aussi acceptés[203]. À partir de 1946, les expositions deviennent plus éclectiques. Si les peintres et sculpteurs professionnels du Maroc sont encore nombreux, les artistes métropolitains commencent à les contrebalancer. Ainsi, les œuvres de Charles Camoin, Maurice Asselin (1882-1947), Albert André (1869-1954) et Maurice Savin (1894-1973) ou encore d'Henry Valensi (1883-1960), fondateur du mouvement du musicalisme, ont une présence plus accrue[204]. Enfin, les nouveaux peintres récemment installés au Maroc sont mis à l'honneur comme l'artiste abstraite, Nelly Marez Darley (1906-2001)[205]. Entre 1948 et 1949, les expositions sont plus espacées et durent un mois. Tous les organisateurs appartiennent alors à l'Association des peintres et des sculpteurs français professionnels du Maroc tels qu'Henri Bosco, Jean-Émile Laurent, Armand Céré et Marguerite Anne de Blonay. La dernière manifestation effectuée à la galerie Derche, avant sa fermeture à l'automne 1949, est consacrée aux livres d'art français[206]. La galerie Quernel de la Chiquennière, qui lui succède à partir de décembre 1950, est inaugurée par une exposition dédiée aux paysages marocains de Paul Jean Anderbouhr (1909-2006)[207].

---

[202] « Chronique des arts – aujourd'hui, Albert Marquet, Pierre Deval, Jean Puy, Mondzain, Henri Manguin et Charles Camoin à la galerie Derche », *Le Petit Marocain,* 16 janvier 1942, n° 7351, p.3. Ces artistes sont de grands voyageurs qui ont parcouru la France, mais aussi la Méditerranée comme le Maroc et l'Algérie. Ce sont tous des coloristes dans la lignée des nabis, d'Henri Matisse et des fauves.

[203]« L'Exposition L.J Chareyre à la galerie Derche », *Le Petit Marocain,* n° 7309, 15 octobre 1942, p.4 ; « Chronique artistique – Mme Baudot Ten Cate expose à la galerie Derche », *Le Petit Marocain,* 6 juin 1942, n° 7468, p.4.

[204]« Promenades à travers les expositions – L'art contemporain à la galerie Derche », *Le Petit Marocain,* 16 novembre 1946, n° 9462, p.2. ; « Promenades à travers les expositions – Henry Valensi à la galerie Derche », *Le Petit Marocain,* n° 9212, 25 janvier 1946, p.2.

[205] « Promenades à travers les expositions – Nelly Marez Darley à la galerie Derche », *Le Petit Marocain,* n° 9443, 25 octobre 1946, p.2.

[206] « Chronique des Arts : Livres d'art français à la Galerie Derche », *La Vigie marocaine*, 14 juin 1949, NP.

[207] « Echos : Exposition Anderbouhr chez Quernel de la Chiquennière », *La Vigie marocaine*, 8 décembre 1950, p.2.

La Maison d'Art qui s'ouvre, en 1926, au 124 rue Colbert, est dirigée, à partir de 1941, par l'antiquaire Pierre Carrez qui la transforme en une société à responsabilité limitée (SARL) le 28 août 1946[208]. Si dans les huit premières années d'activité, la galerie est spécifiquement tournée vers la vente d'antiquités et d'objets d'art, à partir de 1934, elle organise aussi des manifestations artistiques. Cependant, avec son changement de statut en 1946, la galerie s'oriente uniquement vers le commerce d'antiquaire en France et au Maroc. Les expositions de peintures ou de sculptures, qui ont lieu entre 1934 et 1946, valorisent seulement les artistes casablancais comme le maître statutaire Julien Monier (1890-1936), les membres de l'Association des artistes indépendants du Maroc tels que C. René Payen ou encore les peintres français itinérants comme Georges Ricard-Cordingley (1873-1939)[209].

Les autres galeries d'art qui apparaissent dans les années trente ont une durée d'existence plus restreinte. La galerie D.A.M.E.A, située dans l'Immeuble Tazi, rue du Capitaine Maréchal, entre 1931 et 1934, n'accueille qu'occasionnellement des expositions artistiques. Elle privilégie surtout les plasticiens français voyageant au Maroc comme Raymond Feuillatte (1901-1971), lauréat de la bourse d'Afrique du Nord organisée par la ville de Paris[210] ainsi que le paysagiste lorrain Pierre Lepage (1906-1983) avec ses toiles du Tafilalet[211]. Elle accorde aussi le droit d'exposer aux artistes adhérant à l'Association des

---

[208] « Constitution de société à responsabilité limitée : la Maison d'Art », *La Vigie marocaine*, 2 octobre 1946, NP.

[209] De Bruchard, Charles, « Chez nos artistes – L'exposition G. Ricard-Cordingley à la Maison d'art », *Le Petit Marocain,* n° 5897, 8 mars 1934, p.4. Georges Ricard-Cordingley est un paysagiste qui voyage beaucoup en Europe. Il séjourne de 1931 à 1934 à Casablanca, puis il s'installe dans les Alpes Maritimes où il décède en 1939.

De Bruchard, Charles, « Chez nos artistes – L'exposition C. René Payen à la Maison d'art », *Le Petit Marocain,* n° 5865, 4 février 1934, p.4.

« Exposition rétrospective Julien Monier », 1940, *La Vigie marocaine*, 18 décembre 1940, NP.

[210] De Bruchard, Charles, « Chez nos artistes – L'exposition Raymond Feuillatte à la galerie D.A.M.E.A », *Le Petit Marocain*, n° 5896, 7 mars 1934, p.4.

[211] De Bruchard, Charles, « Chez nos artistes – L'exposition Pierre Lepage à la galerie D.A.M.E.A », *Le Petit Marocain,* n° 5883, 22 février 1934, p.4 Pierre Lepage est membre du Salon d'Automne et de la Société des Artistes indépendants de Paris. Il expose à la galerie D.A.M.E.A en 1934, quarante-sept toiles, des aquarelles et des dessins, représentant des marines des îles Canaries et des paysages du Sud marocain.

peintres et sculpteurs français professionnels du Maroc[212]. La galerie O'Hana, au 28 rue Chevrier de Valdrôme, est fondée, en 1933, par l'Américain Jacques O'Hana. Durant cinq ans, elle ne reçoit que les artistes français reconnus, les membres de l'Association des artistes indépendants du Maroc comme Albert Abt ou encore les plasticiens étrangers de passage au Maroc tels que le peintre hongrois Ladislas Medgies (1892-1947) qui présentent, en décembre 1935, onze dessins de nus et vingt-deux portraits[213].

La galerie Glaoui sert aussi de dépendance pour les manifestations artistiques tout comme celle installée, par le peintre Georges Bara, en 1935, au sein de la galerie marchande casablancaise entre le Passage Sumica et le Grand Socco. En 1936, cette succursale, qui prend le nom de galerie Sumica, est réservée aux peintres adhérents de l'Association des artistes indépendants du Maroc, à ceux du Salon militaire, du Foyer artistique des peintres du Maroc ainsi qu'aux sociétaires de l'Association des peintres et sculpteurs français professionnels du Maroc comme Henri Pontoy qui y présente ses tableaux de l'Atlas en 1932. En 1951, la créatrice de costume Francine Zborska, les peintres orientalistes William Biehn (1911-1995), Gaston Delpard et Solange Monvoisin (1911-1985), les peintres de fleurs Lucien Billy et Albert Fontana sont les principaux exposants. La galerie Sumica est une des principales rivales de la galerie Derche, elle est aussi en concurrence avec la galerie du Livre qui apparaît en 1937, au 33 rue de l'Horloge. Elle permet aux artistes qui sont déjà passés par les galeries Derche et Sumica de prolonger leur manifestation dans ses locaux. Ainsi, les treize plasticiens qui ont exposé dans les deux principales succursales artistiques durant l'année 1940-1941 – Édouard Brindeau de Jarny, Georges Manzana-Pissarro (1871-1961), Mattéo Brondy, Charles Vanderblonck-

---

212 Naurouze, Jean, « Huit peintres à la galerie D.A.M.E.A », *L'Afrique du Nord illustrée,* 18 mai 1934, p.11.

213 De Bruchard, Charles, « Chez nos artistes – L'exposition Albert Abt à la galerie O'Hana », *Le Petit Marocain,* n° 5622, 21 décembre 1934, p.5 ; De Bruchard, Charles, « Chez nos artistes – L'exposition Ladislas Medgies à la galerie O'Hana », *Le Petit Marocain,* n° 5843, 19 décembre 1935, p.4.

Muratti, Henri Pontoy, Louis J. Chareyre, André Hambourg (1909-1999), Julien Matthey, Jean Isy de Botton (1898-1978), Paul Louis Morizet, Clem Martel (1887-1969) et les deux sculpteurs, Marguerite Anne de Blonay et Félix Leca – sont tous regroupés à la galerie du Livre pour la période 1941-42[214]. Cette galerie prend vraiment plus d'envergure à partir de 1944, en favorisant notamment les peintres et sculpteurs domiciliés au Maroc ou de passage dans le pays ainsi que les jeunes artistes marocains comme Mohamed Ben Allal qui y présente ses gouaches en 1952.

À côté des trois galeries principales, d'autres, plus petites, sont créées par des peintres français résidant à Casablanca afin de permettre à leurs coreligionnaires de montrer leurs travaux et de se faire connaître des amateurs et collectionneurs d'art. La galerie Jehanne d'Arc, fondée en 1939 aux 6-11, boulevard de la Liberté, ne produit, jusqu'en 1941, que les premiers artistes qu'elle a accueillis la première année de son ouverture : Albert Fontana, Edward Van de Woestyne (pastelliste et dessinateur belge), Jeanne Prieur, les frères Ojeda, les sculpteurs Pagotto et Blanche Laurent-Berbudeau[215]. À la mort d'un des collaborateurs, le peintre naturiste Michel Tardivel, la galerie Jehanne d'Arc est déplacée rue Clemenceau où jusqu'en décembre 1946, elle ne reçoit que les artistes ayant un renom à Paris[216]. En mai 1941, le peintre Lorenzo Quarello ouvre une galerie éponyme, mais qui ne garde finalement pas ce patronyme, car, en juin 1941, elle devient la galerie Art et Livres jusqu'à sa fermeture à la fin de l'année 1942. Durant cette courte existence, elle fait connaître au public casablancais son principal artiste d'origine italienne, Nicolas Casubolo. La galerie Escribano, du nom de son propriétaire, paraît au 47 rue Roget en 1943, mais elle ne devient véritablement active qu'en

---

[214] « Nos Échos : Galerie du Livre », 1941, *Le Petit Marocain*, n° 7376, p.2. Nièce et élève du peintre Eugène Martel (1869-1947), Clem Martel est spécialiste des portraits de femmes. Elle maîtrise le dessin et la peinture. Félix Leca a fait ses études à Casablanca où il vit et a son propre atelier de sculpture.

[215] Albert Fontana est un artiste qui vit à Casablanca. Il peint notamment des portraits, des marines, des fleurs et des vues de Sefrou. « Exposition à la Galerie Jehanne d'Arc », *Le Petit Marocain*, n° 5826, 1939, p.4.

[216] « La Galerie Jehanne d'Arc », *Le Petit Marocain*, n° 7293, 1941, p.3.

1944. Elle admet aussi bien des expositions collectives qu'individuelles des principaux artistes appartenant à diverses sociétés artistiques. La galerie se transforme à la fin de l'année 1947 en un magasin de vente de vêtements.

Face à la pénurie de galeries d'art durant la période de la Seconde Guerre mondiale, des cabinets d'antiquaire se transforment alors en succursales d'exposition pour quelques fidèles artistes comme la galerie Jeanne Privé installée au 7 rue Aristide Briand entre 1943 et 1949, ou encore Les Temps nouveaux au 6, rue Guynemer. Cette dernière galerie organise des ventes d'objets d'art orientaux, de peintures (huiles et aquarelles) et sert de salle d'exposition pour des artistes du Maroc et d'Europe entre 1944 et 1949. Installée au 115 rue de l'Aviation française entre 1940 et 1945, la galerie « Aux vieux souvenirs » vend des objets anciens et des antiquités, mais elle permet au peintre de fleurs, Lucien Billy, de présenter ses compositions deux fois par an, en avril et décembre, durant les années 1940, 1941, 1942 et 1947. Le décorateur casablancais Frédéric Diemer y fait aussi ses débuts en dévoilant des portraits et paysages marocains du 12 et au 22 décembre 1947[217].

D'autres commerces se métamorphosent aussi en galerie d'art. Le Studio Tad, inauguré en 1938 au 48 rue Guynemer, accueille principalement les peintres domiciliant à Casablanca et les Indépendants du Maroc jusqu'en 1943, date à laquelle il est réquisitionné par la municipalité[218]. Tout aussi éphémère est la Maison du meuble, au 66 boulevard de la Liberté, qui est fondée en 1942. Cette salle de vente de meubles de luxe reçoit de temps à autre des peintres indépendants tels que C. René Payen. Quant aux Studios photographiques Marti, établis depuis octobre 1947 au 86 rue Blaise Pascal, ils servent exclusivement de succursales d'exposition à des artistes originaux tels que le peintre miniaturiste espagnol Raberra avant d'inaugurer leur propre galerie d'art, le 12 mai 1951, au 74 rue

---

[217] Deneuvy, Georges, « Frédéric Diemer aux "Vieux souvenirs" », *La Vigie marocaine*, 20 décembre 1947, NP.

[218] « L'exposition A. Lang », *Le Petit Marocain*, n° 7479, 14 avril 1943, p.2.

Blaise Pascal[219]. La galerie Goudard-Brindeau, créée en mai 1944 au 6 rue Roget, fait office de galerie artistique et d'établissement de vente de tissus que dirige madame Goudard. Cette dernière cède sa part en 1945 afin que la galerie, gardant uniquement le nom de Brindeau, ne soit plus que spécialisée dans le commerce de peintures. L'Art vivant, aménagé en octobre 1946 au 23 rue de l'Horloge, est un dépôt de vente d'objets d'art anciens et modernes venant de tous les pays, un salon pour les défilés de mode et une succursale pour les expositions artistiques comme celle donnée par le peintre-écrivain René-Jean Clot (1913-1996) en automne 1946[220]. D'autres établissements consacrés aux décorations et ameublements servent aussi de dépendance pour des manifestations individuelles. Parmi ceux-ci, il faut mentionner Miroir et Décor au 7 boulevard de la Liberté ou encore le Palais du mobilier au 18 boulevard de la Liberté. L'agence de voyage les « Heures Bleues », au 153 boulevard de Paris, devient une galerie d'art dès le mois de décembre 1949 en présentant les marines et paysages de Raphaël Tortosa[221]. La galerie n'affiche que des artistes français de passage dans la ville comme Gaston Delpard et Louise Le Cerf ou des peintres casablancais tels qu'Albert Fontana et Paul Ehretsmann[222].

En 1946, la galerie Harmonies, située au 49 rue de l'Horloge, que dirige le décorateur ensemblier Philippe Sidoti, est dédiée à la vente de meubles, de luminaires et de tableaux, mais elle accueille, en décembre 1949, une première exposition de peintres contemporains parisiens[223]. En 1953, les membres de l'Association des peintres et sculpteurs français professionnels du Maroc tels que Jacques Majorelle, Henri Pontoy, José Cruz Herrera, Jean-Gaston Mantel

---

[219] « Les Echos : l'exposition du peintre miniaturiste espagnol Raberra aux Studios Marti », *Le Petit Marocain*, n° 9609, 20 décembre 1947, p. 2.
[220] « Promenades à travers les expositions – René-Jean Clot à la galerie de l'Art vivant », *Le Petit Marocain,* n° 9450, 2 novembre 1946, p.2.
[221] « Echos : Le peintre Raphaël Tortosa exposera du 15 au 30 décembre aux "Heures Bleues" », *La Vigie marocaine,* 10 décembre 1949, NP.
[222] « Echos : Paul Ehretsmann expose ses fleurs aux "Heures Bleues" », *La Vigie marocaine,* 2 avril 1951, p. 2.
[223] « Chronique des Arts : Maîtres contemporains à la Galerie Harmonies », *La Vigie marocaine*, 13 décembre 1949, NP.

(1914-1995) ou encore Edy-Legrand y présentent leurs créations. En 1951 et 1954, elle héberge le Salon d'Automne de Casablanca. Avec la fermeture de la galerie Derche, la galerie Harmonies devient le grand pôle artistique de la ville. Cette succursale est achetée en 1958 par Arrigo Pasto, homme d'affaires d'origine vénitienne, qui la transforme en la galerie Venise Cadre. Cette dernière offre la possibilité aux plasticiens marocains Farid Belkahia, Fatema Hassan, Jilali Gharbaoui, Hassan El Glaoui et Saâd Hassani d'effectuer leur première exposition personnelle[224]. Le 22 décembre 1949, Roland Mairet ouvre une librairie au 49 rue de l'Horloge, contenant un vaste sous-sol qui est transformé en un espace pouvant accueillir les diverses manifestations d'art que le propriétaire projette de réaliser. Ce lieu prend alors le nom de galerie Mairet[225]. Le premier peintre à venir y présenter ses toiles est Marcel Perrot en novembre 1950. D'autres plasticiens métropolitains et internationaux suivent en 1951 : Lucien Seevagen (1884-1965), Suzanne J. Chapelle (1913-1996), Mariette Lydis (1887-1970), Joseph Carretero Gomis (1905-1996) et Raoul Deschamps (1903-1958)[226]. Ils alternent avec des artistes du Maroc. Enfin, en 1951, apparaît une énième galerie d'art dénommée « Paris », rue Poincaré, qui met en valeur les créateurs professionnels de la capitale française comme le peintre et affichiste Jean-Gabriel Domergue (1889-1962) à la fin d'octobre 1951[227]. En décembre de la même année est inaugurée la galerie « Aux Quatre Vents » dont la première exposition est consacrée au peintre de fleurs, Jean Mollard[228]. En 1952, cette succursale ouvre ses portes à des artistes

---

[224] Né en 1948 à Rabat, Saâd Hassani réalise une première exposition à l'âge de 16 ans. Il fréquente les galeries, découvre l'école de Paris, l'art brut, les expressionnistes abstraits, se passionne pour Matisse et Paul Klee ainsi que pour Gharbaoui et Cherkaoui.

[225] « Une nouvelle librairie rue de l'horloge », La Vigie marocaine, 22 décembre 1949, NP.

[226] « Echos : Carretero expose à la Galerie Mairet », *La Vigie marocaine*, 18 février 1951, p.2. ; « Chroniques des Arts : Suzanne J. Chapelle à la Galerie Mairet », *La Vigie marocaine*, 18 avril 1951, p.4 ; « Echos : Mariette Lydis expose ses peintures et dessins à la Galerie Mairet », *La Vigie marocaine*, 4 novembre 1951, p.2. ; « Seevagen expose à la Galerie Mairet », *La Vigie marocaine*, 25 novembre 1951, p.2. ; « Raoul Deschamps à la Galerie Mairet », *La Vigie Marocaine*, 24 décembre 1951, p. 4.

[227] « À la nouvelle galerie d'art "Paris", brillant vernissage de l'exposition de Jean-Gabriel Domergue », *La Vigie marocaine*, 27 octobre 1951, p.5.

[228] « Jean Mollard "aux Quatre Vents" », *La Vigie marocaine,* 17 décembre 1951, p.5.

internationaux comme le sculpteur grec Costa Coulentianos (1918-1995) qui y présente ses gouaches et ses bronzes.

Document 3 : Les principales galeries artistiques de Casablanca

Nom	Adresse	Dates d'activité
Galerie Derche	8 Rue Nolly	1925-1949
Galerie D.A.M.E.A	Immeuble Tazi, rue du Capitaine Maréchal	1931-1934
La Maison d'Art	124 rue Colbert	1926-1956
Galerie Sumica	Passage du Grand Socco	1934-1956
Galerie O'Hana	28 rue Chevrier de Valdrôme	1933-1937
Galerie du Livre	33 rue de l'Horloge	1937-1952
Studio d'art Tad	48 rue Guynemer	1938-1943
Galerie Jehanne d'Arc	Rue Clemenceau	1939-1946
Galerie Art et Livres	45 rue Clemenceau	1941-1942
Maison du meuble	66 boulevard de la Liberté	1942-1944
Galerie Jeanne Privé	7 rue Charles Péguy	1943-1949
Galerie Escribano	47 rue Roget	1943-1947
Galerie Brindeau	6 rue Roget	1944-1956

Galerie les Temps nouveaux	6 rue Guynemer	1944-1949
Galerie de l'Art Vivant	23 rue de l'Horloge	1946-1956
Galerie Harmonies	49 rue de l'Horloge puis 65 rue de l'Horloge (à partir de 1950)	1946-1958
Galerie Mairet	49 rue de l'Horloge	1949-1956
Galerie Paris	Rue Poincaré	1951-1956

Géographiquement, toutes les galeries d'art se concentrent dans le centre de Casablanca, autour de la Place de France et de la Place Lyautey. Cette zone qui fait face au port, étant le cœur politique et économique de la ville, est un lieu de passage de forte affluence, ce qui permet d'assurer une vitalité constante aux galeries entre 1934 et 1956. Durant cette période, on ne compte pas moins d'une trentaine d'expositions individuelles par an. Les journaux locaux tels que *Le Petit Marocain* et *La Vigie marocaine* se font l'écho des activités artistiques de la ville. Le journaliste Charles de Bruchard (1876-1942) puis le peintre Albert Abt décrivent avec minutie les diverses manifestations en mettant en exergue les œuvres intéressantes à voir et les spécificités de chaque peintre ou sculpteur. Les critiques d'art sont plutôt bienveillants vis-à-vis des artistes qu'ils soient connus ou novices. Beaucoup d'entre eux exposent dans la capitale économique afin de se faire un nom et avoir potentiellement des acheteurs pour leurs œuvres. Les ventes entre créateurs et amateurs d'art se font directement au sein des galeries lors des différentes expositions, mais certaines transactions sont plus importantes que d'autres. Ainsi le peintre oranais Pierre Zerbini (1883-1976), grand voyageur dans l'âme, présente régulièrement ses œuvres (1937, 1941, 1944) après ses escapades dans le sud du Maroc, à la Maison Ducretet, magasin de réparation de radios et d'appareils ménagers. À la mi-décembre 1947, il y montre des paysages et portraits ethniques du Dadès, d'Ouarzazate, de Taroudant et des bords du Drad en Mauritanie. Durant les quinze jours que dure l'exposition, de nombreux amateurs ont acheté trente-deux toiles sur les trente-six accrochées[229]. Les ventes aux enchères ne sont pas courantes au sein des succursales casablancaises, la galerie Sumica en réalise une, en février 1941, afin d'aider les artistes miséreux. Cependant, le nombre d'acheteurs de tableaux est quand même substantiel à Casablanca puisqu'en 1948, est créée l'Association des amis des arts, reprenant le modèle et les objectifs de ses consœurs métropolitaines déjà en place depuis le XIXe siècle. Cette société a pour but d'aider les artistes et de contribuer à former le goût du public. Regroupant une grande partie des collectionneurs casablancais, elle appelle ses membres à organiser des expositions de leurs plus belles toiles dont la première a lieu dans le hall du théâtre municipal en juin ainsi que la seconde, en août, et la troisième, organisée fin janvier 1949[230]. D'autres manifestations de ce genre se succèdent les années suivantes.

Les autres villes marocaines ont, elles aussi, des galeries d'art, mais elles sont beaucoup moins abondantes qu'à Casablanca. Elles reçoivent des artistes locaux et des itinérants. À Tanger, la galerie Marcel Lévy est fondée au début des années 1930, elle réalise des expositions permanentes d'artisanat marocain et de peinture comme celle du peintre anglo-suédois Alex Akerbladh (1886-1958) en juillet 1938[231]. Cependant, cette unique galerie ne peut pas accueillir toutes les manifestations artistiques individuelles. Les peintres doivent trouver d'autres endroits pour réaliser leur projet. En 1939, José Cruz Herrera effectue son exposition à la salle de la délégation d'Espagne[232]. « Au cours des années 1940, des artistes reconnus

229 « Le peintre Pierre Zerbini », *La Vigie marocaine*, 16 décembre 1947, NP.
230 « L'exposition d'art contemporain au théâtre municipal », *La Vigie marocaine*, 26 juin 1948, NP ; « Exposition de dessins et gravures au théâtre municipal », *La Vigie marocaine*, 7 août 1948, NP ; « Dans le hall du théâtre municipal, une intéressante exposition d'art français contemporain », *La Vigie marocaine*, 31 janvier 1949, NP.
231 « Les Arts : l'exposition Akerbladh », *Tanger-Riviera*, n° 10, 1938, p.11.
232 « L'art à Tanger », *Le Petit Marocain*, n° 5898, 23 octobre 1939, p.2.

comme Bertuchi et Apperley étaient obligés d'organiser des expositions dans les hôtels El Minzah et Rembrandt jusqu'aux années 1950 [Edmond] Valès [(1918-2001)] et Yacoubi devaient se satisfaire du faible espace disponible dans la Librairie des Colonnes. [Mohamed] Hamri [(1932-2000)] et Brion Gysin [(1916-1986)] ont exposé au casino de Tanger, à l'hôtel El Farhar ou dans leur restaurant *Les Mille et une Nuits*[233]. » La galerie Fricker, au boulevard Antée à Tanger, est une des seules à être inaugurée en 1950, au grand bonheur des artistes qui s'empressent de s'y installer tel que le sculpteur italien Bernardo Balestrieri (1884-1965) en 1951. Les expositions individuelles tangéroises réalisées dans des galeries ou dans d'autres établissements commerciaux montrent que la ville marocaine internationale est plus ouverte au modernisme pictural et aux nouveautés. Elle influence artistiquement, à partir des années 1945, les principales villes des deux Protectorats telles que Tétouan, Casablanca et Rabat.

Marrakech, ville d'hivernage, est la quatrième cité où il est assez aisé de réaliser des manifestations artistiques individuelles. Ainsi, dès 1924, l'hôtel de la Mamounia ouvre ses portes à Marguerite Delorme pour son exposition, *Deux ans au Maroc*[234]. Dix ans après, l'hôtel sert toujours d'espace de réception pour les œuvres des peintres comme Azouaou Mammeri et Gerda Wegener-Porta (1886-1940)[235]. Au début des années 1930, la création de la galerie Lettelier participe à accentuer le rôle culturel de Marrakech. Les peintres Jean-Émile Laurent, Louis Endrès et Xavier Coutolle (aquarelles de Fès, marines de Mogador, vues de Taroudant) y exposent respectivement en 1932, 1933 et 1934[236]. Ces deux succursales se redistribuent les plasticiens afin de rendre la saison artistique plus dense au printemps, entre mars

---

[233] Clandermond, Andrew, McCarthy, Terence, *A Dictionary of Painters in Tangier 1669-2003*, Black Eagle, Press for the Lawrence-Arnott Gallery, 2003, p.14.
[234] Mallick, Astrid (dir.), *Marguerite Delorme (1876-1946), vers les lumières du Sud,* Lunéville, Serge Domini Édition, 2013, p.44.
[235] Henry, Paul, « L'exposition Porta-Mammeri à Marrakech », *L'Afrique du Nord illustré,* 1934, p.5.
[236] Henry, Paul, « L'exposition J.E Laurent à Marrakech », *L'Afrique du Nord illustrée,* 1932, p.7 ; « L'art de M. Louis Endrès », *Le Sud Marocain*, 9 août 1933, NP ; « L'exposition Coutolle », *Le Sud Marocain*, n° 840, 26 décembre 1934, NP.

et juin, mais aussi en automne, entre octobre et décembre. Dans les années 1940, la galerie l'Oasis devient aussi un passage incontournable pour les artistes. En 1949, Roger Tremel (1907-1987) y expose ses toiles[237]. En 1951, Gaston Delpard, Louise Cerf, Anny Mathieu et Paul Néri le font aussi[238]. Certains de ces peintres sont domiciliés intra-muros tel que Roger Tremel, mais beaucoup d'entre eux ne s'astreignent que quelques semaines à Marrakech après l'obtention d'une bourse de voyage ou d'une autorisation par le Protectorat pour séjourner dans les ateliers d'art. Enfin, d'autres peintres, originaires des diverses villes marocaines, font juste une courte escale dans la capitale du Sud comme c'est le cas d'Edgar Ehrmann, Pierre Alérini et Alfred Maurice Szendowski[239].

À Fès comme à Meknès, dans un premier temps, seuls les annexes des immeubles des Services municipaux et les hôtels peuvent recevoir les artistes. Ainsi, au début d'avril 1930, les œuvres de Marguerite Delorme, Suzanne Drouet-Reveillaud et Marcel Vicaire sont dévoilées dans une des dépendances des Services municipaux de la nouvelle ville de Fès[240]. Au même endroit, Mattéo Brondy organise, deux ans après, un vernissage de ses aquarelles et peintures à l'huile.

---

[237] « Chronique régionale : exposition de peintures », *Le Sud Marocain*, n° 1166, 14 avril 1949, NP.
Roger Tremel, ancien élève des Arts décoratifs et des Beaux-Arts de Paris, est un peintre et dessinateur français. Il arrive au Maroc vers 1930. Il est intégré au Service des arts indigènes à Marrakech comme documentaliste.

[238] « À la Galerie Oasis », *Le Sud Marocain*, n° 1208, 10 février 1951, NP ; « Chronique locale : la décade dans le Sud », *Le Sud Marocain*, n° 1210, 28 février 1951, NP ; « Chronique locale : la décade dans le Sud », *Le Sud Marocain*, n° 1213, 30 mars 1951, NP.

[239] Alfred Maurice Szendowski est un peintre moscovite ayant suivi une formation de portraitiste à l'Académie d'Art du Comte Stroganoff, à Paris, à l'atelier d'Adrien Audibert à Berlin avec Malschule Reimann, et enfin à Riga à l'Académie des Beaux-arts. Durant la Première Guerre mondiale, il sert dans l'armée russe sur le front autrichien, et il est blessé et fait prisonnier. À la fin de la guerre, il s'enrôle comme volontaire dans l'armée lituanienne (1919-1920). Au début des années 1920, il s'installe à Paris. Il devient peintre et expose dans la capitale, en Lituanie, en Italie et aux États-Unis. Il s'installe pour quatre mois, en 1934, à Marrakech où il ouvre un studio d'art *La Palette* au Derb Sidi Bouloukat près de Jemâa el Fna. Ce dernier sert aussi d'exposition permanente de ses œuvres et lieu pour donner des cours de dessin, de peinture et d'aquarelle.
Pierre Alérini fait ses études à l'École des Beaux-arts de Rabat durant lesquelles il réalise de très nombreux séjours à Marrakech en 1934 pour y peindre des scènes de rue. Nommé, en 1937, contrôleur du Terbib à Fès, il s'installe dans la capitale culturelle et religieuse du pays et continue à peindre l'essence de la vie de la médina dans ses toiles.

[240] « Fès », *L'Echo d'Oran*, 2 avril 1930, p.7 ; « La vie marocaine-Meknès », *L'Echo d'Oran*, 1er février 1932, p.7.

En décembre 1934, le sculpteur François de Hérain doit se contenter de l'hôtel Volubilis de Meknès pour son exposition[241]. En 1935, le peintre Louis Endrès (1896-1989) présente ses toiles dans les salles extérieures du Marché central de Meknès. En 1936, Jean-Émile Laurent (1906-1969) l'imite dans une galerie du boulevard Poeymirau au sein de la nouvelle ville de Fès. Toujours sur ce même boulevard, au numéro 14, dans un local offert par la Société Adour-Sebou, les peintres oranais Primitif Bono (1880-1955) et Anna Bono-Dugelay (1891-1970) exposent leurs paysages et marines algériens, leurs nus, leurs natures mortes et quelques vues du Maroc[242]. C'est au 23 de l'avenue Mezergues dans la ville nouvelle de Fès que Pierre Zerbini, en 1937, exhibe ses paysages de Corse et d'Algérie, quant à Andrée Joubert (1894-1957), en 1941, elle réussit à faire une présentation de ses fleurs à l'immeuble Godard[243]. Henri Pontoy, en mars 1950, choisit le Syndicat d'initiative local pour montrer ses toiles[244]. À Meknès, le Conservatoire de musique devient, à partir de la fin des années 1930, inévitable pour toute exposition d'art. En décembre 1939, Henri Pontoy et Paul Néri s'y installent une dizaine de jours chacun[245]. Anny Mathieu fait de même entre le 25 mai et le 5 juin 1940[246]. À la fin de l'automne 1944, une rétrospective posthume des œuvres de Mattéo Brondy y est ordonnancée, elle est suivie quinze jours après par la présentation des paysages de Tiznit et du Sud marocain de Félix Bellenot[247]. La saison artistique du conservatoire, en 1947, commence, début janvier, avec les fleurs, natures mortes et vues marocaines du peintre oranais Fernand Mira (1920-2021)[248]. Elle

[241] « Exposition », *La Voix de Meknès*, n° 157, 15 décembre 1934, NP.
[242] « À la galerie Bras, Louise Le Cerf et Gaston Delpard », *Le Courrier du Maroc,* n° 4874, 27 novembre 1951, NP.
[243] « Pierre Zerbini expose au n° 23 de l'avenue Mezergues », *La Voix de Meknès et Fès*, n° 5, 7 février 1937, NP ; « Exposition Mme Joubert », *La Voix de Meknès et Fès*, n° 1, 1er janvier 1941, NP.
[244] « Fès : Pontoy au Syndicat d'initiative », *Le Courrier du Maroc,* n° 6281, 31 mars 1950, NP.
[245] « Salle d'exposition de peinture à Meknès », *La Voix de Meknès*, n° 47, 25 novembre 1939, NP.
[246] « Exposition de peinture », *La Voix de Meknès et Fès*, n° 22, 26 mai 1940, NP.
[247] « Exposition Matteo Brondy », *La Voix de Meknès*, n° 24, 19 novembre 1944, NP ; « L'exposition Bellenot », *La Voix de Meknès*, n° 47, 10 décembre 1944, NP.
[248] « Les peintres exposent », *Le Courrier du Maroc*, 4 janvier 1947, NP.

se poursuit jusqu'en avril, avec les délicates huiles et charmants pastels de compositions florales effectuées par Lise Dumas-Nogier[249]. En novembre et décembre 1947, les manifestations artistiques s'enchaînent encore avec, tout d'abord, les peintres de métropole Kees Van Dongen (1877-1968), Alexis Gritchenko (1883-1977), Suzanne Loup, Paul Charlot (1906-1985), Gaston Knecht (1875-1968) et Madeleine Vaury, puis Valis (professeur de dessin au lycée Poeymirau de Meknès), ensuite, les tableaux de fleurs de Paul Ehretsmann et enfin William Biehn (1911-1995) qui vient présenter ses marines et ses paysages de France et du Dadès[250]. Le conservatoire reçoit, à partir de 1947, les artistes de Fès, de Meknès, ceux qui séjournent dans les deux villes et ceux qui ont eu un énorme succès à Casablanca ou Rabat. Les expositions personnelles du conservatoire de Meknès sont ensuite transférées, dix jours plus tard, à la galerie Bras de Fès. Cette succursale, installée sur l'avenue de France dans la ville nouvelle, est créée au début des années 1940 et demeure en activité jusqu'à la fin du Protectorat. Cette fameuse galerie, dont l'activité se développe intensément entre 1947 et 1951, est uniquement fréquentée par les peintres de la région de Fès, comme Gilbert F. Bons, ancien fonctionnaire du Service des arts indigènes à Rabat qui s'est installé à Azrou, ou encore le caricaturiste et violoncelliste Paul Néri. Pourtant, à partir de 1948, les artistes des autres villes marocaines et de Paris viennent y présenter leurs œuvres[251]. Ainsi, entre janvier et avril 1948, à la galerie Bras se succèdent le peintre parisien Robert Naly (1900-1984) avec ses aquarelles de Paris et de Fès, Jean-Émile Laurent et ses paysages

---

[249] « Exposition Lise Dumas Nogier jusqu'au 26 avril au conservatoire », *Le Courrier du Maroc*, 20 avril 1947, NP.

[250] « Notes d'art : Van Dongen, Gritchenko, Suzanne Loup, Paul Charlot, Gaston Knecht et Madeleine Vaury exposent leurs œuvres les plus récentes à la salle du conservatoire du 6 au 12 novembre inclus », *Le Courrier du Maroc,* n° 5618, 6 novembre 1947, NP ; « Valis au Conservatoire de musique », *Le Courrier du Maroc,* n° 5628, 19 novembre 1947, NP ; « Paul Ehretsmann vous invite à visiter son exposition de fleurs au conservatoire », *Le Courrier du Maroc,* n° 5651, 13 décembre 1947, NP ; « Exposition Biehn à la salle du conservatoire », *Le Courrier du Maroc,* n° 5660, 23 décembre 1947, NP.

[251] « Fès : Gilbert F. Bons à la galerie Bras », *Le Courrier du Maroc*, n° 5459, 6 mai 1947, NP ; « Fès : Néri à la galerie Bras », *Le Courrier du Maroc*, n° 5459, 6 mai 1947, NP.

rabatais, Julien Matthey, Peep et Leff Schultz (1897-1970)[252]. À la mi-janvier 1950, la peintre espagnole, originaire de Melilla, José Maria Burgos, domiciliée à Fès depuis 1939, expose, pour la seconde fois (dernière exposition en 1944) à la galerie Bras, ses portraits de femmes d'Espagne et du Maroc[253]. Pour l'année 1951, seul Marcel Perrot est fassi, les autres peintres sont originaires de Casablanca comme Paul Ehretsmann et de France tels que Louise Le Cerf et Gaston Delpard[254]. Deux galeries d'art apparaissent en 1944 à Fès : le Palais des Artistes et la galerie Lopez. « Ehretsmann expose des fleurs ravissantes à la Galerie Lopez. Melle de Blonay a présenté ses statues et bustes au Palais des Artistes à Boujeloud, avec un réel succès[255]. ». La galerie Lopez n'est qu'active que durant deux ans, entre 1944 et 1945. Quant au Palais des Artistes, il devient, en 1950, une dépendance de la Casa de Velasquez où les élèves de cette maison exposent fréquemment telle que Simone Lorimy-Delarozière qui montre des portraits et des paysages de Chellah, Fès, Boulleman, Sidi Harazem aux teintes blanchâtre et grise encadrées de vert intense[256]. La galerie Véronèse à Meknès, implantée place Colbert, commence ses expositions artistiques en mars 1950 avec Maurice Martin.

[252] « Fès : Un grand peintre parisien, Naly et ses aquarelles à la galerie Bras », *Le Courrier du Maroc*, n° 5675, 10 janvier 1948, NP ; « Fès : J-E. Laurent à la galerie Bras », *Le Courrier du Maroc*, n° 5687, 24 janvier 1948, NP ; « À la galerie Bras, l'exposition Matthey », *Le Courrier du Maroc*, n° 5708, 29 février 1948, NP ; « Une admirable exposition », *Le Courrier du Maroc*, n° 5729, 24 mars 1948, NP. Peep et Leff Schultz ont inventé une technique pour exécuter des miniatures. Ces dernières sont rehaussées d'incrustations (nacre, or, argent et corail) qui font de leurs tableaux des merveilles. Ils réalisent des peintures romantiques et pastorales, des marines et des portraits.

[253] « Fès : À la galerie Bras, femmes d'Espagne et du Maroc à travers les portraits de José Maria Burgos », *Le Courrier du Maroc*, n° 6206, 15 janvier 1950, NP. José Maria Burgos est professeure à l'Académie des Arts de Fès depuis 1949. Parallèlement, elle réalise de nombreuses manifestations personnelles à Meknès au conservatoire comme à la toute nouvelle galerie Véronèse, dès 1950.

[254] « Exposition Marcel Perrot à la galerie Bras », *Le Courrier du Maroc,* n° 4863, 16 avril 1951, p.3 ; « Exposition des peintres P. Bono et A. Bono-Dugelay », *Le Courrier du Maroc,* n° 4863, 22 mai 1951, p.4 ; « Exposition Ehretsmann à la galerie Bras », *Le Courrier du Maroc,* 16 novembre 1951, p.3.

[255] « Fès, les artistes exposent », *La Vigie Marocaine*, 26 décembre 1944, p. 2.

[256] « L'exposition Lorimy-Delarozière », *Le Courrier du Maroc,* 17 avril 1951, NP.

L'année d'après la saison débute avec André Blondeau[257]. La galerie Montparnasse, avenue Maurial, est fondée par deux membres de l'Association artistique des peintres et sculpteurs de Fès : José Maria Burgos et Mme Robelin. Son exposition inaugurale, en novembre 1950, met à l'honneur les créations sépia et en encre de Chine des vues de Suisse et du Moyen Atlas réalisées par Roger-François Masson (1914-2008)[258]. L'année d'après, en février 1951, Henri Pontoy y fait figurer ses toiles du Maroc et de France[259].

Document 4 : Les principales galeries artistiques de Meknès et Fès

Nom	Adresse	Dates d'activité
Le Conservatoire de musique	Meknès	1938-1956
La galerie Bras	Avenue de France à Fès	1944-1956
La galerie Lopez	Fès	1944-1945
Le Palais des Artistes	Boujeloud à Fès	1944-1956
La galerie Véronèse	Place Colbert à Meknès	1950-1956
La galerie Montparnasse	Avenue Maurial à Fès	1950-1956

Enfin, Oujda est la dernière destination des peintres et sculpteurs qui ont exposé dans les galeries de Meknès et de Fès. Les manifestations artistiques ont lieu dans les locaux des Services

[257] « Meknès-Expositions : À la galerie Véronèse, Maurice Martin », *Le Courrier du Maroc,* n° 6254, 4 mars 1950, NP ; « À la galerie Véronèse, A. Blondeau », *Le Courrier du Maroc,* n° 6625, 15 mars 1951, p.2.

[258] « Le peintre Masson à la galerie Montparnasse », *La Vigie marocaine*, 2 novembre 1950, p.4.

[259] « Exposition : Un beau voyage à la galerie Montparnasse », *Le Courrier du Maroc,* n° 6598, 16 février 1951, p.4.

municipaux. En 1948, Henri Pontoy y expose, tout comme Louise le Cerf et Gaston Delpard en 1949 et Paul Néri en 1950[260]. La ville d'Oujda comme les autres cités marocaines met en valeur ses artistes régionaux, sociétaires du Foyer artistique des peintres du Maroc, lors d'une grande exposition qui rassemblent l'architecte André Verdier et les peintres Guy Vinson, Albert Mathérat, Albert Bon, Blanchet, Bonnel, Girad, Blanc, Rigaille, Sterck, ainsi que le sculpteur sur bois, Joseph Bon[261].

Cette prolifération d'expositions individuelles et de galeries répond à une demande de plus en plus importante des Français, qui se passionnant pour l'art, vivent au Maroc avec les mêmes prédispositions que dans les grandes agglomérations métropolitaines où les lieux culturels foisonnent. Les artistes des principales cités marocaines exposent tout d'abord dans les galeries de leur propre ville avant de tenter leur chance à Casablanca. Porte d'entrée du Maroc, la ville blanche est en liaison permanente avec la métropole et le reste du monde. Elle est donc un passage obligé pour tous les artistes qui souhaitent développer une carrière au Maroc et en dehors, notamment à Paris où plusieurs galeries, dont Georges Petit et Jean Charpentier (76 faubourg Saint-Honoré) sont susceptibles de les accueillir. Exposer dans la capitale française est une manière d'accroître sa notoriété et ses gains par la vente de ses œuvres. En 1929, Jules Louis Moréteau (1886-1956) est un peintre passionné de l'Atlas qu'il présente lors d'une exposition à Paris. Ces toiles font alors l'objet d'achat compulsif de la part des représentants de l'administration coloniale : Lucien Saint (1862-1938), Résident Général du Maroc, acquiert *Dar Ben Fdhel* pour le salon du premier étage de la résidence. Le Musée des Beaux-arts de Casablanca achète une autre toile de cet

---

[260] « Oujda : Pontoy, le peintre du Maroc expose aux Services des municipaux du 6 au 14 février », *Le Courrier du Maroc,* n° 5701, 10 février 1948, NP ; « Une exposition de peinture artistique inégalée », *Le Courrier du Maroc,* n° 5947, 26 mars 1949, NP ; « Oujda : Exposition Paul Néri », *La Vigie marocaine*, 30 octobre 1950, p.4.

[261] « Oujda : L'exposition de nos artistes-peintres locaux », *La Vigie marocaine*, 17 janvier 1951, p.4.

artiste pour sa collection[262]. Edy-Legrand, paysagiste du Maroc depuis 1933, présente, chaque année, ses œuvres marocaines à la galerie Derche, puis à la galerie du Livre en 1951 et 1952, et enfin à la galerie Harmonies en 1953. Parallèlement, il réalise quelques manifestations parisiennes dont celle qui se tient du 22 mai au 8 juin 1936 à la galerie Charpentier, onze ans après sa première à la galerie Berthes Weill, où il présente quatre-vingts toiles d'Espagne, de France, mais surtout du Maroc (Fès, Rabat et Tanger)[263]. Cette manifestation est ensuite transposée, du 9 au 21 novembre 1936, au sein de Marie Sterner Gallery à New York. Cette galerie, avec qui Edy Legrand est en relation depuis 1929, est particulièrement active à la promotion de l'œuvre du peintre aux États-Unis jusqu'à la Seconde Guerre mondiale. Ensuite, d'autres établissements new-yorkais reprennent le relais tels que la galerie Knoedler, la French Gallery et la galerie Félix Vercel[264]. L'exportation des expositions personnelles des peintres du Maroc dans d'autres villes que Paris est assez exceptionnelle. Certains membres de l'Association des peintres et sculpteurs français professionnels du Maroc en ont organisé en Algérie, notamment à Alger, car c'est un moyen de développer leur popularité en France comme en outre-mer. Azouaou Mammeri est un peintre algérien du fait de sa naissance, mais c'est au Maroc qu'il passe la majorité de sa vie. À partir de 1916, il travaille à Fès et ensuite à Rabat comme professeur de dessin d'ornement au collège musulman. Revenu en Algérie en 1922, il obtient du Gouvernement général une bourse d'études afin d'étudier les Beaux-arts en Espagne dont il rapporte, en 1924, de nombreuses toiles de Cordoue, Grenade, Séville ou Tolède. En 1927, il retourne au Maroc pour occuper successivement les postes de professeur de dessin à Fès, d'inspecteur régional des arts indigènes à Rabat (1928), puis d'Inspecteur des arts marocains à Marrakech entre 1929 et 1948. Durant toute sa carrière artistique, Azouaou Mammeri, considéré de son vivant comme peintre marocain, a

262 « Le peintre Moréteau dans l'Atlas », *La Terre marocaine*, n° 29, 15 avril 1929, pp.614-615.
263 Ritzenthaler, Cécile, *Edy Legrand (1892-1970), Visions du Maroc*, Courbevoie, ACR Édition, 2005, p.86.
264 *Ibid.*, p.102.

ordonnancé de nombreuses expositions personnelles à Rabat, Casablanca et Marrakech, mais il n'en a organisé que deux à Alger. La première, en mai 1925, est réalisée au Syndicat d'initiative du tourisme, rue Dumont d'Urville, et fait la synthèse de toutes ses années de formation picturale. L'artiste présente alors des tableaux d'Espagne, d'Algérie et du Maroc. « Dans le *Marabout de Rabat*, si Mammeri a su faire chanter avec un art d'une subtilité infinie la lumière sur de simples murs blancs, sans "divisionnisme" il nous procure la plus éblouissante impression de murailles blanches d'une chaux laiteuse où l'ombre marque à peine une trace un peu plus foncée sous un ciel matériel à force d'être bleu et c'est là du grand art[265]. » La seconde exposition, réalisée en octobre 1942 à la galerie Unic au 9 rue Michelet, consacre la maturité du peintre[266]. Si Mattéo Brondy est le deuxième plasticien du Maroc a exposé en Algérie, c'est qu'il est membre à part entière de la Société des artistes peintres orientalistes algériens en plus d'adhérer à d'autres associations telles que la Société des artistes français, la Société des peintres orientalistes et l'Association des peintres et sculpteurs français professionnels du Maroc. Mattéo Brondy est présent dans le Royaume chérifien depuis 1915. Il est arrivé en tant que vétérinaire-militaire, ce qui l'a obligé à participer, durant la pacification du pays, à des expéditions armées dans le Moyen Atlas et la Haute Moulouya, au nord-est du Maroc. En 1918, il s'établit définitivement à Meknès, l'arrière-pays lui offrant des paysages variés pour exercer ses talents de peintre. L'ensemble de ses créations meknésiennes sont exposées aussi bien au Maroc, en France (Paris et Lyon) qu'en Algérie. En effet, à quatre reprises, 1929, 1930, 1931 et 1933, ses toiles sont présentées à Alger, rue d'Isly, soit à la galerie Salles-Girons, soit à la salle Isly[267]. Les créations de Mattéo Brondy sont aussi connues en Belgique (Bruxelles, Gand) et

---

265 Mercier, C.S, « Notes d'art : Exposition Si Azouaou Mammeri », *L'Echo d'Alger,* 17 mai 1925, NP.

266 « Les Expositions à Alger : A. Mammeri », *L'Echo d'Alger*, 4 octobre 1942, NP.

267 « Les expositions des peintres », *L'Echo d'Alger*, 1er février 1929, NP ; « Les expositions : Mattéo Brondy », *L'Echo d'Alger*, 4 février 1930, p.3 ; « Les expositions : Mattéo Brondy », *L'Echo d'Alger*, 6 février 1931, p.3 ; « Vie artistique – Peinture – Exposition Mattéo Brondy », *L'Echo d'Alger*, 1er mars 1933, p.3.

en Argentine (Buenos Aires). Durant toute la durée de la Seconde Guerre mondiale, Alger accueille plusieurs peintres marocains comme Henri Pontoy et Raymond Crétot-Duval au sein de ses galeries afin de maintenir leur vitalité et pluralité artistique puisque les nouveautés qui viennent essentiellement de métropole ne sont plus accessibles[268]. Dans les années 1940, Henri Pontoy est un peintre itinérant qui partage son temps entre l'exploration des terres du sud du Maroc, ses prestations personnelles et collectives et enfin son voyage de deux ans (1947-49) en Guinée, Côte d'Ivoire et Cameroun avec Jacques Majorelle. À son retour, le peintre réalise des expositions de ses œuvres exécutées durant ce séjour dans des galeries à Casablanca et à Alger en 1949. L'ensemble des artistes vivant de leur art et exposant au Maroc, en France et en Algérie sont des professionnels puisqu'ils ont une formation académique. Cette dernière étant indispensable pour adhérer aux plus importantes sociétés artistiques du Maroc.

[268] « Crétot-Duval – Galerie Laferrière du 17 au 30 », *La Dépêche algérienne*, n° 20433, 16 avril 1942, NP ; « Le peintre du Maroc, H. Pontoy », *La Dépêche algérienne*, n° 20025, 1er mars 1941, p.2. ; « La vie artistique : H. Pontoy », *La Dépêche algérienne*, n° 20361, 1er février 1942, p.2. ; « La vie artistique : Herzig et Pontoy », *L'Echo d'Alger,* 15 avril 1944, NP.

Chapitre 4
La formation des peintres et sculpteurs au Maroc

La plupart des peintres et sculpteurs professionnels européens résidant ou de passage dans le Royaume chérifien, membres des sociétés artistiques les plus en vue du Maroc, ont eu une formation au sein des Écoles des Beaux-arts, des Arts décoratifs ou des grandes académies de leur pays respectif. Marcel Vicaire a fréquenté l'École nationale des Beaux-arts de Paris, puis grâce au concours Paul-Chenavard et à la Société coloniale des artistes français, il découvre le Maroc en 1922. Il y revient en 1923 en tant qu'Inspecteur régional des arts indigènes à Fès, puis en 1930, comme Inspecteur des Beaux-arts et monuments historiques du Maroc du Nord passant une grande partie de son activité à organiser le musée du Batha à Fès. En 1932, il fonde l'Association des Amis de Fès. En 1946, il obtient le poste de directeur du Service des arts indigènes. Jean Baldoui, quant à lui, a suivi des cours à l'École nationale des Arts décoratifs de Paris puis à l'Académie des Arts de la Fleur. Il expose alors dans différentes sociétés artistiques de la capitale : Salon d'Automne, Société nationale des Beaux-arts, Société des artistes français, Société des Beaux-arts de la France d'outre-mer, Société des peintres orientalistes… Il est appelé au Maroc le 1er janvier 1922 en tant qu'Inspecteur des arts indigènes à Fès puis à Rabat. Il prend la direction de ce service de 1935 jusqu'en août 1946, date de son départ à la retraite. Il enseigne ensuite à l'École des Beaux-arts de Rabat[269].

[269] « Dictionnaire des peintres du Maroc-Jean Baldoui », *La Vigie marocaine*, 22 juillet 1951, p.4.

Henri Pontoy rentre à l'École des Beaux-arts de Paris, dans l'atelier de Luc-Olivier Merson (1946-1920), expose ses gravures au Salon des artistes français, et ses peintures au Salon de la Société nationale des Beaux-arts, au Salon d'Automne ainsi qu'au Salon des artistes orientalistes algériens. Titulaire d'une bourse de voyage de la Société coloniale des artistes français (1926), il voyage en Tunisie où il devient sociétaire du Salon tunisien. Dans les années 1930, il réside à Ouarzazate, au Maroc, où il fait la connaissance de Jacques Majorelle. Il devient ensuite professeur des arts et lettres au lycée Moulay Idriss à Fès. René Pia (1886-1960) a suivi des cours à l'École des Arts décoratifs à Paris de 1904 à 1905, et entre 1907 et 1912, il est élève à l'École nationale des Beaux-arts. Entre 1919 et 1948, il enseigne le dessin aux lycées de Marseille, Versailles, Saigon, Hanoï (1929-1931), Paris et enfin au lycée Lyautey à Casablanca. Il s'initie à la sculpture à partir de 1936 et devient sociétaire du Salon d'Automne de Casablanca[270]. La sculptrice Blanche Laurent-Berbudeau (1877 – ?) a été l'élève d'Auguste Rodin (1840-1917) puis de Denis Puech (1854-1942) à l'École des Beaux-arts de Paris. Elle expose au Salon des Artistes français et à l'Union des femmes peintres et sculpteurs entre 1902 et 1916. Installée à Fédala en 1919 avec son mari, elle y reste dix-sept ans avant d'ouvrir un atelier de sculpture à Casablanca en 1935. Entre 1940 et 1951, il se situe au boulevard Joffre. Elle y enseigne le modelage et le dessin à de nombreux élèves. Membre fondateur de l'Association des peintres et sculpteurs du Maroc, elle participe à toutes les expositions du groupe. Le peintre espagnol José Cruz Herrera suit brillamment les cours prestigieux de l'Académie San Fernando de Madrid. Il expose en Espagne, en Amérique du Sud et en Europe (Paris, Londres et Venise). Très marqué par son Andalousie natale, il ne cesse de peindre les femmes. Totalement fermé à l'abstraction ou au cubisme, il préfère s'inspirer du siècle d'or de la peinture espagnole, Diego Vélasquez constituant à ses yeux, la référence suprême. Découvrant le Maroc dans les années 1920, il s'installe à Casablanca en 1923 et y demeure jusqu'à sa mort.

[270] « Dictionnaire des peintres du Maroc-René Pia », *La Vigie marocaine*, 5 août 1951, p.4.

Certains artistes français ont aussi suivi les cours dans les établissements privés parisiens que sont l'Académie Julian, l'Académie Colarossi, l'Académie Vitti ou encore la Grande Chaumière[271]. Marguerite Anne de Blonay (1897-1966) entre en 1923 à l'Académie de la Grande Chaumière où elle côtoie Émile Antoine Bourdelle (1861-1929) sous la direction d'Ary Bitter (1883-1973). Elle commence à exposer à Paris puis dans toute l'Europe. En 1934, elle fonde une école de peinture et de sculpture à Casablanca. Cette même année, elle effectue une longue et difficile traversée de l'Afrique, par Lisbonne, Marrakech, Tamanrasset, Agadir, Dakar, Kano, fort Lamy, Bangui, Saint-Paul, jusqu'au Cap en Afrique du Sud. Elle revient par Élisabethville, Nairobi, Djibouti, Assouan, Le Caire, Tunis et l'Espagne et rapporte de cette aventure une série de documents. Elle retourne en Guinée et au Cameroun en 1948. De cette escapade, elle présente, à Casablanca, à la galerie Derche du 10 au 12 août, des croquis et des têtes modelées qui sont les sujets de son exposition à Paris en novembre. Henri-Pierre Meyer a étudié la peinture à l'Académie Colarossi et à la Grande Chaumière. Il expose à partir de 1930 à la Compagnie des peintres et sculpteurs professionnels à la porte de Montrouge à Paris. En 1933, il présente ses œuvres au Salon des Surindépendants. Après un voyage en Afrique du Nord, il s'installe durablement à Agadir. Il est alors sociétaire du Salon d'Automne de Casablanca et participe aux Expositions artistiques de l'Afrique française[272].

Certains artistes résidant au Maroc sont des autodidactes ou alors suivent des cours dans des ateliers privés marocains. Armand Céré,

[271] L'Académie Vitti est fondée par Cesare Vitti, sa femme Maria Caira (1872-1949) et ses sœurs Anna Caira (1879-1916) et Jacinta Caira (1882-1947) en 1889, au 49 boulevard de Montparnasse, à Paris. Cette école privée est une des premières à accepter les étudiantes dans ses rangs, afin de leur permettre de dessiner des modèles masculins nus. Elle ferme en 1914, lorsque la famille Vitti retourne en Italie avant le déclenchement de la Première Guerre mondiale. Dans le quartier Montparnasse à Paris, dès 1870, l'Académie Colarossi, école privée et atelier libre, offre une alternative à l'institution de l'École des Beaux-arts de Paris, devenue trop conservatrice aux yeux de nombreux artistes. Mixte, elle autorise les étudiantes à peindre d'après des modèles masculins. L'Académie de la Grande Chaumière est la seule institution qui, dès 1904, a ouvert la voie à l'art indépendant, laissant s'exprimer toutes les formes ou techniques, libérant ainsi ses visiteurs et ses artistes des tendances artistiques contraignantes.

[272] « Dictionnaire des peintres du Maroc-H.P Meyer », *La Vigie marocaine*, 1er juillet 1951, p.2.

originaire de Genève, domicilié à Casablanca, n'a fréquenté aucune école ou aucun atelier avant de s'initier à la peinture à l'âge de quarante ans, en 1947. Il a été encouragé dans sa démarche par trois peintres du Maroc : Robert Cassin, Charles Vanderblonck-Muratti et Félix Bellenot[273]. Jacqueline Ribet (Abejdid), née à Casablanca en 1924, a appris à dessiner et à peindre, à partir de 1940, dans différents ateliers casablancais et parisiens. Elle participe au Salon annuel de l'Association des artistes indépendants du Maroc[274]. La formation académique des premières générations de plasticiens européens au Maroc est devenue la norme pour les suivants. Surtout, elle a créé une tendance artiste qui oscille entre académisme, orientalisme, réalisme et impressionnisme, que diffusent les sociétés artistiques professionnelles et les principales galeries d'art.

La nouvelle génération de plasticiens nés au Maroc se forme, pour la plupart, au sein des Écoles des Beaux-arts ou Académies d'Art qui s'ouvrent dans les grandes villes marocaines, notamment à Oujda, Agadir, Fès, Rabat et Casablanca. Elles ont pour but de préparer principalement les élèves aux concours d'entrée de l'École des Beaux-arts de Paris, puisque seule l'acquisition d'une formation artistique en métropole est nécessaire pour être reconnu en tant qu'artiste professionnel et pouvant ensuite prétendre à voir ses œuvres figurer dans les collections de l'État et participer aux expositions des plus importantes sociétés artistiques parisiennes et nord-africaines.

L'École des Beaux-arts de Casablanca est créée en 1919 grâce aux efforts conjugués du peintre Édouard Brindeau de Jarny et d'Hubert Lyautey. C'est dans une des ruelles de la médina que l'institution prend alors vie. L'école, ouverte à tous ceux qui souhaitent se former à l'art académique et à l'architecture, prépare aux concours des grandes écoles artistiques métropolitaines. Les cours, se déroulant le soir, sont dirigés par quatre spécialistes : Albert Charton (1893-1980)

---

273 « Dictionnaire des peintres du Maroc-Armand Céré », *La Vigie marocaine*, 5 août 1951, p. 4.
274 « Dictionnaire des peintres du Maroc-Jacqueline Ribet », *La Vigie marocaine*, 26 août 1951, p.4.

est professeur d'histoire de l'art, Eugène Bethoux enseigne les mathématiques, Marius Boyer (1885-1947) forme les architectes et Édouard Brindeau de Jarny se charge de l'enseignement du dessin et de la peinture[275]. Les élèves ne sont pas tous des Occidentaux, de jeunes Marocains viennent y apprendre les techniques artistiques. Ainsi, Abdeslam El Fassi Ben Larbi (1904-vers 1980) s'y inscrit après avoir rencontré Édouard Brindeau de Jarny à Marrakech, sur la place Jemaa el Fna en 1920, alors qu'il suivait ses études secondaires au Lycée Moulay Idriss de Fès[276]. Au décès de son directeur en février 1943, l'École des Beaux-arts ferme définitivement. En 1950, la municipalité de Casablanca œuvre pour l'instauration d'une École municipale des Beaux-arts dont l'objectif est de préparer les élèves aux différents concours d'admission de l'École de Beaux-arts, des Arts décoratifs et Arts appliqués de Paris et enfin au professorat de dessin[277]. Dès son inauguration, le 14 avril 1951, l'établissement compte déjà une centaine d'élèves inscrits[278]. Trois sections sont alors ouvertes : peinture, sculpture et architecture. Les cours s'organisent sur trois ans uniquement. L'école est mixte puisque parmi les premiers élèves inscrits figure Gisèle Sidoti qui a étudié au collège de jeune fille Mers-Sultan de Casablanca la sculpture sous la tutelle d'Henri Wacquiez[279]. Cette jeune sculptrice de dix-sept ans a déjà participé au Salon d'Automne de Marrakech en 1950[280]. Dans les mêmes années, le futur peintre Larbi Belcadi (1939-2001) rentre comme élève à l'École des Beaux-arts de Casablanca qui est alors dirigée, jusqu'en 1960, par le sculpteur Henri Wacquiez. Maurice Arama lui succède

---

275 K.M, « L'École des Beaux-arts de Casablanca », *France-Maroc*, n° 79, 1923, pp.106-107.

276 Amran el Maleh, Edmond, Maraini, Toni, *La peinture au rendez-vous de l'histoire,* Milan, Éditions Espace Wafabank, 1988, p.15.

277 Irbouth, Hamid, *Art in the service of colonialism: french art education Morocco 1912-1956,* New York, I. B. Tauris Édition, 2012, p.263.

278 « Les cours de l'École des Beaux-arts inaugurée hier comptent déjà 100 élèves », *La Vigie Marocaine*, 15 avril 1951, p.5.

279 « Collège de jeunes filles Mers-Sultan », *Le Petit Marocain*, 28 octobre 1947, p. 3. Ce collège comprend une section d'Arts appliqués où les jeunes filles peuvent étudier la figurine, la mode, la publicité, le livre, le dessin d'art et la décoration. En 1947, les professeurs sont Mmes Pallec et Bocabeille pour le dessin, M. Chermeaux pour le dessin industriel et enfin Henri Wacquiez pour la sculpture.

280 « Dictionnaire des peintres du Maroc », *La Vigie marocaine*, 22 juillet 1951, p.4.

entre 1960 et 1962. Durant cette période, l'enseignement devient plus professionnel, il est orienté vers les arts appliqués comme la menuiserie ou les dessins d'architecture. Les cours de dessin et de peinture restent très académiques avec une mention spéciale pour l'orientalisme. Il faut attendre 1962 et la nomination de Farid Belkahia à la tête de l'école pour que l'orientation artistique s'ouvre à la modernité plastique.

La vacance de l'École des Beaux-arts à Casablanca, à partir de 1943, contribue à l'éclosion d'un établissement privé pour la formation des arts académiques. Ainsi le peintre casablancais Roger Decaux ouvre au 45 rue du Commandant Lamy une Académie libre des Beaux-arts, le 15 octobre 1949[281]. Le but est de préparer les élèves au concours d'entrée de l'École des Beaux-arts de Paris. Les artistes casablancais, Félix Bellenot, Henri Wacquiez, Alexandre Courtois (1904-1974) et Anie Mouroux (1887-1978) enseignent respectivement la peinture, la sculpture, l'architecture et le dessin à des élèves qui travaillent en toute liberté[282]. Des travaux en atelier, à l'extérieur et avec modèle vivant sont prévus pour permettre aux apprenants de se perfectionner. L'Académie libre des Beaux-arts offre aussi aux néophytes la possibilité de suivre des cours publics de croquis avec modèle vivant, reprenant ainsi ce qui se pratique déjà à Paris à la Grande Chaumière et à l'Académie Colarossi[283]. En 1950, l'établissement compte déjà trente-cinq élèves[284].

L'École des Beaux-arts de Rabat doit sa création au sculpteur Pierre Lavalley qui naît à Rome dans une famille d'artistes : son grand-père, Paul Louis Lavalley (1830-1885), est architecte des

[281] Saint-Aignan, « l'Académie libre Decaux vient d'ouvrir », *La Vigie marocaine*, 5 février 1949, NP.
[282] « L'Académie libre des Beaux-arts ouvre aujourd'hui ses portes », *La Vigie marocaine*, 15 octobre 1949, NP.
[283] Saint-Aignan, « Une véritable Académie libre des Beaux-arts va bientôt s'ouvrir à Casablanca », *La Vigie marocaine*, 30 septembre 1949, NP.
[284] « L'Académie libre des Beaux-arts prélude à l'école officielle », Le Petit Marocain, 5 février 1950, n° 10453, p. 3.

bâtiments publics de la ville de Paris, son père, Alexandre Lavalley (1862-1927), est peintre et son oncle Georges-Henri Lavalley (1868-1902) est buriniste. Ces derniers obtiennent respectivement le Prix de Rome de peinture en 1892 et de gravure en 1891. Suivant la tradition familiale, Pierre Lavalley suit les cours de Jules Coutan (1848-1939) et d'Henri-Auguste Patey (1843-1919) à l'École des Beaux-arts de Paris où il finit par décrocher en 1923 le second Grand Prix de Rome de sculpture. À son retour d'Italie, il se marie et part à Saint-Raphaël où il préside le comité des fêtes de la ville en 1929. À la fois architecte d'intérieur et sculpteur, il est chargé de la décoration des salles du Grand Casino qui est inauguré en mars 1926. Entre 1926 et 1931, Pierre Lavalley reste à Saint-Raphaël. Fort de son expérience, il déménage au Maroc en 1932. Installé à Rabat, il se fait connaître en réalisant un buste d'Hubert Lyautey pour la municipalité de Port-Lyautey en 1932. Dans la capitale marocaine, l'artiste dessine et réalise des meubles, décore des maisons et des boutiques, ordonne des fêtes. En 1934, il crée une école d'art aux objectifs multiples : former sur place une génération d'artistes et de décorateurs répondant aux besoins du pays ; contribuer à améliorer le goût artistique des Rabatais ; offrir aux jeunes des connaissances techniques et esthétiques en matière d'art ; doter la ville d'un conservatoire et laboratoire permettant la synthèse des arts du Maroc et de France[285]. L'école de Pierre Lavalley est estampillée par le Protectorat en 1935 et prend le nom d'École des Beaux-arts dont le but est de préparer les élèves à l'entrée de l'École des Beaux-arts de Paris. Elle est dirigée, jusqu'en 1945, par son fondateur qui devient ensuite professeur de dessin. À partir de 1950, l'école passe sous la tutelle de la municipalité qui nomme alors Ahmed Sefrioui à la direction et prend le nom de l'École des Beaux-arts Pierre Lavalley. L'établissement est divisé en trois sections : dessin, peinture et architecture qui est enseignée par Jacques Marmey de 1934 à 1943. Chaque année, l'école réalise une exposition des œuvres de ses élèves. La première, organisée en

[285] Georges, Waldemar, « Pierre Lavalley au Maroc », *La revue mondaine,* n° 2, 15 janvier 1935, p.34.

novembre 1935, compte trois cents œuvres parmi lesquelles se démarque déjà celle de Jacqueline Mathis[286]. À la manifestation de juin 1936, à la salle des fêtes des Services municipaux de Rabat, soixante-sept élèves ont réuni quatre cents études diversifiées : dessins, aquarelles, peintures, sculptures, plans d'architecture…[287] Les créations des treize élèves de troisième année sont louées par la presse pour leur qualité d'exécution[288]. En juin 1938, le journal italien, *L'Eco d'Italia*, consacre aussi un article à cette manifestation, car deux jeunes apprenants d'origine italienne, Battista Valenza et Vincenzo di Francesco, y font merveille[289]. À chaque représentation annuelle, les critiques d'art sont unanimes pour encenser la virtuosité et l'ingéniosité des élèves, mais en 1951, le discours change : les œuvres sont médiocres. Seuls les dessins de José Cavajero retiennent l'attention parce qu'ils sont exécutés à la manière de Vincent Van Gogh[290]. Malgré de mauvaises saisons, l'École des Beaux-arts réussit à faire intégrer une partie de leurs élèves dans les grands établissements parisiens. Après cette formation, quelques peintres accèdent au statut de professionnel et peuvent vivre de leur art. Georges Patitucci (1928-2007), après avoir étudié sous la direction de Pierre Lavalley, fait ses débuts au Salon des Indépendants, à Casablanca en 1945, avec *La Sainte Famille* et *Le Phare*. Il y expose de nouveau en 1946 et en 1950 après sa formation dans l'atelier parisien de Gustave Corlin (1875-1969) durant l'année 1949. Il réalise des expositions personnelles à la Boîte à Musique à Rabat (1946) et au conservatoire de musique de Meknès (1948). Il organise en mars 1951, à la Chambre de Commerce de la ville blanche, une exposition

---

[286] « L'Exposition des élèves de Pierre Lavalley », *Maroc-Matin*, n° 20, 2 mai 1935, NP.
[287] Arnaudies, Fernand, « La Semaine artistique : Maroc-Rabat », *L'Afrique du Nord illustrée*, n° 809, 21 novembre 1936, p.14.
[288] « Le Salon des élèves de l'École des Beaux-arts de Rabat », 1936, *La Vigie marocaine*, n° 9092, 7 novembre 1936, p.7. Les 13 élèves des classes supérieures sont : Melle Frassy, Melle Klein, Ferrali, Blay, Laveyssière, Melle La Roy-Liberge, Melle Cordier, Melle Lefèvre, Ferrali, Chareyre, Minéo, Régnier, Alerini.
[289] Cucca, Francesco, « L'Esposizione alla Scuola delle Belle Arti », *L'Eco d'Italia*, n° 11, 15 juin 1938, NP.
[290] « À l'École des Beaux-arts : D'un nouveau Van Gogh aux dessins à la "Durer" », *La Vigie marocaine*, 25 juin 1951, p.5.

particulière mettant en avant ses talents de dessinateur dont la facture est proche de celle de l'artiste Paul Sloan Franck[291]. Louis J. Chareyre est aussi un ancien élève de l'École des Beaux-arts de Rabat. Après avoir fait ses études à l'École nationale des Beaux-arts de Paris et exposé ses créations à la Société des artistes français et aux Indépendants, il revient au Maroc en 1940. Il expose alors à la galerie du Livre en 1941 et 1942 des paysages urbains de Casablanca, ville dans laquelle il s'installe pour continuer à peindre[292].

En province, des écoles artistiques fleurissent aussi. Celle d'Oujda, ouverte durant les années de la Première Guerre mondiale, est gérée par la municipalité. En 1936, elle fusionne avec l'École de Musique, ainsi, l'école forme à la fois des plasticiens et des musiciens et les prépare pour les concours métropolitains. Cette institution ferme en 1964 pour renaître en 1983.

À Fès, en avril 1949, est créée une École des Beaux-arts privée dirigée par Mme Dray au sein de la kissaria de Fès. Elle compte dès ses débuts seize élèves, mais la sollicitation d'adhésion est croissante pour l'année 1950. Aussi pour pallier cette demande, l'Association des artistes peintres et sculpteurs de Fès, les Amis de la musique et la Société musicale décident de fonder, en 1950, une Académie des Arts. Cet établissement regroupe des enseignements de dessin, peinture, sculpture, architecture, chant, musique et art dramatique. Les cotisations mensuelles des élèves s'élèvent à six cents voire sept cents francs pour huit cours de deux heures. Dès la première année, on compte vingt-sept élèves pour les Beaux-arts : huit suivent les cours de portrait dirigés par José Maria Burgos, dix sont intégrés à la section paysage et nature morte orchestrée par Gratien et neuf sont sous la tutelle de Julien Matthey pour l'enseignement de l'aquarelle et de la gouache. Quant au conservatoire de musique, il compte cent trois apprenants. L'Académie des Arts de Fès organise chaque printemps

[291] « Georges Patitucci expose à la Chambre de Commerce », *La Vigie marocaine*, 12 mars 1951, p.4.
[292] « L. J Chareyre à la galerie du Livre », *La Vigie marocaine,* 12 janvier 1942, p.3.

une exposition des œuvres réalisées par ses étudiants et un récital des apprentis musiciens[293]. L'institution artistique de Fès est mixte et ouverte aussi bien aux Européens qu'aux Marocains. Le premier d'entre eux à y suivre les cours est le Fassi Karim Bennani (né en 1934) entre 1951 et 1953. En 1954, il est intégré à l'École nationale des Beaux-arts de Paris et il fréquente également l'Académie Julian ainsi que l'Atelier Charpentier. En 1957, il expose pour la première fois à la galerie du Bac à Paris. La même année, il est invité à la deuxième Biennale d'Alexandrie. Il ne revient au Maroc qu'en 1965 pour y poursuivre sa carrière.

À Agadir, le 1er septembre 1951, est inaugurée une Académie de peinture et de dessin. Cette institution, gérée par la municipalité, permet aux élèves de travailler en atelier sur modèle vivant et d'étudier les Beaux-arts. Le sculpteur Vinet, ancien élève de l'École des Beaux-arts de Paris, y enseigne le modelage et la sculpture, il dirige aussi, conjointement avec le peintre suisse Patrice Prost, les cours de dessin et de peinture[294].

Contrairement aux institutions du Protectorat français, l'École des Beaux-arts de Tétouan fait plus d'émules chez les jeunes Marocains et permet la formation de nombreux artistes qui participeront au renouveau pictural dans le Maroc indépendant des années 1960-1980. C'est sous l'influence du peintre andalou Don Mariano Bertuchi (1884-1955), résidant à Tétouan depuis 1928, qu'une institution artistique naît en 1945. Son objectif est d'offrir aux étudiants espagnols, juifs et marocains de s'initier aux techniques de l'expression plastique, leur permettant ensuite de poursuivre leurs études supérieures dans l'ensemble des universités espagnoles. Cet organisme est reconnu officiellement par le dahir chérifien du 27 novembre 1946. Il prend alors le nom d'École préparatoire des Beaux-arts où sont enseignées quatre disciplines : le dessin académique, l'histoire de l'art, la peinture et la sculpture. Ces enseignements sont

[293] Legarçon, Max, « l'Académie des Arts », *Le Courrier du Maroc*, n° 6590, 8 février 1951, NP.
[294] « Académie de peinture », *La Vigie marocaine*, 12 août 1951, p.3.

suivis par de nombreux élèves marocains comme Mohamed Sarghini (1923-1991). Originaire de Larache, il rentre à l'École des Beaux-arts de Tétouan dans les années 1940 après avoir réalisé sa première exposition de ses toiles dans sa ville natale (1941). Il continue ses études à l'Académie des Beaux-arts de San Fernando à Madrid où il obtient en 1950 son diplôme de dessin et de sculpture. Six ans plus tard, il est nommé directeur de l'École nationale des arts et métiers de Tétouan. En 1957, il obtient la direction de l'École des Beaux-arts de Tétouan, poste qu'il occupe trente ans. Saâd Ben Seffaj (né à Tétouan en 1939) suit des cours à l'École des Beaux-arts de Tétouan et à l'École supérieure des Beaux-arts de Séville en 1957, puis s'inscrit en histoire de l'art à l'École du Louvre à Paris. Ayant obtenu le diplôme de professeur à l'École des Beaux-Arts Santa Isabel de Hungria de Séville en 1962, l'artiste enseigne tout d'abord à Séville, avant d'être nommé professeur d'histoire de l'art, de peinture et de dessin à l'École nationale des Beaux-arts de Tétouan entre 1965 et 2001. En 1998, il est membre fondateur du futur Musée de la peinture contemporaine marocaine à Tétouan.

Mohamed Melehi (1936-2020), entre 1953 et 1955, étudie aussi à l'École des Beaux-arts de Tétouan. Cette formation lui permet d'obtenir une bourse pour continuer à s'instruire à Séville et Madrid. Lors de ce séjour ibérique, le jeune artiste peint et découvre les œuvres du peintre abstrait Manolo Millares (1926-1972), cofondateur du groupe *El Paso*. Afin de parfaire son éducation artistique, Mohamed Melehi part à Rome en 1957 en tant que boursier à l'Institut d'art. De retour au Maroc en 1958, il expose à Tanger « des toiles en jute et des collages en tissus de djellaba et bournous à la matière sobre et rêche[295]. » Mekki Meghara (1933-2009), né à Tétouan, commence très jeune à s'intéresser à la peinture. Il réalise sa première exposition en 1949 et rentre à l'École des Beaux-arts de Tétouan à l'âge de dix-neuf ans. Trois ans après, il poursuit ses études en Espagne à l'École des Beaux-Arts de Santa Isabel de Hungría à Séville puis à Madrid jusqu'en 1960. Il retourne ensuite au Maroc pour rejoindre l'École des

---

[295] *Meheli*, 1997, Rabat, Édition Galerie Bab Rouah p.12.

Beaux-Arts de Tétouan où il est nommé professeur de peinture. Mohamed Chabâa (1935-2012) a un parcours assez similaire à celui de Mohamed Melehi. Il suit ses études d'art à l'École des Beaux-arts de Tétouan entre 1953 et 1955. Diplômé, il s'engage dans la peinture en s'intéressant d'abord à l'impressionnisme, puis au travail de Vassily Kandinsky (1866-1944), le théoricien de l'art abstrait, et de Pablo Picasso (1881-1973). Mais c'est son séjour en Italie, entre 1962 et 1964, qui lui ouvre les portes du modernisme.

« Mon séjour dans ce pays m'a permis d'entrer en contact avec la peinture internationale et d'assister au développement des mouvements les plus remarquables de cette époque : Néo-réalisme (Guttuso), la peinture spatiale (Fontana Turcato), la peinture gestuelle et de signe (Kline, De Kooning). C'est cette dernière qui m'a le plus impressionné et qui m'a ouvert à de nouvelles perspectives. La peinture gestuelle, caractérisée par l'emploi exclusif du noir et du blanc, correspondait aux aspects lyriques et aux attitudes de contestation qui s'exprimaient dans mes travaux antérieurs[296]. »

Dans le Protectorat français, les jeunes plasticiens marocains n'apparaissent qu'à partir des années 1920, car la peinture dans la tradition marocaine est avant tout associée à l'artisanat du bois peint et à l'enluminure des manuscrits royaux. La figuration de l'homme et des animaux, étant interdite par la tradition arabo-musulmane, les œuvres ne représentent que des objets inanimés ou des végétaux hormis quelques illustrations de manuscrits. Cet art pictural évoluant au contact de l'art occidental fait émerger de nouvelles pratiques chez des artistes marocains dont l'un des premiers représentants est Mohamed Ben Ali R'bati (1861-1939). Au début du XXe siècle, ce jeune tangérois s'expérimente à la peinture sur chevalet. Originaire de Rabat, mais installé à Tanger depuis 1886, il rentre, en 1903, en tant que cuisinier au service de Sir John Lavery, portraitiste de la cour britannique. Comme son employeur, Ben Ali R'bati s'essaie aussi à la

[296]Zahi, Farid, *Mohamed Chabaa : une expression plastique plurielle, 1935-2012,* Rabat, Édition Marsam, 2015, p.38.

peinture sur toile. Il est vite remarqué par John Lavery qui le prend sous sa protection et le conduit en Angleterre où il suit des cours de peinture et de cuisine. Mohamed Ben Ali R'bati dévoile ses œuvres pour la première fois à la galerie Goupil à Londres en 1916, puis en 1919 à Marseille. En 1920, les deux peintres sont de retour à Tanger. Deux ans plus tard, à la Mamounia de Rabat, une grande exposition des œuvres de Ben Ali R'bati est réalisée. C'est la consécration de cet artiste qui, après un court passage dans l'armée espagnole (1925-1929), peut s'adonner à sa passion en installant un atelier à Riad Soltane à Tanger (1933)[297]. L'exposition de 1922 réalisée par Mohamed Ben Ali R'bati amorce d'autres manifestations en l'honneur des nouveaux peintres marocains. En décembre 1929, une exposition au Musée des Oudaïas de Rabat est organisée pour présenter les œuvres des « peintres indigènes ». Elle est présidée par Prosper Ricard, directeur du Service des arts indigènes. Son objectif est de montrer les talents des Marocains s'exerçant au dessin ou à la peinture dans le style occidental, mais sans avoir eu recours à des cours académiques. Les sujets sont issus de l'imagination et du vécu de ces nouveaux artistes. Ainsi Jilali Ben Sellam, apprenti maçon, présente deux peintures : *La distribution des bibles* et *La plage de Salé*. Dans cette œuvre, il montre « les baigneuses aux formes plantureuses entrant dans la mer avec majesté ou posant, enlacées parmi la foule qui se livre avec une grâce relative à d'aquatiques prouesses[298]. » Cet artiste est encouragé dans son art par Prosper Ricard lui-même, mais c'est avant tout un autodidacte. « Il n'a suivi aucun cours de dessin ni de peinture. Il n'a même pas porté, comme tant d'autres de ses jeunes coreligionnaires ont eu l'occasion de le faire, la boîte d'un peintre étranger. Fils de maçon, maçon lui-même depuis longtemps déjà, car il est orphelin de père, il ne connaît

[297] Chraïbi, Zineb Abderrazik, *Mohamed Ben Ali R'bati. Naissance de la peinture marocaine, 1861-1936,* Rabat, Édition Marsam, 2007, pp.46-47.
[298] Beaurieux, Rémy, « L'exposition des artistes indigènes au Musée des Oudayas », *Maroc, revue illustrée*, 1930, p.15.

d'enseignement que celui du chantier[299]. » Les peintures de cet artiste sont dites naïves tout comme celles de l'enlumineur Hadj Abdelkrim Ouazzani (1912-2002) de Meknès ou encore l'ex- soldat du tabor de police Hadj Abdennebi Ronda qui s'initie à la nature morte. Si les peintres sont majoritairement masculins, on compte quelques femmes comme Kenza. Vivant à Fès, elle illustre dans ses toiles les scènes intimes de la vie quotidienne des femmes marocaines. Elle représente la figure humaine en ne respectant pas les règles de la perspective et elle emploie des couleurs vives, souvent en aplats, sur tous les plans de la composition, sans atténuation à l'arrière-plan.

En 1933 à la Mamounia à Rabat, sous l'égide de l'Association des peintres et sculpteurs du Maroc, est réalisée une seconde exposition d'œuvres d'artistes marocains :

« [...] on enregistre quelques réussites notables, assez pour nous avoir permis de constituer à Rabat l'embryon d'une collection d'Art marocain moderne qui a fait une profonde impression dans tous les milieux et dans toutes les classes. Ce n'étaient plus là les délassements cursifs d'écoliers buissonniers, mais, déjà, l'épanouissement naturel de jeunes gens n'ayant suivi aucune école, reçu aucun conseil et n'ayant obéi qu'à leurs tendances profondes. Encouragés par nous à s'exprimer toujours plus librement, ils ont réalisé des œuvres ingénues qui, par leurs qualités plastiques, leur justesse d'observation, l'harmonie de leurs couleurs, leur vaudraient déjà la vedette, si nous ne jugions prudent de les mettre à l'abri d'une popularité prématurée et redoutable[300]. »

Les peintres et sculpteurs marocains, présents aux Oudaïas en 1929, participent à nouveau lors de la manifestation de la Mamounia. Ils sont tous autodidactes et puisent leurs inspirations dans la vie quotidienne et les coutumes de leur pays, mais aucun d'entre d'eux ne

---

[299] Brunot, Louis (dir.), *Les Joyeuses Histoires du Maroc, recueil composé par les élèves et le personnel des écoles indigènes du Maroc*, l'École du Livre, Rabat, 1931, p. XIII.
[300] Baldoui, Jean, *Nord-Sud : les Arts indigènes*, 1933, p.58.

peint sur le vif, ils reconstituent leurs univers sur la toile ou sur d'autres matériaux avec leur propre technique. Ces jeunes plasticiens, bien que peu nombreux, sont originaires des grandes villes marocaines telles que Rabat, Salé, Casablanca, Meknès, Fès, Tanger et Marrakech. Les peintres sont plus nombreux que les sculpteurs. L'un d'eux, Ahmed Ben Miloudi, originaire de Salé, excelle dans la représentation d'animaux stylisés en fer forgé. La nature inspire aussi les frères Kadri de Fès qui se sont spécialisés dans la peinture de paysage. L'utilisation d'une chromatique chatoyante se retrouve dans les natures mortes, notamment dans les bouquets de fleurs du peintre rabatais Hadj Abdennebi Ronda. L'influence de la peinture orientaliste est visible dans les tableaux de Jilali Ben Sellam dont les thèmes, la facture et la technique sont proches de ceux d'Azouaou Mammeri. Ses œuvres, *La Hédia* et *L'Achoura,* sont même reproduites dans la revue *Nord-Sud* pour illustrer, avec d'autres, exécutés par des artistes français, le tourisme en peinture[301]. Quant au Tangérois Ben Ali R'bati, il dépeint avec brio les scènes de rue et les fêtes qui ont lieu dans la cité. « Anecdotiques, mais non naïves ou brutes, elles laissent paraître son travail de dessinateur, soucieux de rendre le visible dans sa dimension rétinienne. La perspective est là, le mouvement, le trait, mais sans réalisme académique. Les personnages sont simplifiés, stylisés, les murs et les décors épurés[302]. »

L'Association des peintres et sculpteurs du Maroc en permettant aux artistes marocains d'exposer au pavillon des Beaux-arts de la Mamounia montre sa volonté de les faire connaître à un large public. Cette seconde manifestation de peintres marocains ainsi que le succès grandissant de Ben Ali R'bati incitent certains d'entre eux à trouver des galeries susceptibles de présenter leurs toiles. Ainsi le peintre, Youcef Ben Fatta, présente ses œuvres à la galerie du Crédit Foncier ouest-africain à Fès dans la seconde moitié du mois de novembre

---

301 « Le tourisme en peinture », *Nord-Sud*, n° 23, novembre 1935, pp.24-26.
302 Chraïbi, Zineb Abderrazik, *Mohamed Ben Ali R'bati. Naissance de la peinture Marocaine 1861-1936,* Rabat, Édition Marsam, 2007, p.38.

1931[303]. Ces prestations collectives à Rabat et quelques expositions individuelles participent à encourager de nouveaux artistes marocains à se mettre à peindre sur toile. Il forme alors un petit groupe qui trouve place dans le Musée des arts indigènes inauguré à Casablanca en 1937 au boulevard du 4e Zouave. Ce musée fait suite à ceux ouverts dans les quatre villes impériales entre 1915 et 1928. Dans les salles de ce nouvel édifice culturel sont exposées de façon permanente les plus belles œuvres de l'artisanat marocain. Des ateliers de fabrication y sont attenants ainsi que des magasins de vente. « On a fait une place à part et toute mince à un groupe de peintres indigènes, une petite école artistique ou la sincérité éclate avec la naïveté. Impressionnisme ingénu qui fait d'abord sourire puis émeut : cette dame de sérail peinte par une de ses compagnes, ignorante de la vie extérieure, évoque un rêve d'enfant par une âme de gazelle[304]. » Avec cette petite salle dédiée aux nouveaux plasticiens du Maroc, le renouveau artistique est en marche. Mais, il faut attendre la foire de Rabat de l'été 1942 pour qu'une autre exposition collective du groupe d'artistes marocains ait lieu. C'est sous la houlette du Service des arts indigènes qu'ils peuvent avoir un stand où leurs œuvres sont offertes aux regards d'un large public. « Les peintres marocains sont encore si réduits que l'on ne peut dire qu'ils constituent une branche exceptionnelle dans l'art de ce pays. Cela ne les empêche point d'avoir un talent très particulier dont les caractéristiques sont une fraîcheur ingénue dans la composition, un sens étonnant dans le coloris, un souci de précision dans le trait et le détail qui survit à d'innombrables générations de miniaturistes et d'enlumineurs[305]. »

Les plasticiens marocains, intégrés au sein des ateliers d'art indigène, ont accès à des modèles et à des matériaux afin d'exercer leur talent artistique, mais ils ne peuvent pas suivre des enseignements de dessin ni de peinture. Les encadrants ne souhaitant pas intervenir

---

303 « Un peintre marocain expose à Fès », *L'Echo d'Alger*, n° 8075, 18 novembre 1931, p. 2.
304 Isis, « Propos du jour », *Le Petit Marocain*, 10 février 1937, n° 6162, p. 1.
305 « L'Art à la Foire de Rabat, 27 juin-12 juillet », *Le Petit Marocain*, n° 7462, 30 mai 1942, p.4.

dans leur processus de création pour ne pas les influencer et voir leurs oeuvres se gorger de références occidentales. En revanche, dans les années 1950, des ateliers artistiques sont mis en place au sein du département des arts plastiques. Dirigés par Simone Gruner, leur objectif est de permettre aux enfants défavorisés du Douar Roussia de Rabat, puis dans d'autres grandes villes marocaines, de s'exprimer librement afin de développer leur personnalité. Il est mis à leur disposition tout le matériel nécessaire pour qu'ils puissent peindre en inscrivant sur la toile leur imagination, leur vie quotidienne et tout ce qu'ils perçoivent du monde qui les entoure. Les œuvres, ainsi créées, sont ensuite exposées au grand public. L'approche artistique des jeunes Marocains est un moyen de les appréhender à l'apprentissage d'autres matières comme les sciences. Ces enfants reçoivent ainsi des cours d'histoire, d'histoire de l'art et de culture générale, mais aussi des enseignements sur les techniques de la préparation des couleurs[306]. Dans sa tâche d'encadrer et de former les jeunes défavorisés au domaine artistique, Simone Gruner est secondée par la peintre Jacqueline Mathis-Brodskis. Cette dernière inspecte les différents ateliers mis en place dans l'ensemble du pays en faisant attention à la méthodologie employée. Elle a aussi la charge de la distribution des matériaux pour peindre et dessiner et de recruter des coordinateurs[307]. En 1955, après le départ définitif de Simone Gruner pour la France, Jacqueline Mathis-Brodskis reprend la direction des ateliers et oriente les cours vers la découverte des œuvres avant-gardistes françaises, notamment des peintures abstraites afin d'initier les jeunes à porter un nouveau regard sur l'art. Elle expose les travaux de ces artistes à travers des reproductions et elle pousse les élèves à engager des débats et des discussions sur le style et les possibilités conceptuelles qu'offre ce courant. Miloud Labied (1939-2008) est issu d'un de ses ateliers à Rabat. Entre 1957 et 1963, il participe aux cours deux fois par semaine aux côtés de vingt à trente personnes auxquelles Jacqueline Brodskis

---

[306] Irbouth, Hamid, *Art in the service of colonialism: french art education Morocco 1912-1956*, New York, I. B. Tauris Édition, 2012, pp.204-214.
[307] *Ibid.*, p.216.

leur apprend la peinture spontanée et la nature morte. Elle suit avec assiduité Miloud Labied dont le talent commence à s'affirmer puisqu'il expose ses premières toiles de style naïf au Musée des Oudaïas à Rabat lors de la seconde *Exposition des artistes marocains* de 1958. Cette année-là, un autre artiste, Mohamed Kacimi (1942-2003) rejoint, à Meknès, un de ces ateliers artistiques afin d'y s'initier à la peinture. Cependant, le jeune homme est un artiste itinérant, il découvre par lui-même les œuvres européennes en Espagne et à Paris en 1963 durant un séjour linguistique en tant qu'étudiant en arabe classique rattaché à l'Université de Fès. Cette rencontre des arts occidentaux, qu'il renouvelle cinq ans plus tard, lui permet d'orienter son art de la figuration vers l'abstraction[308].

C'est en suivant les cours de Jacqueline Mathis-Brodskis que Fatima Hassan El Farouj (1945-2010) s'engage dans l'art pictural en 1961. Avant de peindre, Fatima Rwayed était brodeuse, mais après son mariage et grâce aux encouragements de son mari, Hassan El Farouj, artiste reconnu, elle décide de faire une carrière artistique tout comme lui. Le couple s'installe alors à Rabat et s'inscrit dans l'atelier de Jacqueline Mathis-Brodskis. Fatima Hassan El Farouj réalise des scènes de genre marocaines traditionnelles où la femme est omniprésente. Elle perpétue des habitudes conviviales lors des célébrations populaires. Dans ses œuvres, la peintre recrée un univers merveilleux empreint de souvenirs de son enfance et de son vécu en tant que femme. Ses compositions foisonnent de signes. Les personnages, en couleurs ou en noir et blanc, y sont mêlés aux animaux dans un cadre où la végétation abonde. Les motifs géométriques empruntés ou inspirés de ceux des tatouages, des tapis, des broderies, des bijoux berbères apportent une richesse décorative aux vêtements des personnages. Ces derniers sont composés essentiellement de face. Lorsqu'ils sont de profil, ils n'ont qu'un seul œil qui regarde en avant, tandis que la bouche est dessinée sous la forme d'un cœur. Les couleurs, appliquées en aplats, sont vives et

[308] Devalière, François, 2007, *Mohammed Kacimi : inventer la liberté*, Rabat, Édition Marsam, p.43.

dégagent une sensation de fête. La création de cet univers enchanté et le manque de perspective dans ses œuvres permettent de désigner la peinture de Fatima Hassan El Farouj comme naïve. Cependant, l'artiste n'effectue pas des recherches sur la symbolique marocaine, elle ne fait que narrer avec ses pinceaux un monde plus ou moins magique où chacun de nous a pu évoluer. En effet, pour la peintre, son talent artistique est un don du ciel. Fatima Hassan El Farouj expose pour la première fois ses œuvres au Salon des artistes indépendants à Casablanca en 1965. Dès 1966, elle réalise deux expositions particulières, l'une à l'Hôtel de la tour Hassan à Rabat, et l'autre, à l'Institut Goethe à Casablanca. La même année, quelques-unes de ses œuvres sont montrées lors de l'Exposition internationale à Montréal. À partir de 1969, l'artiste réalise chaque année une manifestation artistique individuelle dans les principales grandes villes marocaines, et participe à des expositions collectives au Maroc et à l'étranger. Elle acquiert ainsi une renommée mondiale dès les années 1970.

D'autres jeunes marocains ont trouvé leur voie artistique auprès de peintres européens séjournant au Maroc. Ghany Belmaachi, né en 1949 à Marrakech, fait ses études dans sa ville natale au lycée Ibn Abbad entre 1960 et 1968. Il suit notamment les cours de dessin du peintre Charles O Holbing qui l'encourage à devenir plasticien. Mohamed Bakkari (né en 1953), originaire de Beni Mellal, est, lui aussi influencé par le même peintre lors de son séjour au lycée Ibn Abbad entre 1968 et 1971. Grâce à ses conseils, il réalise sa première exposition à l'hôtel Al Moggar d'Agadir en 1981. Moulay Ahmed Drissi (1924-1973), ouvrier agricole à Marrakech, mais dessinant depuis son plus jeune âge, rencontre en 1945-1946 la peintre suisse Hélène (Lélo) Fiaux qui l'encourage à travailler la peinture. Elle lui envoie alors du matériel pour s'exercer. En 1947, Moulay Ahmed Drissi est abordé par deux peintres suédois qui l'invitent à venir en Scandinavie. Durant un an, il travaille sans relâche comme serveur de café afin de payer son billet pour un long voyage vers les pays d'Europe du Nord. En 1948, après un périple dans les pays nordiques, il rejoint Hélène Fiaux à Lausanne avant d'entamer un voyage vers la péninsule italienne ensemble. Ces nombreuses escapades en Europe, notamment en Italie entre 1950 et 1952 et les différentes expositions qu'ils y réalisent, incite le peintre Olek Teslar à inviter Moulay Ahmed Drissi lors du Salon d'Hiver de 1952-53[309]. Une histoire assez semblable à celle de Moulay Ahmed Drissi est vécue par Ahmed Ben Driss el Yacoubi (1928-1985). Ce jeune Marocain suit les pas de son père dans le métier de guérisseur à Fès. En automne 1947, alors âgé de dix-neuf ans, il fait la connaissance, lors d'un rassemblement d'étudiants du Lycée Moulay Idriss, de l'écrivain américain Paul Bowles (1910-199) récemment installé à Tanger. Cette rencontre permet au jeune homme d'apprendre plus en détail la culture occidentale, l'incitant ainsi à commencer à dessiner à l'encre noire. En 1948, Paul Bowles et son épouse, la romancière Jane Auer (1917-1973), de passage en automne à Fès, retrouvent Ahmed Ben Driss el Yacoubi. Voyant ses dessins, Jane Bowles le pousse à poursuivre et lui donne quelques leçons de peinture. De 1948 à 1950, Paul Bowles côtoie très souvent le jeune plasticien au point qu'une amitié naît entre les deux hommes. Ensemble, en juin 1951, ils partent pour l'Espagne visiter Madrid et l'Andalousie. Toujours encouragé par son mentor, Ahmed Ben Driss el Yacoubi développe son propre style inspiré notamment par les œuvres du peintre néerlandais Jérôme Bosch qu'il a découvert au Musée du Prado. Ainsi, en décembre 1951, Paul Bowles organise à Tanger une exposition des œuvres de son ami à la librairie Gallimard Agency. Toujours inséparables, nos deux artistes suivent un itinéraire de voyages qui les mène, en 1952, de Tétouan à Ceylan et en Inde où ils séjournent six mois. Au retour de leur pérégrination extrême-orientale, ils s'arrêtent en Italie puis à Madrid où Paul Bowles réussit à organiser une exposition des toiles de Ahmed Ben Driss el Yacoubi avant de repartir en 1953 pour les États-Unis. Toutes ces escapades ont forgé une maturité chez ce jeune artiste dont le style s'affirme notamment avec la rencontre de Francis Bacon (1909-1992) à Tanger en 1955. Ce dernier lui montre

[309] Clément, Jean-François, *Moulay Ahmed Drissi (1924-1973) : L'invention d'une modernité picturale*, Rabat, Édition Marsam, 2015, pp.33-34.

différentes techniques pour peindre à l'huile[310]. Ainsi son œuvre s'articule entre dessin et peinture : le dessin s'emmêle dans des lignes qui suivent un seul trait afin de faire apparaître un personnage dont la tête est plus imposante que le corps. La peinture lourde et brillante vient effacer l'essentiel de cet être, seule sa forme émerge de cette mer chromatique. Paul Bowles est aussi à l'initiative de la consécration artistique du peintre Mohamed Hamri (1932-2000). Né en 1932 à Ksar-el-Kébir, le jeune homme s'installe à Tanger après la Seconde Guerre mondiale et fréquente le milieu anglo-saxon ce qui lui permet de rencontrer Paul Bowles avec qui il vit une brève période avant de devenir l'ami, le protégé et l'associé commercial du peintre et écrivain Brion Gysin. Mohamed Hamri est encouragé par les deux artistes occidentaux à devenir plasticien, mais sa motivation lui vient surtout du succès artistique et financier que rencontre Ahmed Ben Driss el Yacoubi. Ce dernier expose pour la première fois ses peintures en novembre 1951 à la Librairie des Colonnes à Tanger. Le succès est immédiat puisque vingt-huit tableaux sont vendus le soir du vernissage. Si Mohamed Hamri a comme dessein de concurrencer son homologue marocain, il n'est, dans les années 1950 et 1951, que chef et copropriétaire du restaurant les *Mille et une Nuits*. Il ne réussit à monter sa propre exposition qu'en novembre 1952 à l'hôtel Rembrandt à Tanger. Si Mohamed Hamri commence à peindre sous la tutelle de Brion Gysin, ni son style ni sa palette ne sont en revanche influencés par ce dernier. Essentiellement autodidacte, il est proche du fauvisme avec des emprunts à l'impressionnisme, l'expressionnisme ou le cubisme, mais dans un style qui lui est personnel. Il développe ses propres techniques tout en se référant aux maîtres européens qui ont peint au Maroc comme à Nicolas de Staël (1913-1955) dans l'évocation des paysages urbains. Les sujets de ses tableaux font référence au quotidien vécu à Tanger qui est alors traité par l'utilisation de l'aquarelle, de la gouache ou de la peinture à l'huile.

---

[310]Kenneth, Lisenbee, « Biography of Ahmed Yacoubi », www.paulbowles.org/ahmedyacoubi.html, 2010.

Pour Mohamed Ben Allal, l'aventure artistique commence chez le peintre Jacques Azéma (1910-1979) à Marrakech durant son adolescence, alors qu'il travaille comme cuisinier. Mohamed Ben Allal commence à dessiner et à peindre en regardant son employeur qui, réalisant son potentiel artistique, l'encourage à poursuivre sa pratique en usant de son propre matériel de peinture. Ainsi, en 1947, Mohamed Ben Allal réalise ses premières gouaches en décrivant la vie quotidienne de la ville et des villages aux alentours. Il imprègne sur la toile « une nature accueillante où les populations vaquent à leurs occupations en harmonie totale avec leur milieu naturel. Deux mondes que nous désignons comme ville et campagne, urbanité et ruralité, mais qui, dans l'ouvrage du peintre, paraissent dans leur unité et leur solidarité universelle[311]. » Dans ces premières œuvres, le style de l'artiste pointe déjà. Ces créations sont présentées avec celles d'Azéma lors d'une exposition individuelle à Marrakech en 1948. En 1949, c'est le début de la consécration puisque ses peintures sont exposées lors du Salon d'Hiver de Marrakech, l'année d'après elles apparaissent même au Salon d'Automne de Casablanca[312].

Toujours à Marrakech, dans les années 1948-1953, le jeune Farid Belkahia poursuit ses études secondaires, car son père, M'Hamed Belkahia, employé au contrôle civil, est muté dans cette ville. Encore adolescent, il côtoie la famille Teslar dont Olek est le président du Salon d'Hiver de Marrakech et le maître d'un atelier de peinture. En compagnie du peintre Moulay Ahmed Drissi, Farid Belkahia s'y initie à la peinture notamment en réalisant des portraits à l'huile. En 1953, il part enseigner à Ouarzazate dans l'unique école du village. Alors que le climat politique s'assombrit au Maroc avec la déposition du roi Mohammed V par les autorités françaises le 20 septembre 1953, Farid Belkahia, dès son retour à Marrakech en 1954, se lance dans une série de portraits sombres et tristes, à la mémoire de la violence faite au roi déchu et en exil. Ces œuvres sont exposées à la Mamounia en 1955.

[311] El Kasri, Abdelkérim, *Mohamed Ben Allal (1924-1995) : Le chantre de la vie quotidienne*, Rabat, Édition Marsam, 2015, p.10.
[312] *Ibid.*, p.43.

Cette même année, grâce aux connaissances de son père, Farid Belkahia peut partir pour la France. Il étudie la peinture dans l'atelier de Maurice Brianchon (1889-1979) puis dans celui de Raymond Legueult (1898-1971) qu'il ne quitte qu'en 1958 pour effectuer un grand voyage au Moyen-Orient afin de connaître les richesses de sa culture arabo-musulmane. Il visite l'Égypte, la Syrie, la Jordanie et l'Irak. Il s'intéresse aux antiquités et aux coutumes locales. De retour de son séjour oriental, il quitte Paris pour s'installer à Prague dans le but de comprendre la vie quotidienne au sein d'un pays communiste. Durant ces trois ans dans la capitale tchèque, Farid Belkahia suit des cours de théâtre, rencontre Aragon et Elsa Triolet et devient speaker à la section française de la Radio de Prague. Il continue à peindre des thèmes qui abordent la violence humaine ainsi que le mysticisme. Apparaissent alors dans ses œuvres deux motifs majeurs et récurrents : le cercle et la flèche. Ses toiles sont très sombres, les personnages présentés sont étirés ou allongés, attendant la mort avec souffrance. Cette notion de douleur de l'homme s'insère dans son art pour ne plus jamais le quitter au fil de sa progression plastique[313].

À Rabat, Larbi Belcadi, en suivant sa scolarité au lycée Moulay Youssef, découvre son don pour la peinture grâce à son professeur d'arts plastiques, le peintre Moulay Ahmed Drissi. Son engouement pour cette activité le pousse à s'inscrire, en 1950, à l'École des Beaux-Arts de Casablanca malgré les réticences de ses parents. Il suit aussi des cours dans l'atelier de Jacqueline Mathis-Brodskis. Il y rencontre Miloud Labied. Ses premières œuvres sont exposées, en 1957, à la galerie L'Œil noir de Rabat, première galerie marocaine fondée par son mécène, Moulay Ahmed Drissi. Larbi Belcadi poursuit sa carrière en participant à la troisième *Exposition des artistes marocains* aux Oudaïas en 1959. L'année d'après, il fait sensation au Salon d'Hiver de Marrakech[314]. Ses toiles expriment une vision personnelle de l'art oscillant entre dessin et peinture et traitant de thèmes assez récurrents

---

313 Benchemsi, Rajae, *Farid Belkahia : L'intuition créatrice,* Rabat, Édition Marsam, 2012, pp.37-40.

314 Zahi, Farid, *Larbi Belcadi : L'art comme errance 1939-2001,* Rabat, Édition Marsam, 2009, p.7.

comme les chevaux et les femmes qu'ils déclinent dans des tonalités différentes tout au long de sa carrière. Dans son œuvre, les contours des sujets sont bien délimités, tandis que la couleur vient rehausser et accentuer les traits pour donner du mouvement à la toile.

À Fès, entre 1940 et 1950, le jeune orphelin Jilali Gharbaoui (1930-1971) est employé comme marchand de journaux. Exposant souvent des dessins sur du papier à même le sol, il se fait remarquer par Marcel Vicaire, responsable de l'artisanat marocain à Fès, qui confie le jeune homme à son collaborateur Ahmed Sefrioui. C'est ainsi que Jilali Gharbaoui suit le soir, durant plusieurs années, les cours de l'Académie des Arts de la ville. Grâce à Ahmed Sefrioui, alors devenu directeur des Beaux-arts de Rabat, il obtient en 1952 une bourse pour l'École des Beaux-arts de Paris. Il fréquente ensuite l'Académie Julian. Intéressé par l'impressionnisme, la peinture hollandaise ancienne et l'expressionnisme allemand, il commence à se tourner vers l'abstraction. De retour au Maroc, en 1955, il s'installe à Rabat et peint des œuvres abstraites basées sur la couleur, le geste et la lumière. « La quête de cette lumière était pour lui capitale. [...] Nulle allusion formelle, nulle anecdote, ne viennent gêner cette quête. La couleur, la matière et un trait gestuel sans repentir suffisent pour évoquer tour à tour les jardins du Chellah et les sources fougueuses de l'Atlas[315]. » Malgré des périodes de production intense, Jilali Gharbaoui est atteint de crise de folie. Entre 1955 et 1956, il tente même de se suicider deux fois. Farid Belkahia, en 1956, lui cède sa candidature à l'Accademia delle Belli arti de Rome. Il demeure alors en Italie près d'une année. Il y fait la connaissance de Mohamed Melehi et ensemble ils visitent la Sicile[316]. Il rcvient au Maroc en juillet 1957, gravement malade, tandis qu'une exposition itinérante présente ses œuvres aux États-Unis.

Ahmed Cherkaoui (1934-1967) a un parcours un peu atypique, tout comme Meriem Meziane. Ahmed Cherkaoui passe son enfance à

---

[315] Sijelmassi, Mohamed, *L'Art contemporain au Maroc,* Courbevoie, ACR Édition, 1987, p.87.
[316] Tnifass, Azzouz, *Jilali Gharbaoui : voyage au bout du rêve,* Rabat, Édition Marsam, 2006, pp.44-45.

Beni-Mellal, ville du Moyen Atlas, où il effectue sa scolarité dans un msid (une école coranique) en étudiant l'écriture arabe et le Coran. Il poursuit ses études secondaires à Casablanca tout en perfectionnant sa calligraphie auprès d'un maître réputé. Voulant parfaire son apprentissage à l'École des Métiers d'art de Paris, il réalise des panneaux de publicité, des affiches et autres peintures d'enseignes pour se payer le voyage. Il arrive dans la capitale française en 1956. Inscrit dans la section des arts graphiques, il étudie les techniques des lettres, la décoration et la réalisation des affiches. Après l'obtention de son diplôme en 1959, il est employé par la Maison Pathé-Marconi pour dessiner les maquettes des pochettes de disques. Ce travail lui ouvre l'univers de la peinture qu'il découvre en visitant les musées. Influencé par les œuvres de Paul Klee (1879-1940) et de Roger Bissière (1886-1964), il se met à peindre et réalise sa première exposition. Pour parfaire sa technique picturale, en 1960, il s'inscrit à l'École des Beaux-arts de Paris dans l'atelier de Jean Aujame (1905-1965). Son objectif est de créer une peinture qui serait la synthèse entre les traditions, l'art populaire marocain et la modernité artistique.

Contrairement à Ahmed Cherkaoui, Meriem Meziane est une autodidacte dont les œuvres sont figuratives. Cet académisme provient de ses études classiques effectuées à Larache. Elle commence à peindre assez jeune et organise sa première exposition personnelle à Malaga en 1953. Elle la déplace ensuite dans les différentes villes marocaines. Ces manifestations successives la poussent à continuer à peindre et à s'améliorer. Elle entre alors à l'École des Beaux-arts de San Fernando à Madrid d'où elle en sort diplômée. Elle obtient ainsi le grade de professeur de dessin et de peinture. Installée à Madrid, elle peint des vues du Maroc, notamment les kasbahs de l'Atlas et les médinas, mais aussi des portraits de femmes des contrées berbères. Pour Ahmed Cherkaoui et Meriem Meziane, comme pour les autres plasticiens marocains, le passage par une formation plus ou moins académique est déterminant pour aborder l'art, le penser et se l'approprier afin d'en sortir leur propre langage pictural qu'ils mettent en valeur lors des différentes expositions auxquelles ils participent.

C'est à la fin de la Seconde Guerre mondiale que tous ces nouveaux plasticiens apparaissent aux Salons d'Automne. À partir de 1949, Mohamed Ben Allal, Farid Belkahia et Moulay Ahmed Drissi y présentent leurs œuvres. Si Hassan el Glaoui (1923-2018) et Omar Mechmacha sont les premiers à participer au Salon d'Hiver de Marrakech, dès 1949-1950, avec des tableaux figuratifs aux techniques distinctes[317]. Omar Mechmacha peint à l'huile des scènes de rue comme *Marchande d'oranges* et *Conteur public*, tandis que Farid Belkahia préfère la gouache avec *Petite fille en rouge* et *Étude*.[318] Deux autres peintres, Mohamed Ben Driss et Tayeb Lahlou (1919-1972), rejoignent les cinq autres aux Salons d'Automne et d'Hiver[319]. La plupart de ces plasticiens sont issus d'une tradition orientaliste et classique due à leur contact avec les artistes français du Maroc. Les autres sont, en revanche, des peintres naïfs autodidactes. Bernard de Saint-Aignan met en lumière cette montée d'une nouvelle ère de la peinture marocaine dans son livre, qu'il publie en 1954, en parlant de « renaissance de l'art musulman au Maroc[320]. » Dans une lettre du 19 novembre 1955 qu'il adresse au Sultan Sidi Mohammed Ben Youssef (1909-1961), le président du Salon d'Automne a décidé d'inviter tous ces peintres au Salon de 1955 et de les présenter à part des autres artistes[321]. Cette attention particulière est reprise par le Service des arts et folklore du Maroc, dirigé par Marcel Vicaire, qui

[317] Hassan El Glaoui est le fils du Pacha de la ville, Thami El Mezouari El Glaoui (1879-1956). C'est grâce à Winston Churchill, un ami de son père, que le jeune homme part en Europe étudier la peinture auprès des grands artistes à la fin des années 1940. Il revient au Maroc où il peint notamment des scènes de chevaux (fantasias), des natures mortes et des portraits.

[318] CADAN, Archives nationales du Maroc, Cabinet civil, 1 MA/93, exposition : Catalogues du deuxième d'hiver du Maroc à Marrakech.

[319] Né à Tanger, Tayeb Lahlou devient professeur et s'intéresse à la peinture en autodidacte. Il suit la voie de l'école postimpressionniste. En 1954, il est nommé délégué du ministère du Tourisme à Marrakech. C'est là qu'il rencontre Jacques Majorelle dont l'influence lui permet d'évoluer dans sa technique picturale et sur l'élargissement des tons de sa palette. La première exposition individuelle de Lahlou est organisée à Rabat en 1952 et la seconde à Tanger en 1955. Il participe aussi au Salon d'Hiver de Marrakech en 1953 et à la seconde Biennale d'Alexandrie en 1957.

[320] Saint-Aignan, Bernard, *La renaissance de l'art musulman au Maroc,* Casablanca, 1954.

[321] CADAN, archives du Protectorat français au Maroc, Cabinet civil, 1 MA/93 : Lettre du Président du Salon d'Automne de Casablanca, Bernard Saint-Aignan, à sa Majesté Mohamed Ben Youssef datée du 19 novembre 1955.

coordonne la mise en place d'expositions de ces jeunes plasticiens dans la capitale entre 1956 et 1957 puis dans les autres grandes villes du Maroc telles que Tanger, Tétouan, Marrakech, Meknès, Fès et Casablanca. Ces manifestations ont pour but « de mettre en valeur les œuvres les plus récentes d'artistes marocains, dont plusieurs sont déjà connus des amateurs d'art, de révéler de nouveaux talents et les diverses tendances de la jeune peinture marocaine, de développer un mouvement artistique naissant et enfin de provoquer des échanges d'idées sur les conceptions esthétiques[322]. » Lors de la première exposition itinérante, les visiteurs peuvent voir différentes techniques et styles : les traditionalistes qui perpétuent l'art de l'enluminure, les naïfs autodidactes, les figuratifs encore influencés par l'art occidental et enfin les artistes qui ne suivent plus les codes académiques et qu'on essaie de classer comme surréalistes ou abstraits afin de les catégoriser. La seconde et la troisième Exposition des artistes marocains, toujours programmées à Rabat, ont lieu respectivement en 1958 et 1959[323]. Pour le Service des arts et du folklore du Maroc, il s'agit de « répondre aux vœux des artistes marocains en leur offrant l'occasion de présenter au public des œuvres récentes et choisies parmi les meilleures, au désir des jeunes de confronter leurs travaux avec ceux de leurs aînés, à l'attente des amateurs heureux de suivre l'évolution de leurs peintres préférés ou de découvrir de nouveaux talents[324]. » Ces manifestations montrent bien que les artistes marocains sont de plus en plus nombreux et de plus en plus appréciés du public. Ils remettent souvent en question l'apport occidental et ouvrent de nouveaux horizons à l'art plastique pour les décennies suivantes.

En dehors du Maroc, les peintres marocains présentent leurs œuvres dans les pays méditerranéens, en Europe et aux États-Unis. En juin 1957, ils s'installent à Tunis, puis au mois d'octobre au San

---

[322] Vicaire, Marcel, *Trésor des métiers d'art de Fès,* Paris, Édition Maurepas, 2018, p. 281.
[323] M'rabet, Khalil, *Peinture et identité : l'expérience marocaine*, Paris, Édition l'Harmattan, 1987, p.157.
[324] *Ibid.,* p.283.

Francisco Museum et enfin, en décembre, à la deuxième Biennale d'art à Alexandrie[325]. En juin 1959, l'Exposition des artistes marocains est transposée à Vienne en Autriche, en octobre, elle est intégrée à l'exposition de peinture arabe organisée à Washington et enfin à la troisième Biennale d'Alexandrie[326]. Les peintres marocains apparaissent aussi lors des deux premières Biennales des jeunes de Paris en 1959 et 1961[327]. Cette grande manifestation, spécialisée en art contemporain, suit le modèle des biennales de Venise (1895), São Paolo (1951), Tokyo (1952), la documenta de Kassel (1955), la Biennale hispano-américaine (Madrid, 1951) ou celle des Arts des Pays méditerranéens (Alexandrie, 1955). Voulant redonner à la capitale française une place internationale, cette exposition accueille uniquement des artistes âgés de vingt à trente-cinq ans et privilégie, lors des premières éditions, des jurys relevant de la même classe d'âge que les exposants. Lors de la seconde Biennale, cinquante pays présentent leurs jeunes plasticiens et notamment le Maroc. Sous la houlette du commissaire général de la section, le directeur du Service des arts et du folklore au Maroc, Ahmed Sefrioui, treize artistes marocains exposent leurs œuvres dont dix sont classées dans la catégorie peinture et dessin. Il s'agit de Maurice Arama, Farid Belkahia, Mohamed Ben Allal, Karim Bennani et Mohamed Bennani, Saâd Ben Seffaj, Ahmed Cherkaoui, André Elbaz, Jilali Gharbaoui et Mohamed Melehi. Deux sculpteurs, Brahim Mohamed Ben M'Bare et Ali Moha, et un graveur Houcine, complètent les membres de la section dédiée aux arts plastiques. Cette manifestation parisienne offre aux artistes marocains l'occasion de remporter des bourses octroyées par des organismes privés, mais aussi par la Biennale. Pour les participants étrangers, six bourses sont offertes pour la section peinture, deux pour la sculpture, une pour la gravure et une autre pour le dessin ou l'aquarelle. Chacun de ces prix équivaut à huit cents

325La Biennale d'art d'Alexandrie, fondée en 1955, regroupe au printemps tous les arts des pays méditerranéens.

326 Seize peintres et sculpteurs marocains exposent vingt-huit œuvres.

327 Amran el Maleh, Edmond, Maraini, Toni, *La peinture au rendez-vous de l'histoire,* Milan, Éditions Espace Wafabank, 1988, p.39.

francs par mois afin que l'artiste puisse rester cinq années en France pour y travailler[328]. Les œuvres produites durant ce séjour seront achetées par l'État, mille francs par lauréats. En plus de ces récompenses, trois grands prix sont mis en jeu : le prix de la ville de Paris qui consiste en la médaille de vermeil et une exposition en 1962-1963 dans une galerie parisienne, le prix du Musée Rodin de mille francs et enfin le prix André Susse. Ce dernier, d'une valeur de mille francs, est offert à un jeune sculpteur français ou étranger résidant depuis plus de cinq ans en France pour l'ensemble de ses créations[329]. Cette Biennale est donc pour les artistes marocains une opportunité unique pour se faire connaître à l'international, pour résider à l'étranger et se former aux contacts d'autres plasticiens contemporains et avant-gardistes.

[328] En France, le 27 décembre 1958, c'est l'adoption du plan Pinay-Rueff qui vise la création du nouveau franc. Cette monnaie rentre en vigueur le 1er janvier 1960. 1 franc nouveau correspond à 100 anciens francs.
[329] www.archives.biennaledeparis.org/fr/1961

Conclusion

Dès 1832, le Maroc devient un pays incontournable pour les artistes européens voyageant au sein des missions diplomatiques. S'intéressant d'abord à l'histoire des maures en Andalousie, ils poursuivent leur chemin vers le Royaume chérifien et continuent souvent leur route vers l'Algérie et la Tunisie. Au Maroc, ils séjournent à Tanger, la porte d'entrée du pays en Méditerranée, et à partir de cette cité, ils peuvent s'aventurer dans les autres villes marocaines de la côte atlantique ou de l'intérieur afin de réaliser des croquis ou dessins de scènes de genre, de scènes quotidiennes ou encore de processions royales ou religieuses. Ces artistes orientalistes, venant d'Europe et des États-Unis, sont nombreux à s'installer à Tanger ou à y résider de longues périodes notamment avec l'ouverture du Salon de peinture en 1909, faisant ainsi de la ville la première cité artistique du Maroc. Cette dernière est détrônée par Rabat puis par Casablanca voire Tétouan avec l'instauration des Protectorats français et espagnol. De nombreux peintres et quelques sculpteurs – mais aussi des architectes et décorateurs – se fixent au Maroc et sont engagés dans l'administration coloniale. Leur talent est mis à contribution pour la propagande politique et touristique du pays. Ce n'est qu'après la fin de la Première Guerre mondiale que des institutions artistiques voient le jour sous le Protectorat français. L'Association des peintres et sculpteurs du Maroc regroupe l'essentiel des artistes professionnels domiciliés sur le territoire marocain. Entre 1923 et 1949, elle participe à la promotion de l'art de ses adhérents en Europe et en Afrique du Nord tout en contrôlant l'image qu'elle donne du Maroc. Elle réussit cette expansion grâce aux liens qu'elle noue avec les sociétés artistiques métropolitaines et en participant aux expositions nord-africaines et coloniales. La création de cette association incite la fondation d'autres qui sont régionales ou professionnelles ou encore dilettantes et dont l'essence ultime est de créer un immense réseau afin de regrouper tous les plasticiens du Maroc qu'ils soient spécialistes ou amateurs. Les œuvres présentées lors de leurs différentes expositions annuelles sont variées, les thèmes sont majoritairement marocains, mais pas uniquement, certaines associations artistiques laissent leurs membres choisir leurs sujets dont certains sont très proches des courants européens modernistes. Certaines créations sont même purement françaises, voire européennes, montrant ainsi le lien toujours constant qu'ont les artistes avec leur pays d'origine. Avec le développement des Salons, entre 1949 et 1956, l'objectif initial reste toujours l'expansion des arts plastiques au sein du Maroc et en dehors, mais il favorise un renouveau artistique en exhortant les ouvrages innovant en lien avec les dernières tendances européennes ou issus d'un travail d'autodidacte comme le font quelques peintres marocains. Toutes les sociétés artistiques ont en commun la volonté intrinsèque de promouvoir leurs membres – résidant ou de passage dans le Royaume chérifien – et de stimuler le marché de l'art marocain – et non pas orientaliste – en incitant les amateurs et collectionneurs à acheter lors des expositions collectives. La Résidence générale du Maroc, le Service des Beaux-arts et monuments historiques sont les premiers à manifester leurs intérêts pour l'acquisition de tableaux afin d'orner les bâtiments publics et d'enchérir les collections muséales de Rabat ou Casablanca. Les autres musées métropolitains et algériens leur emboîtent aussi le pas. Les galeries d'art restent majoritairement le lieu des transactions pour l'achat des œuvres du Maroc. Les succursales de vente de Rabat et de Casablanca sont les plus prisées par les amateurs et les collectionneurs dont l'identité reste secrète. Ils sont les hommes de l'ombre de ce commerce de l'art. Grâce aux liaisons de la capitale économique et maritime du pays avec le reste du monde, les expositions individuelles des plasticiens sont souvent transposées à Paris, et pour quelques chanceux à Alger, aux États-

Unis, en Europe voire au-delà. Plus ces manifestations s'éloignent du Maroc, plus l'artiste a une renommée internationale et plus sa côte est élevée. Ses œuvres deviennent alors des objets de convoitise pour tout bon collectionneur. Outre la vente de productions des peintres et sculpteurs du Maroc, les galeries d'art donnent la tendance artistique du moment. Si elles suivent, entre 1923 et 1947, les thématiques imposées par l'Association des peintres et sculpteurs français professionnels du Maroc, elles s'en écartent pour solliciter des peintures et sculptures marocaines et françaises plus modernes, intégrant notamment des artistes amateurs à leur programme annuel. Elles préfèrent également se concentrer sur les artistes participant aux Salons d'Automne et d'Hiver, car ces deux associations sont plus ouvertes à la création contemporaine et avant-gardiste européenne, mais aussi locale en présentant, à la fin des années 1950, les ouvrages des premiers peintres marocains.

Le goût orientaliste insufflé par les premières générations d'artistes installés à Tanger et dans le Protectorat français a donné naissance à un courant qui oblige les futurs peintres ou sculpteurs du Maroc à se former au sein des lycées et Écoles des Beaux-arts qui leur octroient un enseignement académique leur ouvrant la voie aux études supérieures artistiques en France ou en Espagne. Au sein de cette nouvelle lignée d'artistes, nés au Maroc, apparaissent aussi de jeunes plasticiens marocains. L'ensemble de ces peintres, qu'ils passent par une formation scolaire, par des ateliers d'art d'État ou encore par la rencontre de peintres occidentaux qui deviennent leur mécène ou leur ami, conçoivent leurs œuvres à partir de ce qu'ils voient et ressentent de leur propre culture. Ils sont tous attirés par les nouveaux concepts picturaux que la France, l'Espagne, l'Italie et les pays communistes d'Europe de l'Est connaissent dans les années 1950-60. Cet engouement pour cette esthétique contemporaine est le fer de lance des peintres marocains afin de s'extirper d'un colonialisme pesant et revendiquer leur indépendance. L'historien de l'art Mohamed Chabâa le verbalise avec véhémence :

« Le système colonial a voulu dans ses écoles nous éloigner de notre patrimoine et de nos traditions culturelles et artistiques… en essayant de les remplacer par ses propres valeurs dans le domaine des arts plastiques ; il a introduit la peinture de chevalet comme le moyen idéal et unique de l'expression plastique, la sculpture figurative et académique a été importée aussi dans le même esprit[330]. »

Le développement de cet orientalisme et académisme, si décrié par Chabâa comme un placebo pour réduire la culture traditionnelle marocaine à une certaine vision occidentale, a été au départ un moyen de la faire découvrir en Europe et dans le monde. La création plastique au Maroc, entre 1832 et 1956, oscille donc entre orientalisme, académisme et exotisme. Les artistes recréent dans leurs œuvres la vision d'un Maroc traditionnel et moderne inventé par l'Europe. Ce que recherchent les peintres marocains, dès la fin des Protectorats, c'est de créer un art nouveau à partir des coutumes ancestrales et originelles qu'ils doivent retrouver tout en se détachant du travail déjà réalisé durant la période coloniale.

---

[330] Zahi, Farid, 2015, *Mohamed Chabaa : une expression plastique plurielle, 1935-2012,* Rabat, Édition Marsam, p.40.

Bibliographie

Sources

Centre des archives diplomatiques de Nantes (CADAN) :

- Archives du Protectorat du Maroc, Cabinet civil, 1 MA/6B, artistes au Maroc ;
- Archives du Protectorat français au Maroc, Cabinet civil, 1 MA/93, exposition.

Articles sur les galeries d'art datant du Protectorat

- Galeries d'art à Casablanca

• Galerie Derche

Abt, Albert, « Jean Louis Viney, peintre dauphinois, à la Galerie Derche », *Le Petit Marocain*, 18 mars 1947, p.4.

Abt, Albert, « Louis Riou, peintre et illustrateur à la Galerie Derche », *Le Petit Marocain*, 25 mars 1947, p.4.

Abt, Albert, « Wacquiez à la Galerie Derche », *Le Petit Marocain*, 13 mai 1947, p.4.

Abt, Albert, « Bareau à la Galerie Derche », *Le Petit Marocain*, 25 mars 1947, p.4.

De Bruchard, Charles, « Chez nos artistes – L'exposition Maurice Demassue à la galerie Derche », *Le Petit Marocain,* n° 5865, 4 février 1934, p.4.

De Bruchard, Charles, « Chez nos artistes – L'exposition Louis Endrès à la galerie Derche », *Le Petit Marocain,* n° 5883, 22 février 1934, p.4.

De Bruchard, Charles, « Chez nos artistes – L'exposition Maurice Romberg à la galerie Derche », *Le Petit Marocain,* n° 5907, 18 mars 1934, p.4.

De Bruchard, Charles, « Chez nos artistes – L'exposition François de Hérain à la galerie Derche », *Le Petit Marocain,* n° 5674, 3 novembre 1934, p.4.

De Bruchard, Charles, « Chez nos artistes – L'exposition Drouet-Reveillaud, Marcel Vicaire et Jean Baldoui à la galerie Derche », *Le Petit Marocain,* n° 5689, 18 novembre 1934, p.2.

De Bruchard, Charles, « Chez nos artistes – L'exposition de Melle Élisabeth Dandelot à la galerie Derche », *Le Petit Marocain,* n° 5693, 22 novembre 1934, p.4.

De Bruchard, Charles, « Chez nos artistes – L'exposition Brindeau à la galerie Derche », *Le Petit Marocain,* n° 5703, 2 décembre 1934, p.4.

De Bruchard, Charles, « Chez nos artistes – L'exposition Pierre Bach à la galerie Derche », *Le Petit Marocain,* n° 5635, 3 janvier 1935, p.5.

De Bruchard, Charles, « Chez nos artistes – L'exposition René Martin à la galerie Derche », *Le Petit Marocain,* n° 5645, 12 février 1935, p.4.

De Bruchard, Charles, « Chez nos artistes – L'exposition de Melle Éliane Jalabert à la galerie Derche », *Le Petit Marocain,* n° 5655, 22 février 1935, p.4.

De Bruchard, Charles, « Chez nos artistes – L'exposition Raymond Crétot-Duval à la galerie Derche », *Le Petit Marocain,* n° 5664, 3 mars 1935, p.6.

De Bruchard, Charles, « Chez nos artistes – L'exposition de Melle Marguerite Delorme à la galerie Derche », *Le Petit Marocain,* n° 5673, 12 mars 1935, p.4.

De Bruchard, Charles, « Chez nos artistes – L'exposition Louis Endrès à la galerie Derche », *Le Petit Marocain,* n° 5685, 24 mars 1935, p.5.

De Bruchard, Charles, « Chez nos artistes – L'exposition Gabriel Rousseau à la galerie Derche », *Le Petit Marocain,* n° 5695, 4 avril 1935, p.4.

De Bruchard, Charles, « Chez nos artistes – L'exposition P. Emiot à la galerie Derche », *Le Petit Marocain,* n° 5710, 18 avril 1935, p.4.

De Bruchard, Charles, « Chez nos artistes – L'exposition de Melle de Blonay à la galerie Derche », *Le Petit Marocain,* n° 5816, 22 novembre 1935, p.4.

De Bruchard, Charles, « Chez nos artistes – L'exposition Mattéo Brondy à la galerie Derche », *Le Petit Marocain,* n° 5827, 3 décembre 1935, p.7.

De Bruchard, Charles, « Chez nos artistes – L'exposition Brindeau de Jarny à la galerie Derche », *Le Petit Marocain,* n° 5836, 12 décembre 1935, p.4.

De Bruchard, Charles, « Chez nos artistes – L'exposition de M. Pyot à la galerie Derche », *Le Petit Marocain,* n° 5798, 12 février 1936, p.5.

De Bruchard, Charles, « Chez nos artistes – L'exposition F.L Schmied à la galerie Derche », *Le Petit Marocain,* n° 5820, 5 mars 1936, p.4.

De Bruchard, Charles, « Chez nos artistes – L'exposition Jacques Majorelle à la galerie Derche », *Le Petit Marocain,* n° 5827, 12 mars 1936, p.6.

De Bruchard, Charles, « Chez nos artistes – L'exposition Marcel Vicaire à la galerie Derche », *Le Petit Marocain,* n° 5857, 11 avril 1936, p.4.

De Bruchard, Charles, « Chez nos artistes – L'exposition René Martin à la galerie Derche », *Le Petit Marocain,* n° 5877, 2 mai 1936, p.4.

De Bruchard, Charles, « Chez nos artistes – L'exposition Gabriel Fournier, Henry Portal, René Thomsen et Noël Vesper à la galerie Derche », *Le Petit Marocain,* n° 5901, 26 mai 1936, p.4.

De Bruchard, Charles, « Chez nos artistes – L'exposition Marie Pinatel à la galerie Derche », *Le Petit Marocain,* n° 5910, 4 juin 1936, p.4.

De Bruchard, Charles, « Chez nos artistes – L'exposition Mattéo Brondy à la galerie Derche », *Le Petit Marocain,* n° 6093, 3 décembre 1936, p.4.

De Bruchard, Charles, « Chez nos artistes – L'exposition Odette Plessis à la galerie Derche », *Le Petit Marocain,* n° 6114, 24 décembre 1936, p.4.

De Bruchard, Charles, « Chez nos artistes – L'exposition François de Hérain à la galerie Derche », *Le Petit Marocain,* n° 6144, 23 janvier 1937, p.4.

De Bruchard, Charles, « Chez nos artistes – L'exposition Si Mammeri à la galerie Derche », *Le Petit Marocain,* n° 6156, 4 février 1937, p.4.

De Bruchard, Charles, « Chez nos artistes – L'exposition Lise Capt-Lafitte à la galerie Derche », *Le Petit Marocain,* n° 6164, 12 février 1937, p.4.

De Bruchard, Charles, « Chez nos artistes – L'exposition de Melle Marguerite Delorme à la galerie Derche », *Le Petit Marocain,* n° 6176, 24 février 1937, p.4.

De Bruchard, Charles, « Chez nos artistes – L'exposition Jacques Majorelle à la galerie Derche », *Le Petit Marocain,* n° 6183, 3 mars 1937, p.4.

De Bruchard, Charles, « Chez nos artistes – L'exposition Edgard Bohlman à la galerie Derche », *Le Petit Marocain,* n° 6197, 17 mars 1937, p.6.

De Bruchard, Charles, « Chez nos artistes – L'exposition Roger Sourgen à la galerie Derche », *Le Petit Marocain,* n° 6203, 23 mars 1937, p.4.

De Bruchard, Charles, « Chez nos artistes – L'exposition Mme Drouet-Reveillaud, à la galerie Derche », *Le Petit Marocain,* n° 6213, 2 avril 1937, p.4.

De Bruchard, Charles, « Chez nos artistes – L'exposition R. Crétot-Duval à la galerie Derche », *Le Petit Marocain,* n° 6224, 13 avril 1937, p.4.

De Bruchard, Charles, « Chez nos artistes – L'exposition Henri Pontoy à la galerie Derche », *Le Petit Marocain,* n° 6793, 5 novembre 1937, p.4.

De Bruchard, Charles, « Chez nos artistes – L'exposition du peintre Brindeau à la galerie Derche », *Le Petit Marocain,* n° 6812, 24 novembre 1937, p.4.

De Bruchard, Charles, « Chez nos artistes – L'exposition Mattéo Brondy à la galerie Derche », *Le Petit Marocain,* n° 6823, 5 décembre 1937, p.4.

De Bruchard, Charles, « Chez nos artistes – L'exposition Melle de Blonay à la galerie Derche », *Le Petit Marocain,* n° 6832, 14 décembre 1937, p.4.

De Bruchard, Charles, « Chez nos artistes – L'exposition Edgar Bohlman à la galerie Derche », *Le Petit Marocain,* n° 6893, 13 février 1938, p.4.

De Bruchard, Charles, « Chez nos artistes – L'exposition Melle Marguerite Delorme à la galerie Derche », *Le Petit Marocain,* n° 6702, 27 février 1938, p.4.

De Bruchard, Charles, « Chez nos artistes – L'exposition Jean-Roger Sourgen à la galerie Derche », *Le Petit Marocain,* n° 6710, 2 mars 1938, p.4.

De Bruchard, Charles, « Chez nos artistes – L'exposition Jacques Majorelle à la galerie Derche », *Le Petit Marocain,* n° 6769, 31 mars 1938, p.4.

De Bruchard, Charles, « Chez nos artistes – L'exposition Camille Josso à la galerie Derche », *Le Petit Marocain,* n° 6783, 14 avril 1938, p.4.

De Bruchard, Charles, « Chez nos artistes – L'exposition Edy Legrand à la galerie Derche », *Le Petit Marocain,* n° 6805, 6 mai 1938, p.5.

De Bruchard, Charles, « Chez nos artistes – L'exposition Brindeau à la galerie Derche », *Le Petit Marocain,* n° 6905, 24 novembre 1938, p.4.

De Bruchard, Charles, « Chez nos artistes – L'exposition Jean Even à la galerie Derche », *Le Petit Marocain,* n° 6926, 15 décembre 1938, p.4.

De Bruchard, Charles, « Chez nos artistes – L'exposition photographique de Robert d'Ello à la galerie Derche », *Le Petit Marocain,* n° 6939, 28 décembre 1938, p.4.

De Bruchard, Charles, « Chez nos artistes – L'exposition René Pia à la galerie Derche », *Le Petit Marocain,* n° 5981, 8 février 1939, p.4.

De Bruchard, Charles, « Chez nos artistes – L'exposition Melle Marguerite Delorme à la galerie Derche », *Le Petit Marocain,* n° 5695, 23 février 1939, p.4.

De Bruchard, Charles, « Chez nos artistes – L'exposition Suzette Comte à la galerie Derche », *Le Petit Marocain,* n° 5735, 4 avril 1939, p.4.

De Bruchard, Charles, « Chez nos artistes – L'exposition A. Hambourg à la galerie Derche », *Le Petit Marocain,* n° 5744, 13 avril 1939, p.4.

Lamy, Armand, « René Martin à la galerie Derche », *Le Petit Marocain,* n° 5725, 25 mars 1939, p.4.

Lamy, Armand, « Edy Legrand à la galerie Derche », *Le Petit Marocain,* n° 5956, 20 avril 1940, p.5.

Lamy, Armand, « P.J Anderbouhr à la galerie Derche », *Le Petit Marocain,* n° 6984, 13 décembre 1940, p.5.

Lamy, Armand, « Jacques Majorelle à la galerie Derche », *Le Petit Marocain,* n° 7049, 16 février 1941, p.3.

« L'exposition du sculpteur De Hérain à Casablanca », *L'Afrique du Nord illustrée,* 17 janvier 1931, p. 13.

« Peintres marocains : l'exposition Vicaire à Casablanca », *L'Afrique du Nord illustrée*, 30 janvier 1932, p.17.

« Une exposition de peinture à Casablanca – Élisabeth Dandelot, peintre du Tafilalet », *L'Afrique du Nord illustrée,* 12 novembre 1932, p. 7.

« Vernissage de l'exposition Jacques Majorelle à la galerie Derche », *Le Petit Marocain,* n° 5923, 14 avril 1934, p.2.

« Chronique artistique – mardi, 16 heures, vernissage de l'exposition René Pia à la galerie Derche », *Le Petit Marocain,* n° 5794, 8 février 1936, p.6.

« Exposition Edy Legrand du 1er au 10 mai 1937 », *Le Petit Marocain,* n° 6242, 1er mai 1937, p.4.

« À la galerie Derche – d'Assouan à Marrakech, avec M. René Martin », *Le Petit Marocain,* n° 6724, 16 mars 1938, p.4.

« Galerie Derche – L'exposition Jacques Majorelle », *Le Petit Marocain,* n° 5986, 14 février 1939, p.5.

« L'exposition de M. Schmied à la galerie Derche », *Le Petit Marocain,* n° 5085, 13 juin 1939, p.5.

« L'exposition Majorelle à la galerie Derche », *Le Petit Marocain,* n° 5878, 13 mars 1940, p.5.

« L'exposition Jean-Roger Sourgen à la galerie Derche », *Le Petit Marocain,* n° 5893, 28 mars 1940, p.4.

« Edgar Bolhman à la galerie Derche », *Le Petit Marocain,* n° 5922, 26 avril 1940, p.4.

« Peinture et dessins de François Cogne à la galerie Derche », *Le Petit Marocain,* n° 5930, 15 mai 1940, p.4.

« Jean Even à la galerie Derche », *Le Petit Marocain,* n° 5933, 18 mai 1940, p.4.

« Les Arts – Marguerite Delorme à la galerie Derche », *Le Petit Marocain,* n° 5999, 13 août 1940, p.2.

« Réouverture de la galerie Derche », *Le Petit Marocain,* n° 6982, 11 décembre 1940, p.2.

« Carriat-Rolant à la galerie Derche », *Le Petit Marocain,* n° 7016, 14 janvier 1941, p.2.

« La belle œuvre de Louis Riou à la galerie Derche », *Le Petit Marocain,* n° 7045, 12 janvier 1941, p.2.

« Paysages et personnages du Sud marocain de M. Bellot », *Le Petit Marocain,* n° 7026, 24 janvier 1941, p.2.

« Edy Legrand à la galerie Derche », *Le Petit Marocain,* n° 7063, 2 mars 1941, p.3.

« Exposition E.A Pavil à la galerie Derche », *Le Petit Marocain,* n° 7085, 23 mars 1941, p.4.

« M. Albert Abt à la galerie Derche », *Le Petit Marocain,* n° 7137, 4 mai 1941, p.2.

« L'exposition Jean Besancenot : un printemps de femmes, de soieries, de fleurs à la galerie Derche », *Le Petit Marocain,* n° 7051, 18 mai 1941, p.4.

« Exposition à Casablanca-M. Edmond Pauty à la Galerie Derche », *Le Petit Marocain,* n° 7154, 6 novembre 1941, p.2.

« À Travers les expositions – Gouaches et dessins de M. Mantel à la galerie Derche », *Le Petit Marocain,* n° 7164, 16 novembre 1941, p.2.

« À Travers les expositions – M. Mantel à la galerie Derche », *Le Petit Marocain,* n° 7331, 25 novembre 1941, p.2.

« L'exposition de Si Mammeri à la galerie Derche », *Le Petit Marocain,* n° 7314, 8 décembre 1941, p.4.

« L'Exposition Bellenot à la galerie Derche », *Le Petit Marocain,* n° 7331, 25 décembre 1941, p.4.

« Quelques artistes : Carriat-Rolant à la galerie Derche », *Le Petit Marocain,* n° 7346, 10 janvier 1942, p.4.

« Chronique des arts – Aujourd'hui, Albert Marquet, Pierre Deval, Jean Puy, Mondzain, Henri Manguin et Charles Camoin à la galerie Derche », *Le Petit Marocain,* n° 7351, 16 janvier 1942, p.3.

« Les derniers jours de l'exposition Majorelle à la galerie Derche », *Le Petit Marocain,* n° 7386, 26 février 1942, p.4.

« À Travers les galeries – Melle Marguerite Delorme à la galerie Derche », *Le Petit Marocain,* n° 7389, 1er mars 1942, p.3.

« Une tête d'enfant par René Martin à la galerie Derche », *Le Petit Marocain,* n° 7400, 14 mars 1942, p.4.

« L'exposition Lina Pavil à la galerie Derche », *Le Petit Marocain,* n° 7424, 11 avril 1942, p.4.

« Chronique artistique – Louis Riou à la galerie Derche », *Le Petit Marocain,* n° 7462, 30 mai 1942, p.3.

« Chronique artistique – Mme Blaupot Ten Cate expose à la galerie Derche », *Le Petit Marocain,* n° 7468, 6 juin 1942, p.4.

« Chronique artistique – Les débuts de la saison – Jean Denis à la galerie Derche et François Verdy à la galerie du Livre », *Le Petit Marocain,* n° 7299, 3 octobre 1942, p.4.

« L'Exposition M.J Chareyre à la galerie Derche », *Le Petit Marocain,* n° 7309, 15 octobre 1942, p.4.

« Notes artistiques – Geneviève Demnati à la galerie Derche », *Le Petit Marocain,* n° 7315, 22 octobre 1942, p.3.

« Notes artistiques – Julien Matthey à la galerie Derche », *Le Petit Marocain,* n° 7321, 29 octobre 1942, p.4.

« Notes artistiques – Paysages français d'Anderbouhr à la galerie Derche », *Le Petit Marocain,* n° 7325, 3 novembre 1942, p.2.

« Notes artistiques – Les sculptures de Melle Blonay à la galerie Derche », *Le Petit Marocain,* n° 7345, 25 novembre 1942, p.2.

« Notes artistiques – Paysages de Vanderblonck-Muratti à la galerie Derche », *Le Petit Marocain,* n° 7353, 3 décembre 1942, p.2.

« Notes artistiques – l'exposition Marcel Vicaire à la galerie Derche », *Le Petit Marocain,* n° 7364, 14 décembre 1942, p.3.

« Notes artistiques – Bellenot à la galerie Derche », *Le Petit Marocain,* n° 7369, 24 décembre 1942, p.2.

« Notes artistiques – M. Barta à la galerie Derche », *Le Petit Marocain,* n° 7402, 26 janvier 1943, p.2.

« Notes artistiques – Exposition Mammeri à la galerie Derche », *Le Petit Marocain,* n° 7411, 7 février 1943, p.2.

« Notes artistiques – Le Maître Pavil expose à la galerie Derche », *Le Petit Marocain,* n° 7423, 17 février 1943, p.2.

« Notes artistiques – Melle Delorme à la galerie Derche », *Le Petit Marocain,* n° 7446, 12 mars 1943, p.2.

« Notes artistiques – Luis Riou à la galerie Derche », *Le Petit Marocain,* n° 7455, 21 mars 1943, p.2.

« Notes artistiques – Sloan Franck à la galerie Derche », *Le Petit Marocain,* 8 avril 1943, n° 7473, p.2.

« Notes artistiques – Madame Janie Prichart à la galerie Derche », *Le Petit Marocain,* 23 avril 1943, n° 7493, p.2.

« Notes artistiques – Aquarelles de France d'Albert Abt à la galerie Derche », *Le Petit Marocain,* 1er mai 1943, n° 7500, p.2.

« Notes artistiques – ce soir, vernissage de l'exposition Blaupot Ten Cate à la galerie Derche », *Le Petit Marocain,* n° 7519 22 mai 1943, p.2.

« Notes artistiques – René Martin à la galerie Derche », *Le Petit Marocain,* n° 7838, 10 juin 1943, p.2.

« Notes artistiques – l'exposition d'Automne de M. Vinay à la galerie Derche », *Le Petit Marocain,* n° 7943, 14 octobre 1943, p.2.

« Chroniques artistiques – Edy Legrand et Bellenot à la galerie Derche », *Le Petit Marocain,* n° 7981, 2 décembre 1943, p.2.

« Mattéo Brondy, peintre de fantaisies », *Le Petit Marocain,* n° 7990, 11 décembre 1943, p.2.

« Nos Echos – L'Exposition Crétot-Duval à la galerie Derche », *Le Petit Marocain,* n° 8014, 6 janvier 1944, p.2.

« Les expositions – Paul Hannaux à la galerie Derche », *Le Petit Marocain,* n° 8093, 26 mars 1944, p.2.

« Nos Echos – Paul Anderbouhr à la galerie Derche », *Le Petit Marocain,* n° 8186, 28 juin 1944, p.2.

« Les Expositions-Franca-Corcos à la galerie Derche », *Le Petit Marocain,* n° 8864, 9 janvier 1945, p.2.

« Henry Valensi à la galerie Derche », *Le Petit Marocain,* n° 8881, 28 janvier 1945, p.2.

« Edy Legrand à la galerie Derche », *Le Petit Marocain,* n° 8891, 9 février 1945, p.2.

« Promenades à travers les expositions – Bellenot à la galerie Derche », *Le Petit Marocain,* n°9131, 15 novembre 1945, p.2.

« Promenades à travers les expositions – Pauty à la galerie Derche », *Le Petit Marocain,* n°9195, 6 janvier 1946, p.2.

« Promenades à travers les expositions – Si Mammeri à la galerie Derche », *Le Petit Marocain,* n°9203, 16 janvier 1946, p.2.

« Promenades à travers les expositions – Henry Valensi à la galerie Derche », *Le Petit Marocain,* n°9212, 25 janvier 1946, p.2.

« Promenades à travers les expositions – Jean Baldoui à la galerie Derche », *Le Petit Marocain,* n°9242, 1er mars 1946, p.2.

« Promenades à travers les expositions – P.J Anderbouhr à la galerie Derche », *Le Petit Marocain,* n°9281, 17 avril 1946, p.2.

« Promenades à travers les expositions – Blaupot Ten Cate à la galerie Derche », *Le Petit Marocain,* n°9290, 28 avril 1946, p.2.

« Promenades à travers les expositions – Cassin à la galerie Derche », *Le Petit Marocain,* n°9295, 5 mai 1946, p.2.

« Promenades à travers les expositions – Geneviève Demnati à la galerie Derche », *Le Petit Marocain,* n°9306, 18 mai 1946, p.2.

« Promenades à travers les expositions – Louis Riou à la galerie Derche », *Le Petit Marocain,* n°9314, 28 mai 1946, p.2.

« Promenades à travers les expositions – Les peintres de la mer à la galerie Derche », *Le Petit Marocain,* n°9342, 28 juin 1946, p.2.

« Promenades à travers les expositions – Nelly Marez Darley à la galerie Derche », *Le Petit Marocain,* n°9443, 25 octobre 1946, p.2.

« Promenades à travers les expositions – Abd-el-Tif, quelques anciens, à la galerie Derche », *Le Petit Marocain,* n°9446, 31 octobre 1946, p.2.

« Promenades à travers les expositions – Marquet à la galerie Derche », *Le Petit Marocain,* n°9456, 9 novembre 1946, p.2.

« Promenades à travers les expositions – L'art contemporain à la galerie Derche », *Le Petit Marocain,* n°9462, 16 novembre 1946, p.2.

« Promenades à travers les expositions – Pierre Deval à la galerie Derche », *Le Petit Marocain,* n°9499, 29 décembre 1946, p.2.

« L'exposition d'Élisabeth Dandelot à la galerie Derche », *La Vigie marocaine,* n°8374, 22 novembre 1934, p.5.

« Les expositions – Le peintre d'Azemmour », *La Vigie marocaine,* 26 décembre 1934, p.6.

« L'exposition Brindeau à la galerie Derche », *La Vigie marocaine,* 27 novembre 1936, p.6.

« Le vernissage de l'exposition de Jean-Roger Sourgen à la galerie Derche », *La Vigie marocaine,*23 mars 1937, p.7.

« L'exposition Brindeau à la galerie Derche », *La Vigie marocaine,* 24 novembre 1937, p.6.

« L'exposition Brindeau à la galerie Derche », *La Vigie marocaine,* 23 novembre 1938, p.7.

« L'exposition des œuvres de Melle Marguerite Delorme à la galerie Derche », *La Vigie marocaine,* 24 février 1938, p.7.

« L'exposition des œuvres de Maître François Cogné à la galerie Derche », *La Vigie marocaine,* 16 novembre 1938, p.6.

« L'exposition Mattéo Brondy à la galerie Derche », *La Vigie marocaine,* 7 décembre 1938, p.4.

« L'exposition Jean Even à la galerie Derche », *La Vigie marocaine,* 16 décembre 1938, p.8.

« L'exposition René Pia à la galerie Derche », *La Vigie marocaine,* 1er février 1939, p.6.

« L'exposition Marguerite Delorme à la galerie Derche », *La Vigie marocaine,* 26 février 1939, p.6.

« L'exposition Jean-Roger Sourgen à la galerie Derche », *La Vigie marocaine,* 28 février 1939, p.6.

« L'exposition Edgar Bohlman à la galerie Derche », *La Vigie marocaine,* 21 avril 1939, p.4.

« Echos : Exposition Sachs-Pavard galerie Derche », *La Vigie marocaine*, 11 janvier 1947, NP.

« Echos : Exposition Pierre Lissac, galerie Derche », *La Vigie marocaine*, 23 janvier 1947, NP.

« Echos : Exposition Mathis – Brodskis galerie Derche », *La Vigie marocaine*, 5 février 1947, NP.

« Echos : Exposition René Martin, galerie Derche », *La Vigie marocaine*, 13 février 1947, NP.

« Echos : Exposition Vanderblonck-Muratti galerie Derche », *La Vigie marocaine*, 22 février 1947, NP.

« Echos : Exposition L. Ferrier, galerie Derche », *La Vigie marocaine*, 4 mars 1947, NP.

« Echos : Exposition J. L. Vinay, galerie Derche », *La Vigie marocaine*, 14 mars 1947, NP.

« Echos : Exposition Louis Riou, galerie Derche », *La Vigie marocaine*, 25 mars 1947, NP.

« Echos : Exposition Cassin, galerie Derche », *La Vigie marocaine*, 19 avril 1947, NP.

« Echos : Exposition Wacquiez galerie Derche », *La Vigie marocaine*, 3 mai 1947, NP.

« Echos : Exposition Rosenberg galerie Derche », 1947, *La Vigie marocaine*, 30 mai 1947, NP.

« Echos : Exposition Paul Jean Anderbouhr Galerie Derche », *La Vigie marocaine*, 21 novembre 1947, NP.

« Echos : Exposition Edy – Legrand galerie Derche », *La Vigie marocaine*, 19 décembre 1947, NP.

« Echos : Paysages marocains de Henri Bosco galerie Derche », *La Vigie marocaine*, 31 décembre 1948, NP.

« Echos : Exposition J.E Laurent Galerie Derche », *La Vigie marocaine*, 10 février 1949, NP.

« Chronique des Arts : A. Céré à la galerie Derche », *La Vigie marocaine*, 2 mars 1949, NP.

« Echos : Exposition Anne de Blonay Galerie Derche », *La Vigie marocaine*, 8 mai 1949, NP.

« Chronique des arts : Livres d'art français à la Galerie Derche », *La Vigie marocaine*, 14 juin 1949, NP.

• Galerie Sumica

De Bruchard, Charles, « Chez nos artistes – L'exposition Henri Pontoy au passage du grand Socco », *Le Petit Marocain,* n° 5835, 11 décembre 1935, p.4.

De Bruchard, Charles, « Chez nos artistes – L'exposition Henri Pontoy au passage du grand Socco », *Le Petit Marocain,* n° 5845, 30 mars 1936, p.4.

De Bruchard, Charles, « Chez nos artistes – L'exposition Walter Weiss à la galerie du passage du Grand Socco », *Le Petit Marocain,* n° 5857, 12 avril 1936, p.4.

De Bruchard, Charles, « Chez nos artistes – L'exposition Constant Louche au passage du grand Socco », *Le Petit Marocain,* n° 5895, 20 mai 1936, p.4.

De Bruchard, Charles, « Chez nos artistes – L'exposition Henri Pontoy à la galerie Sumica », *Le Petit Marocain,* n° 6095, 5 décembre 1936, p.4.

De Bruchard, Charles, « Chez nos artistes – L'exposition Odette Plessis à la galerie Sumica », *Le Petit Marocain,* n° 6114, 24 décembre 1936, p.4.

De Bruchard, Charles, « Chez nos artistes – L'exposition C. René Payen à la galerie Sumica », *Le Petit Marocain,* n° 6122, 1er janvier 1937, p.4.

De Bruchard, Charles, « Chez nos artistes – L'exposition Dario Mecatti à la galerie Sumica », *Le Petit Marocain,* n° 6145, 24 janvier 1937, p.4.

De Bruchard, Charles, « Chez nos artistes – L'exposition Guy Bourneuf à la galerie Sumica », *Le Petit Marocain,* n° 6186, 6 mars 1937, p.4.

De Bruchard, Charles, « Chez nos artistes – L'exposition du peintre Laurent à la galerie Sumica », *Le Petit Marocain,* n° 6199, 19 mars 1937, p.4.

De Bruchard, Charles, « Chez nos artistes – L'exposition Jean Deyrolles à la galerie Sumica », *Le Petit Marocain,* n° 6206, 26 mars 1937, p.5.

De Bruchard, Charles, « Chez nos artistes – L'exposition Cruz Herrera à la galerie Sumica », *Le Petit Marocain,* n° 6805, 17 novembre 1937, p.5.

De Bruchard, Charles, « Chez nos artistes – Mme Coulet-Dort et d'Amaury Coulet à la galerie Sumica », *Le Petit Marocain,* n° 6822, 4 décembre 1937, p.4.

De Bruchard, Charles, « Chez nos artistes – L'exposition René Payen à la galerie Sumica », *Le Petit Marocain,* n° 6850, 1er janvier 1938, p.4.

De Bruchard, Charles, « Chez nos artistes – L'exposition Guy Bourneuf à la galerie Sumica », *Le Petit Marocain,* n° 6856, 7 janvier 1938, p.4.

De Bruchard, Charles, « Chez nos artistes – L'exposition de Mme A. Trouillot à la galerie Sumica », *Le Petit Marocain,* n° 6870, 21 janvier 1938, p.4.

De Bruchard, Charles, « Chez nos artistes – L'exposition Gaston Durel à la galerie Sumica », *Le Petit Marocain,* n° 6700, 20 février 1938, p.4.

De Bruchard, Charles, « Chez nos artistes – L'exposition Paul Néri à la galerie Sumica », *Le Petit Marocain,* n° 6779, 10 avril 1938, p.4.

De Bruchard, Charles, « Chez nos artistes – L'exposition Léo Mage à la galerie Sumica », *Le Petit Marocain,* n° 6795, 26 avril 1938, p.4.

De Bruchard, Charles, « Chez nos artistes – L'exposition Crétot-Duval à la galerie Sumica », *Le Petit Marocain,* n° 6809, 10 mai 1938, p.4.

De Bruchard, Charles, « Chez nos artistes – L'exposition Dario Mecatti à la galerie Sumica », *Le Petit Marocain,* n° 6907, 26 novembre 1938, p.4.

De Bruchard, Charles, « Chez nos artistes – L'exposition Bapaume de Fouille à la galerie Sumica », *Le Petit Marocain,* n° 6970, 20 octobre 1938, p.5.

De Bruchard, Charles, « Chez nos artistes – L'exposition Gaston Durel à la galerie Sumica », *Le Petit Marocain,* n° 6986, 5 novembre 1938, p.4.

De Bruchard, Charles, « Chez nos artistes – L'exposition Cruz Herrera à la galerie Sumica », *Le Petit Marocain,* n° 6997, 16 novembre 1938, p.4.

De Bruchard, Charles, « Chez nos artistes – L'exposition Dario Mecatti à la galerie Sumica », *Le Petit Marocain,* n° 6907, 26 novembre 1938, p.4.

De Bruchard, Charles, « Chez nos artistes – L'exposition Corroda Russo à la galerie Sumica », *Le Petit Marocain,* n° 6924, 13 décembre 1938, p.4.

De Bruchard, Charles, « Chez nos artistes – L'exposition C. René Payen à la galerie Sumica », *Le Petit Marocain,* n° 6938, 27 décembre 1938, p.5.

De Bruchard, Charles, « Chez nos artistes – L'exposition C. René Payen à la galerie Sumica », *Le Petit Marocain,* n° 6945, 3 janvier 1939, p.4.

De Bruchard, Charles, « Chez nos artistes – L'exposition A. Fontana à la galerie Sumica », *Le Petit Marocain,* n° 5971, 29 janvier 1939, p.5.

De Bruchard, Charles, « Chez nos artistes – L'exposition Solange Monvoisin à la galerie Sumica », *Le Petit Marocain,* n° 5981, 8 février 1939, p.4.

De Bruchard, Charles, « Chez nos artistes – L'exposition de l'aquarelliste A. Delaporte à la galerie Sumica », *Le Petit Marocain,* n° 5712, 12 mars 1939, p.4.

De Bruchard, Charles, « Chez nos artistes – L'exposition Jean Mantel à la galerie Sumica », *Le Petit Marocain,* n° 5722, 22 mars 1939, p.4.

De Bruchard, Charles, « Chez nos artistes – L'exposition de M. Le colonel Perrot à la galerie Sumica », *Le Petit Marocain,* n° 5729, 29 mars 1939, p.4.

De Bruchard, Charles, « Chez nos artistes – L'exposition Paul Néri à la galerie Sumica », *Le Petit Marocain,* n° 5733, 2 avril 1939, p.5.

De Bruchard, Charles, « Chez nos artistes – L'exposition Crétot-Duval à la galerie Sumica », *Le Petit Marocain,* n° 5745, 14 avril 1939, p.5.

« L'exposition Antoine Teslar au passage Sumica », *Le Petit Marocain,* n° 6243, 2 mai 1937, p.4.

« Un passage de Crétot-Duval », *Le Petit Marocain*, n° 5856, 21 février 1940, p.4.

« Peinture – Olek Teslar à la galerie Sumica », *Le Petit Marocain,* n° 5870, 5 mars 1940, p.4.

« Chez nos artistes – M. Albert Jean à la galerie Sumica du 25 mars au 2 avril 1940 », *Le Petit Marocain,* n° 5906, 23 mars 1940, p.4.

« Exposition S. Moryou à la galerie Sumica », *Le Petit Marocain,* n° 5908, 12 avril 1940, p.4.

« Exposition Clem-Martel à la galerie Sumica », *Le Petit Marocain,* n° 5926, 30 avril 1940, p.4.

« Peinture – Cruz Herrera à la galerie Sumica », *Le Petit Marocain,* n° 6971, 30 novembre 1940, p.2.

« Albert Jean à la galerie Sumica », *Le Petit Marocain,* n° 6997, 25 décembre 1940, p.4.

« Les médaillés militaires présentent M. René Payen à la galerie Sumica », *Le Petit Marocain,* n° 7026, 24 janvier 1941, p.2.

« Exposition Roger Roy à la galerie Sumica », *Le Petit Marocain,* n° 7100, 6 avril 1941, p.4.

« Exposition R. Foissac à la galerie Sumica », *Le Petit Marocain,* n° 7203, 20 juillet 1941, p.4.

« Exposition Guy Bourneuf à la galerie Sumica », *Le Petit Marocain,* n° 7284, 9 octobre 1941, p.2.

« Exposition brésilienne et africaine de M. Miller Ranson à la galerie Sumica », *Le Petit Marocain,* n° 7293, 19 octobre 1941, p.2.

« À Travers les expositions – M. Pontoy à la galerie Sumica », *Le Petit Marocain,* n° 7154, 6 novembre 1941, p.2.

« À Travers les expositions – M. Pontoy à la galerie Sumica », *Le Petit Marocain,* n° 7173, 25 novembre 1941, p.2.

« À Travers les expositions – L'exposition René Pia à la galerie Sumica », *Le Petit Marocain,* n° 7351, 15 janvier 1942, p.3.

« Exposition Solange Monvoisin à la galerie Sumica », *Le Petit Marocain,* n° 7367, 4 février 1942, p.3.

« Dans les galeries artistiques – Edmond Valès à la galerie Sumica », *Le Petit Marocain,* n° 7370, 7 février 1942, p.4.

« À travers les galeries – Aramov à la galerie Sumica », *Le Petit Marocain,* n° 7380, 19 février 1942, p.3.

« Le peintre provençal Ch. Girandon à la galerie Sumica », *Le Petit Marocain,* n° 7409, 25 mars 1942, p.2.

« M. Hinkis à la galerie Sumica », *Le Petit Marocain,* n° 7430, 18 avril 1942, p.4.

« Chronique artistique – Sloan Franck à la galerie Sumica », *Le Petit Marocain,* n° 7462, 30 mai 1942, p.3.

« Chronique artistique – Casubolo à la galerie Sumica », *Le Petit Marocain,* n° 7471, 10 juin 1942, p.3.

« Denis Cheilan à la galerie Sumica », *Le Petit Marocain,* n° 7484, 25 juin 1942, p.4.

« Chronique artistique – Exposition estivale de M. Moryou à la galerie Sumica », *Le Petit Marocain,* n° 7269, 29 août 1942, p.4.

« Paul Ehretsmann expose à la galerie Sumica », *Le Petit Marocain,* n° 7281, 12 septembre 1942, p.3.

« Chronique artistique – Edmond Valès à la galerie Sumica », *Le Petit Marocain,* n° 7293, 26 septembre 1942, p.4.

« Notes artistiques – M. Clem-Martel expose à la galerie Sumica », *Le Petit Marocain,* n° 7311, 17 octobre 1942, p.3.

« Notes artistiques – Julien Matthey à la galerie Sumica », *Le Petit Marocain,* n° 7321, 29 octobre 1942, p.3.

« Notes artistiques – M. Miller Ranson à la galerie Sumica », *Le Petit Marocain,* n° 7348, 28 novembre 1942, p.3.

« Notes artistiques – Cruz Herrera expose à la galerie Sumica », *Le Petit Marocain,* n° 7365, 15 décembre 1942, p.2.

« Exposition H. Pontoy : du 12 au 22 décembre à la galerie Sumica » *Le petit Marocain,* n° 7164, 16 décembre 1942, p.2.

« Notes artistiques – Le pittoresque de Pontoy à la galerie Sumica », *Le Petit Marocain,* n° 7368, 18 décembre 1942, p.2.

« Notes artistiques – Albert Jean à la galerie Sumica », *Le Petit Marocain,* n° 7373, 28 décembre 1942, p.3.

« Notes artistiques – Fontana à la galerie Sumica », *Le Petit Marocain,* n° 7383, 7 janvier 1943, p.3.

« Notes artistiques – Jean-Gaston Mantel expose à la galerie Sumica », *Le petit Marocain,* n° 7391, 15 janvier 1943, p.3.

« Notes artistiques – L'exposition Valès à la galerie Sumica », *Le Petit Marocain,* n° 7397, 21 janvier 1943, p.3.

« Notes artistiques – Un peintre d'atmosphère, Laurent à la galerie Sumica », *Le petit Marocain,* n° 7418, 12 février 1943, p.2.

« Notes artistiques – Moryou à la galerie Sumica », *Le Petit Marocain,* n° 7446, 12 mars 1943, p.3.

« Exposition Solange Monvoisin à la galerie Sumica », *Le Petit Marocain,* n° 7454, 20 mars 1943, p.2.

« Notes artistiques – L'humour de Néri à la galerie Sumica », *Le Petit Marocain,* n° 7490, 19 avril 1943, p.2.

« Notes artistiques – Crétot Duval à la galerie Sumica », *Le Petit Marocain,* n° 7498, 29 avril 1943, p.2.

« Notes artistiques – Les fleurs de M. Ehretsmann à la galerie Sumica », *Le Petit Marocain,* n° 7246, 18 juin 1943, p.2.

« Notes artistiques – Mme Odette Bruneau à la galerie Sumica », *Le Petit Marocain,* n° 7270, 12 juillet 1943, p.2.

« Notes artistiques – L'exposition Moryou à la galerie Sumica », *Le Petit Marocain,* n° 8016, 8 janvier 1944, p.2.

« Les expositions-R. Foissac à la galerie Sumica », *Le Petit Marocain,* n° 8025, 17 janvier 1944, p.2.

« Les expositions – Louis Montagne à la galerie Sumica », *Le Petit Marocain,* n° 8115, 18 avril 1944, p.2.

« L'exposition Henri Pontoy à la galerie Sumica », *La Vigie marocaine,* n° 9122, 7 décembre 1936, p.5.

« L'exposition Mme Coulet-Dort et d'Amaury Coulet à la galerie Sumica », *La Vigie marocaine,* n° 9131, 16 décembre 1936, p.4.

« L'exposition Dario Mecatti à la galerie Sumica », *La Vigie marocaine,* 23 novembre 1938, n° 10208, p.7.

« Le peintre Russo au passage Sumica », *La Vigie marocaine,* 16 décembre 1938, n° 10980, p.7.

« Le Colonel Perrot à la galerie Sumica », *La Vigie marocaine,* 25 mars 1939, n° 11179, p.6.

« L'exposition Crétot-Duval à la galerie Sumica », *La Vigie marocaine,* n° 11104, 19 avril 1939, p.4.

« Echos : Exposition L. Billy à la galerie Sumica », *La Vigie marocaine*, 4 février 1951, p.2.

« Echos : Mme Crassier expose ses paysages, Savoie, Bretagne, Corse, à la galerie Sumica », *La Vigie marocaine*, 20 février 1951, p.2.

« Chronique des Arts : La première exposition de Jean de la Perche [peintre casablancais] à la galerie Sumica », *La Vigie marocaine*, 28 février 1951, p.4.

« Echos : Liquidation de bronzes, tableaux, Maîtres Pavil et Bohlman à la Galerie Sumica », *La Vigie marocaine*, 25 mai 1951, p.2.

« Chronique des Arts : Francine Zaborska à la galerie Sumica », *La Vigie marocaine*, 7 juin 1951, p.5.

« Echos : Exposition Biehn à la galerie Sumica », *La Vigie marocaine*, 17 octobre 1951, p.2.

« La vie artistique : l'exposition G. Delpard à la galerie Sumica », *La Vigie marocaine*, 9 novembre 1951, p.2.

« Echos : exposition L. Billy à la galerie Sumica », *La Vigie marocaine*, 16 novembre 1951, p.2.

« Echos : exposition Solange Monvoisin à la galerie Sumica », *La Vigie marocaine*, 2 décembre 1951, p.2.

« Echos : exposition du peintre A. Fontana à la galerie Sumica », *La Vigie marocaine*, 16 décembre 1951, p.2.

- Galerie O'Hana

De Bruchard, Charles, « Chez nos artistes – L'exposition Alfonso Cruz à la galerie O'Hana », *Le Petit Marocain,* n° 5891, 2 mars 1934, p.4.

De Bruchard, Charles, « Chez nos artistes – L'exposition Albert Abt à la galerie O'Hana », *Le Petit Marocain,* n° 5622, 21 décembre 1934, p.5.

De Bruchard, Charles, « Chez nos artistes – L'exposition Ladislas Medgies à la galerie O'Hana », *Le Petit Marocain,* n° 5843, 19 décembre 1935, p.4.

De Bruchard, Charles, « Chez nos artistes – L'exposition Pierre Bach à la galerie O'Hana », *Le Petit Marocain,* n° 6102, 12 décembre 1936, p.4.

De Bruchard, Charles, « Chez nos artistes – L'exposition Sloan Franck à la galerie O'Hana », *Le Petit Marocain,* n° 6173, 21 février 1937, p.4.

Ferry, Robert, « Albert Abt, peintre à la Galerie O'Hana, à Casablanca », *L'Afrique du Nord illustrée*, 22 décembre 1934, p.13.

« Geneviève Gallibert à la galerie O'Hana », *L'Afrique du Nord illustrée*, 23 juin 1934, p.11.

« Geneviève Demnati, peintre du Sahara, à la galerie O'Hana », *Le Petit Marocain,* n° 5698, 6 avril 1935, p.4.

« L'exposition Van de Woestyne à la galerie O'Hana », *Le Petit Marocain,* n° 6836, 18 décembre 1937, p.5.

« Melle de Blonay à la galerie O'Hana », *La Vigie marocaine,* n° 8393, 11 décembre 1934, p.6.

« Notes d'Art : L'exposition Van de Woestyne à la galerie O'Hana », *La Vigie marocaine,* n° 9874, 24 décembre 1937, p.5.

• Galerie du Livre

Abt, Albert, « J.G Mantel à la Galerie du Livre », *Le Petit Marocain*, 8 avril 1947, p.4.

Abt, Albert, « E.M Bouvier à la Galerie du Livre », *Le Petit Marocain*, 22 avril 1947, p.4.

Abt, Albert, « François Verdy à la Galerie du Livre », *Le Petit Marocain*, 6 mai 1947, p.4.

Abt, Albert, « Paris vu par Franck Will à la galerie du Livre », *Le Petit Marocain*, 17 mai 1947, p.4.

Abt, Albert, « Le groupe des peintres officiels de la Marine à la galerie du Livre », *Le Petit Marocain*, 3 juin 1947, p.4.

Cl.V, « À travers les expositions : Wacquiez et Marcel Perrot », *L'Echo du Maroc*, n° 9942, 21 janvier 1947, p.3.

Cl.V, « Mary Bony, peintre médaillée », *L'Echo du Maroc*, n° 9985, 18 mars 1947, p.3.

De Bruchard, Charles, « Chez nos artistes – L'exposition Olek Teslar à la galerie du Livre », *Le Petit Marocain,* n° 6915, 4 décembre 1938, p.4.

De Bruchard, Charles, « Chez nos artistes – L'exposition Albert Abt à la galerie du Livre », *Le Petit Marocain,* n° 6938, 27 décembre 1938, p.5.

De Bruchard, Charles, « Chez nos artistes – L'exposition Mme Éliane Jalabert Edon à la galerie du Livre », *Le Petit Marocain,* n° 5695, 23 février 1939, p.4.

« Le sculpteur Félix Leca à la galerie du Livre », *Le Petit Marocain,* n° 7063, 2 mars 1941, p.3.

De Bruchard, Charles, « Chez nos artistes – Vanderblonk-Muratti à la galerie du Livre », *Le Petit Marocain,* n° 7086, 24 mars 1941, p.3.

Saint-Aignan, « Les Arts à Casablanca – Pontoy à la galerie du Livre », *La Vigie marocaine*, 2 décembre 1948, NP.

Saint-Aignan, « Chronique des Arts : Bernasconi à la galerie du Livre », 1951, *La Vigie marocaine*, 22 octobre 1951, p.5.

Saint-Aignan, « Chronique des Arts : Rafael Tona à la galerie du Livre », 1951, *La Vigie marocaine*, 1er novembre 1951, p.5.

Saint-Aignan, « Chronique des Arts : P. Hannaux à la galerie du Livre », 1951, *La Vigie marocaine*, 10 novembre 1951, p.5.

« Les Arts : l'exposition C. René Payen à la Boîte à Musique », *L'Echo du Maroc*, n° 7908, 31 octobre 1945, NP.

« À la Boîte à Musique, exposition Alice Feneck », *L'Echo du Maroc*, n° 8024, 29 novembre 1945, NP.

« Peinture-Sloan Frank à la galerie du Livre », *Le Petit Marocain,* n° 5870, 5 mars 1940, p.4.

« Henri Pontoy à la galerie du Livre », *Le Petit Marocain,* n° 5888, 23 mars 1940, p.4.

« Le sculpteur Félix Leca à la galerie du Livre », *Le Petit Marocain,* n° 5909, 13 avril 1940, p.4.

« Exposition Jean Laurent à la galerie du Livre », *Le Petit Marocain,* n° 7924, 20 avril 1941, p.3.

« Galerie du Livre », *Le Petit Marocain*, n° 7276, 1er octobre 1941, p. 4

« Exposition à Casablanca – Melle Lina Pavil à la galerie du Livre », *Le Petit Marocain,* n° 7154, 6 novembre 1941, p.2.

« À Travers les expositions – Paysages du sud de M. Autran à la galerie du Livre », *Le Petit Marocain,* n° 7164, 16 novembre 1941, p.2.

« L'Art à Casablanca-M. Chareyre à la galerie du Livre », *Le Petit Marocain,* n° 7340, 3 janvier 1942, p.3.

« Félix Leca à la galerie du Livre », *Le Petit Marocain,* n° 7400, 14 mars 1942, p.3.

« Le printemps de Mattéo Brondy à la galerie du Livre », *Le Petit Marocain,* n° 7407, 21 mars 1942, p.4.

« Chronique artistique – M. de Buzons à la galerie du Livre », *Le Petit Marocain,* n° 7462, 30 mai 1942, p.3.

« Mme Serge Brosillon expose à la galerie du Livre », *Le Petit Marocain,* n° 7233, 5 juin 1943, p.2.

« Notes artistiques – Exposition Roger Tremel à la galerie du Livre », *Le Petit Marocain,* n° 7312, 18 octobre 1943, p.3.

« Notes artistiques – Les roses de Brindeau sont exposées à la galerie du Livre », *Le Petit Marocain,* n° 7408, 2 février 1943, p.2.

« Notes artistiques – Franca-Cortos expose à la galerie du Livre », *Le Petit Marocain,* n° 7437, 3 mars 1943, p.2.

« Notes artistiques – André Bertrand expose à la galerie du Livre », *Le Petit Marocain,* n° 7461, 27 mars 1943, p.2.

« Notes artistiques – François Verdy à la galerie du Livre », *Le Petit Marocain,* n° 8014, 16 janvier 1944, p.2.

« Les expositions – J. G. Mantel à la galerie du Livre », *Le Petit Marocain,* n° 8044, 6 février 1944, p.2.

« Marie Laurencin à la galerie du Livre », *Le Petit Marocain,* n° 8884, 31 janvier 1945, p.2.

« Les peintres indochinois à la galerie du Livre », *Le Petit Marocain,* n° 8893, 11 février 1945, p.2.

« Exposition R.G. Vilde à la galerie du Livre », *Le Petit Marocain,* n° 8956, 26 avril 1945, p.2.

« Promenades à travers les expositions – Beaubrun à la galerie du Livre », *Le Petit Marocain,* n° 9236, 22 février 1946, p.2.

« Promenades à travers les expositions – Charles Duvent à la galerie du Livre », *Le Petit Marocain,* n° 9285, 21 avril 1946, p.2.

« Promenades à travers les expositions – Henri Wacquiez, sculpteur et peintre, à la galerie du Livre », *Le Petit Marocain,* n° 9292, 1er mai 1946, p.2.

« Promenades à travers les expositions – Les aquarelles de Louis Montagne à la galerie du Livre », *Le Petit Marocain,* n° 9305, 17 mai 1946, p.2.

« Promenades à travers les expositions – Cyprien Boulet à la galerie du Livre », *Le Petit Marocain,* n° 9317, 31 mai 1946, p.2.

« Promenades à travers les expositions – Smeets à la galerie du Livre », *Le Petit Marocain,* n° 9453, 6 novembre 1946, p.4.

« Promenades à travers les expositions – Pontoy à la galerie du Livre », *Le Petit Marocain,* n° 9481, 8 décembre 1946, p.4.

« Promenades à travers les expositions – Cruz Herrera à la galerie du Livre », *Le Petit Marocain,* n° 9492, 21 décembre 1946, p.4.

« L'exposition Olek Teslar à la galerie du Livre », *La Vigie marocaine,* 7 décembre 1938, p.4.

« L'exposition Jalabert Edon à la galerie du Livre », *La Vigie marocaine,* 4 mars 1938, p.6.

« L'exposition J-F Bernard à la galerie du Livre », *La Vigie marocaine*, 21 avril 1939, p.4.

« La Galerie du Livre présente une collection particulière d'un ensemble de peintres de France », *La Vigie marocaine*, 2 janvier 1948, NP.

« Echos : Jean Farret, pastels et sanguines à la galerie du Livre », *La Vigie marocaine*, 5 janvier 1948, NP.

« Echos : Lydia Giedroys à la galerie du Livre », *La Vigie marocaine*, 21 janvier 1948, NP.

« Echos : À la galerie du Livre, aujourd'hui, exposition des œuvres de Jacques Majorelle », *La Vigie marocaine*, 11 février 1948, NP.

« Chroniques des Arts : Une rétrospective d'Édouard Brindeau de Jarny à la galerie du Livre », *La Vigie marocaine*, 24 février 1948, NP.

« Echos : J. G Mantel à la galerie du Livre », *La Vigie marocaine*, 3 avril 1948, NP.

« Echos : Exposition Mollian à la galerie du Livre », *La Vigie marocaine*, 19 avril 1948, NP.

« Echos : Exposition du groupe des Dix à la galerie du Livre », *La Vigie marocaine*, 14 mai 1948, NP.

« Echos : Peep et Leff à la galerie du Livre », *La Vigie marocaine*, 5 juin 1948, NP.

« Echos : Exposition Miller-Ranson jusqu'au 20 octobre à la Galerie du Livre », *La Vigie marocaine*, 11 octobre1948, NP.

« Echos : Exposition Broques à la galerie du Livre », *La Vigie marocaine*, 21 octobre 1948, NP.

« Echos : Franck Will, peintures et aquarelles de Paris à la Galerie du Livre », *La Vigie marocaine*, 10 novembre 1948, NP.

« Echos : Hannaux à la galerie du Livre », *La Vigie marocaine*, 18 novembre 1948, NP.

« Echos : Horcholl expose à la galerie du Livre », *La Vigie marocaine*, 13 décembre 1948, NP.

« Echos : Marcel Busson à la galerie du Livre », *La Vigie marocaine*, 1er janvier 1951, p.2.

« Echos : Louis Montagne, Mario Ameglio, Jean Dominique Van Caulaert et René Zimmermann à la galerie du Livre », *La Vigie marocaine*, 11 janvier 1951, NP.

« Echos : Exposition Laure Delvolve, peintre animalier, à la galerie du Livre », *La Vigie marocaine*, 27 janvier 1951, p.2.

« Echos : Lucienne Sachs-Pavard à la galerie du Livre », *La Vigie marocaine*, 12 février 1951, p.2.

« Echos : Louis Riou à la galerie du Livre », *La Vigie marocaine*, 25 février 1951, p.2.

« Echos : À la galerie du Livre, aujourd'hui, exposition posthume d'œuvre du peintre Franck Will », *La Vigie marocaine*, 6 mars 1951, p.2.

« Echos : Exposition Pierre Bertrand à la galerie du Livre », *La Vigie marocaine*, 17 mars 1951, p.2.

« Echos : Edy-Legrand, Maroc-Italie, à la galerie du Livre », 1951, *La Vigie marocaine*, 7 avril 1951, p.2.

« Echos : Le peintre Armand Assus expose à la galerie du Livre », *La Vigie marocaine*, 17 avril 1951, p.2.

« Echos : Crétot-Duval expose à la galerie du Livre », *La Vigie marocaine*, 1er mai 1951, p.2.

« Echos : Florence Conti à la galerie du Livre », *La Vigie marocaine*, 13 mai 1951, p.2.

« Echos : Marcel Busson à la galerie du Livre », *La Vigie marocaine*, 1er décembre 1951, p.2.

« Echos : Cruz Herrera à la galerie du Livre », *La Vigie marocaine*, 12 décembre 1951, p.2.

• La Maison des arts

De Bruchard, Charles, « Chez nos artistes – L'exposition C. René Payen à la Maison d'art », *Le Petit Marocain,* n° 5865, 4 février 1934, p.4.

De Bruchard, Charles, « Chez nos artistes – L'exposition G. Ricard-Cordingley à la Maison d'art », *Le Petit Marocain,* n° 5897, 8 mars 1934, p.4.

« Dans les galeries artistiques-J.E Laurent et sa fantaisie à la Maison des Arts », *Le Petit Marocain,* n° 7370, 7 février 1942, p.4.

• Galerie D.A.M.E.A

De Bruchard, Charles, « Chez nos artistes – L'exposition Pierre Lepage à la galerie D.A.M.E.A », *Le Petit Marocain,* n° 5883, 22 février 1934, p.4.

De Bruchard, Charles, « Chez nos artistes – L'exposition Raymond Feuillatte à la galerie D.A.M.E.A », *Le Petit Marocain,* n° 5896, 7 mars 1934, p.4.

De Bruchard, Charles, « Chez nos artistes – L'exposition Jeanine, Alexandre et Antoine Teslar à la galerie D.A.M.E.A », *Le Petit Marocain,* n° 5915, 26 mars 1934, p.2.

De Bruchard, Charles, « Chez nos artistes – L'exposition Antoine Teslar Place du Capitaine-Maréchal », *Le Petit Marocain,* n° 5622, 21 décembre 1934, p.5.

Naurouze, Jean, « Huit peintres à la galerie D.A.M.E.A », *L'Afrique du Nord illustrée,* 18 mai 1934, p.11.

• Galerie Arts Gallery

De Bruchard, Charles, « Chez nos artistes – L'exposition Italo Giordano à la Arts Gallery », *Le Petit Marocain,* n° 6926, 15 décembre 1938, p.8

De Bruchard, Charles, « Chez nos artistes – L'exposition de Même Clem-Mantel à la galerie Arts Gallery », *Le Petit Marocain,* n° 6935, 24 décembre 1938, p.4.

« L'exposition Italo Giordani aux Arts Gallery », *La Vigie marocaine,* n° 10981, 17 décembre 1938, p.7.

• Galerie Art et Livres

« Les œuvres de Casubolo à la galerie Quarello », *Le Petit Marocain,* n° 6995, 12 janvier 1941, p.2.

« Galerie Art et Livres : Les peintures récentes de L. Aramov », *Le Petit Marocain,* n° 7061, 28 février 1941, p.2.

« L'exposition Miller Ranson à la galerie Art et Livres », *Le Petit Marocain,* n° 7064, 3 mars 1941, p.2.

« Quelques artistes : Casubolo à la galerie Arts et Livres », *Le Petit Marocain,* n° 7346, 10 janvier 1942, p.4.

• Galerie Jehanne d'Arc

« Peinture-Van de Woestyne à la galerie Jehanne d'Arc », *Le Petit Marocain,* n° 5870, 5 mars 1940, p.4.

« Les Expositions-Madame A. Lama à la galerie Jehanne d'Arc », *Le Petit Marocain,* n° 5906, 9 avril 1940, p.4.

« M. Roland Goudon à la galerie Jehanne d'Arc », *Le Petit Marocain,* n° 7154, 6 novembre 1941, p.2.

« Notes artistiques – Émile Lombard à la galerie Jehanne d'Arc », *Le Petit Marocain,* n° 7325, 3 novembre 1942, p.2.

« Notes artistiques – Charles Autran à la galerie Jehanne d'Arc », *Le Petit Marocain,* n° 7373, 28 décembre 1942, p.3.

• Galerie Escribano

Abt, Albert, « Jeanne Melonotte, aquarelliste, à la galerie Escribano », *Le Petit Marocain*, 8 avril 1947, p.4.

Abt, Albert, « Paul Neri à la galerie Escribano », *Le Petit Marocain*, 17 avril 1947, p.4.

Abt, Albert, « R. Ceballos à la galerie Escribano », *Le Petit Marocain*, 29 avril 1947, p.4.

« Les Expositions-Mary Bony à la galerie Escribano », *Le Petit Marocain,* n° 8870, 16 janvier 1945, p.2.

« Promenades à travers les expositions – Mary Bony à la galerie Escribano », *Le Petit Marocain,* n° 9128, 12 novembre 1945, p.2.

« Promenades à travers les expositions – Paul Néri à la galerie Escribano », *Le Petit Marocain,* n° 9311, 24 mai 1946, p.2.

« Promenades à travers les expositions – Odette Bruneau à la galerie Escribano », *Le Petit Marocain,* n° 9468, 23 novembre 1946, p.2.

« Promenades à travers les expositions – Bellenot à la galerie Escribano », *Le Petit Marocain,* n° 9476, 3 décembre 1946, p.2.

« Echos : Miller-Ranson expose Galerie Escribano », *La Vigie marocaine*, 31 décembre 1946, NP.

« Echos : Fontana expose Galerie Escribano », *La Vigie marocaine*, 4 janvier 1947, NP.

« Echos : Hervé Kervella expose Galerie Escribano », *La Vigie marocaine*, 14 janvier 1947, NP.

« Echos : le peintre américain Feldkrichner expose Galerie Escribano », *La Vigie marocaine*, 5 février 1947, NP.

« Echos : Galerie Escribano, vernissage du grand peintre Utz-Cannat », *La Vigie marocaine*, 1er mars 1947, NP.

« Echos : Paul Néri expose Galerie Escribano », *La Vigie marocaine*, 31 mars 1947, NP.

« "La Galerie Escribano expose les œuvres du peintre Ceballos", *La Vigie marocaine*, 30 avril 1947, NP.

« Echos : une manifestation artistique internationale à la Galerie Escribano », *La Vigie marocaine*, 8 mai 1947, NP.

« Echos : La Galerie Escribano présente des tableaux anciens et quelques meubles anciens », *La Vigie marocaine*, 26 juin 1947, NP.

- Galerie Brindeau

Abt, Albert, « Olek Teslar, peintre marrakchi à la galerie Brindeau », *Le Petit Marocain*, 15 juillet 1947, p.4.

« Promenades à travers les expositions – À Montmartre avec Payen à la galerie Brindeau », *Le Petit Marocain,* n° 9151, 9 décembre 1945, p.2.

« Le sixième Salon des Indépendants à la galerie Brindeau », *Le Petit Marocain,* n° 9129, 19 décembre 1945, p.2.

« Promenades à travers les expositions – Jacqueline Abejdid à la galerie Brindeau », *Le Petit Marocain,* n° 9201, 13 janvier 1946, p.2.

« Promenades à travers les expositions – Foissac à la galerie Brindeau », *Le Petit Marocain,* n° 9234, 20 février 1946, p.2.

« Promenades à travers les expositions – Miollan à la galerie Brindeau », *Le Petit Marocain,* n° 9240, 27 février 1946, p.2.

« Promenades à travers les expositions – Lionel Ayache à la galerie Brindeau », *Le Petit Marocain,* n° 9242, 1er mars 1946, p.2.

« Promenades à travers les expositions – Charles Lechat à la galerie Brindeau », *Le Petit Marocain,* n° 9445, 27 octobre 1946, p.3.

« Promenades à travers les expositions – Vargas à la galerie Brindeau », *Le Petit Marocain,* n° 9455, 8 novembre 1946, p.3.

« Promenades à travers les expositions – Holbing à la galerie Brindeau », *Le Petit Marocain,* n° 9466, 21 novembre 1946, p.4.

• Galerie Mairet

« Exposition Claude Gardelle à la galerie Mairet », *La Vigie marocaine*, 13 décembre 1950, p.2.

« Echos : exposition Boissonnade à la galerie Mairet », *La Vigie marocaine*, 4 février 1951, p.2.

« Echos : Carretero expose à la galerie Mairet », *La Vigie marocaine*, 18 février 1951, p.2.

« Echos : Émile T. Horcholl à la galerie Mairet », *La Vigie marocaine*, 28 février 1951, p.2.

« Chroniques des Arts : Suzanne J. Chapelle à la galerie Mairet », *La Vigie marocaine*, 18 avril 1951, p.4.

« Echos : Mariette Lydis expose ses peintures et dessins à la galerie Mairet », *La Vigie marocaine*, 4 novembre 1951, p.2.

« Seevagen expose à la galerie Mairet », *La Vigie marocaine*, 25 novembre 1951, p.2.

« Le sculpteur Wacquiez à la galerie Mairet », *La Vigie marocaine*, 4 décembre 1951, p.5.

« Echos : Marcel Perrot expose à la galerie Mairet », *La Vigie marocaine*, 15 décembre 1951, p.2.

« L'exposition Louise Le Cerf », *La Vigie marocaine*, 15 décembre 1951, p.5.

« Echos : Exposition A. Blondeau à la Galerie Mairet », *La Vigie marocaine*, 24 décembre 1951, p.2.

« Raoul Deschamps à la galerie Mairet », *La Vigie marocaine*, 24 décembre 1951, p.4.

• Galerie Harmonies

« Chronique des Arts : Le peintre Albert Gauthier expose à la galerie Harmonies », *La Vigie marocaine*, 8 mars 1950, NP.

« Chronique des Arts : Le peintre Albert Gauthier expose à la galerie Harmonies », *La Vigie marocaine*, 19 mars 1950, NP.

« Exposition de maîtres italiens », *La Vigie marocaine*, 10 avril 1950, NP.

« Echos : Paysages de J.P Remon à la galerie Harmonies », *La Vigie marocaine*, 17 novembre 1950, NP.

« Echos : CH. O. Holbing à la galerie Harmonies », *La Vigie marocaine*, 27 novembre 1950, NP.

« Echos : Exposition H.P Meyer du 6 au 16 janvier à la galerie Harmonies », *La Vigie marocaine*, 5 janvier 1951, p.2.

« Echos : J.E Laurent à la galerie Harmonies », *La Vigie marocaine*, 3 février 1951, p.2.

« Echos : Suzanne Berthet expose à la galerie Harmonies », *La Vigie marocaine*, 18 février 1951, p.2.

« Echos : Exposition C. Beaujean à la galerie Harmonies », *La Vigie marocaine*, 4 mars 1951, p.2.

« Echos : A. Cianelli expose à la galerie Harmonies », *La Vigie marocaine*, 22 mars 1951, p.2.

« Chronique des Arts : Majorelle à la galerie Harmonies », *La Vigie marocaine*, 2 avril 1951, p.2.

« Echos : Parisse expose à la galerie Harmonies », *La Vigie marocaine*, 17 février 1951, p.2.

« Chronique des Arts : M. A de Blonay à la galerie Harmonies », *La Vigie marocaine*, 12 octobre 1951, p.5.

« Echos : Chapelain-Midy expose à la galerie Harmonies », *La Vigie marocaine*, 21 novembre 1951, p.2.

« Echos : Jean-Pierre Remon expose à la galerie Harmonies », *La Vigie marocaine*, 6 décembre 1951, p.2.

« Echos : Laques de J.E Laurent à la galerie Harmonies », *La Vigie marocaine*, 16 décembre 1951, p.2.

- Autres galeries casablancaises

Abt, Albert, « R.D Bonnaud et Louis Chesnay à la galerie Jeanne Privé », *Le Petit Marocain*, 10 juin 1947, p. 4.

De Bruchard, Charles, « Chez nos artistes – L'exposition Jean de Vilmorin à L'Hôtel Excelsior », *Le Petit Marocain,* n° 5833, 4 janvier 1934, p.4.

De Bruchard, Charles, « Chez nos artistes – L'exposition Jean Vyboud à la galerie Glaoui », *Le Petit Marocain,* n° 5899, 10 mai 1934, p.4.

De Bruchard, Charles, « Chez nos artistes – L'exposition Henri Classen à la galerie de l'Horloge », *Le Petit Marocain,* n° 5608, 7 décembre 1934, p.4.

De Bruchard, Charles, « Chez nos artistes – L'exposition de Madame de Bruneau à la galerie Monterrat », *Le Petit Marocain,* n° 5759, 7 juin 1935, p.6.

« À Travers les expositions – Les fleurs de M. Ehretsmann à la galerie d'art Meunier », *Le Petit Marocain,* n° 7164, 16 novembre 1941, p.2.

« Quelques artistes : Mme Darolles à l'Atelier », *Le Petit Marocain,* n° 7346, 10 janvier 1942, p.4.

« Notes artistiques – C. René Payen au 66 boulevard de la Liberté », *Le Petit Marocain,* n° 7373, 28 décembre 1942, p.3.

« Mme Christie, peintre de symboles expose chez Jeanne Privé », *Le Petit Marocain,* n° 7233, 5 juin 1943, p.2.

« L'exposition du peintre Schmidt à la rue Gallieni », *La Vigie marocaine,* n° 10193, 8 novembre 1938, p.6.

« Promenades à travers les expositions – René-Jean Clot à la galerie de l'Art vivant », *Le Petit Marocain,* n° 9450, 2 novembre 1946, p.2.

- Galeries d'art à Rabat

• Pavillon des Beaux-arts de la Mamounia

Gravier, Louis, « Van Driest récidiviste… », *La Vigie marocaine*, 18 octobre 1950, p.4.

« Une double exposition à la Mamounia », *L'Afrique du Nord illustrée*, 2 mars 1929, p.7.

« L'exposition du sculpteur de Hérain à Rabat », *L'Afrique du Nord illustrée*, 15 février 1930, p.11.

« Rabat – Exposition de Peinture », *Le Petit Marocain*, n° 5915, 26 mars 1934, p.2.

« Le peintre Lorrain M. Pierre Bach expose à la Mamounia de Rabat », *Le Petit Marocain*, n° 5918, 29 mars 1934, p.2.

« L'exposition à Rabat des œuvres de Gabriel Rousseau », *Le Petit Marocain*, n° 5682, 11 novembre 1934, p.2.

« Exposition d'Art au pavillon de la Mamounia à Rabat », *Le Petit Marocain*, n° 5684, 22 novembre 1935, p.5.

« Une belle exposition : R. Crétot-Duval », *La Vigie Marocaine*, n° 8113, 7 janvier 1934, p.5.

« L'exposition Pierre Bach à la Mamounia de Rabat », *La Vigie Marocaine*, n° 8194, 28 mars 1934, p.5.

« L'exposition Julien Matthey à la Mamounia de Rabat », *La Vigie marocaine,* n° 9453, 24 octobre 1937, p.7.

« L'exposition Brindeau et Horel à la Mamounia de Rabat », *La Vigie marocaine,* n° 9846, 26 novembre 1937, p.7.

« L'exposition Jeannine Teslar à la Mamounia de Rabat », *La Vigie marocaine,* n° 9862, 12 décembre 1937, p.7.

« L'exposition P. de Saedeler à la Mamounia de Rabat », *La Vigie marocaine,* n° 9877, 27 décembre 1937, p.6.

« L'exposition du maître Brindeau à la Mamounia de Rabat », *La Vigie marocaine,* n° 10976, 12 décembre 1938, p.7.

« Echos : Exposition de peinture », *La Vigie marocaine*, 21 février 1941, p.2.

« Echos : Aujourd'hui 16 h, vernissage de l'exposition M. A. de Blonay au pavillon de la Mamounia à Rabat », *La Vigie marocaine*, 2 novembre 1946, NP.

« Echos : Omblyne de Richemont-Salvy expose de la Mamounia à Rabat », *La Vigie marocaine*, 19 novembre 1946, NP.

« Echos : Au pavillon de la Mamounia à Rabat, exposition Kervella », *La Vigie marocaine*, 6 février 1947, NP.

« Echos : Au pavillon de la Mamounia à Rabat, Henry Camax expose du 13 au 28 février », *La Vigie marocaine*, 13 février 1947, NP.

« Echos : Au pavillon de la Mamounia à Rabat-Olek Teslar », *La Vigie marocaine*, 1er juillet 1947, NP.

« Echos : Kervella expose à la Mamounia du 1er eu 9 novembre », *La Vigie marocaine*, 4 novembre 1947, NP.

« Echos : Coulon expose de la Mamounia à Rabat », *La Vigie marocaine*, 13 novembre 1947, NP.

« Echos : Baldoui et Pauty exposent de la Mamounia à Rabat », *La Vigie marocaine*, 13 décembre 1947, NP.

« Echos : Omblyne de Richemont-Salvy expose de la Mamounia à Rabat du 10 au 17 décembre », *La Vigie marocaine*, 16 décembre 1947, NP.

« Echos : Actuellement à la Mamounia à Rabat, les peintres Ancellin et Lafages exposent leurs paysages de France et du Sud marocain », *La Vigie marocaine*, 29 décembre 1947, NP.

« Echos : A. de Blonay expose de la Mamounia à Rabat les samedi 7 et dimanche 8 août son œuvre *NOIRE* », *La Vigie marocaine*, 6 août 1948, NP.

« Echos : Olek Teslar à la Mamounia à Rabat », *La Vigie marocaine*, 18 mars 1949, NP.

« J. P Remon expose aujourd'hui à la Mamounia », *La Vigie marocaine*, 20 février 1951, p.4.

« Echos : Exposition Jacques Majorelle à la Mamounia jusqu'au 23 inclus », *La Vigie marocaine*, 18 mars 1951, p.2.

« Echos : Exposition Riou à la Mamounia », *La Vigie marocaine*, 6 mai 1951, p.4.

• L'Echo du Maroc

Gravier, Louis, « À côté de l'Art », *La Vigie marocaine*, 6 octobre 1950, p.4.

« Rolande Guimontheil et Marcel Babel », *La Vigie Marocaine,* 22 janvier 1936, p.6.

« L'exposition Walter Weiss à l'Echo du Maroc », *La Vigie marocaine,* 13 décembre 1936, p.7.

« L'exposition Louis Endrès à l'Echo du Maroc », *La Vigie marocaine*, 19 février 1938, p.7.

« L'exposition Majorelle à l'Echo du Maroc », *La Vigie marocaine,* 21 mars 1938, p.7.

« L'exposition Louis Endrès à l'Echo du Maroc », *La Vigie marocaine,* 27 février 1939, p.7.

« Petit Echos : Aujourd'hui, vernissage de l'exposition des tapisseries de Georges Mollian à l'Echo du Maroc », *La Vigie Marocaine*, 30 novembre 1948, NP.

« À travers la ville : Et MAG.B. conduit le bal… », *La Vigie Marocaine*, 12 mai 1950, p.3.

« Exposition Dick Van Driest expose ses portraits à la galerie l'Echo du Maroc », *La Vigie Marocaine*, 22 septembre 1950, p.4.

« Exposition : René Martin à la galerie de l'Echo du Maroc », *La Vigie Marocaine*, 14 octobre 1950, p.4.

« Exposition : Pontoy à la galerie de l'Echo du Maroc », *La Vigie Marocaine*, 29 octobre 1950, p.4.

« Rendez-vous des peintres », *La Vigie Marocaine*, 3 décembre 1950, p.3.

« Rendez-vous des peintres », *La Vigie Marocaine*, 9 décembre 1950, p.3.

• La Boutique d'Art à Rabat

« La vie marocaine-Rabat – À la Boutique d'art [exposition Henri Pontoy] », *La Vigie marocaine*, 30 octobre 1943, p.2.

« La vie marocaine-Rabat – À la Boutique d'art [exposition Édouard Brindeau de Jarny] », *La Vigie marocaine*, 19 novembre 1943, p.2.

« – La vie marocaine-Rabat – À la Boutique d'art, l'exposition J.E Laurent », *La Vigie marocaine*, 16 décembre 1943, p.2.

« La vie marocaine-Rabat – À la Boutique d'art [exposition F. Bellenot] », *La Vigie marocaine*, 4 janvier 1944, p.2.

« La vie marocaine-Rabat – À la Boutique d'art [exposition E. Pauty] », *La Vigie marocaine*, 10 janvier 1944, p.2.

« La vie marocaine-Rabat – À la Boutique d'art [exposition Cruz Herrera] », *La Vigie marocaine*, 20 janvier 1944, p.2.

« La vie marocaine-Rabat – À la Boutique d'art [exposition Matteo Brondy] », *La Vigie marocaine*, 4 février 1944, p.2.

« La vie marocaine-Rabat – À la Boutique d'art [exposition Geneviève Demnati] », *La Vigie marocaine*, 10 février 1944, p.2.

« La vie marocaine-Rabat – À la Boutique d'art [exposition Baldoui, Mantel, Vicaire, Yvon Soyer] », *La Vigie marocaine*, 23 février 1944, p.2.

« La vie marocaine-Rabat – À la Boutique d'art [exposition Franca-Corcos] », *La Vigie marocaine*, 11 mai 1944, p.2.

« La vie marocaine-Rabat – À la Boutique d'art [exposition Marguerite Delorme] », *La Vigie marocaine*, 27 mai 1944, p.2.

« La vie marocaine-Rabat – À la Boutique d'art [exposition Pierre Lissac] », *La Vigie marocaine*, 22 septembre 1944, p.2.

« La vie marocaine-Rabat – À la Boutique d'art [exposition Blaupot Ten Cate] », *La Vigie marocaine*, 6 octobre 1944, p.2.

« La vie marocaine-Rabat – À la Boutique d'art [exposition Crétot-Duval] », *La Vigie marocaine*, 16 octobre 1944, p.2.

« La vie marocaine-Rabat – À la Boutique d'art [exposition Henri Pontoy] », *La Vigie marocaine*, 30 octobre 1944, p.2.

« La vie marocaine-Rabat – À la Boutique d'art [exposition Éliane Jalabert] », *La Vigie marocaine*, 11 novembre 1944, p.2.

« Le peintre J.E Laurent expose ses dernières toiles à la Boutique d'Art à Rabat », *La Vigie Marocaine*, 24 novembre 1944, p.2.

« La vie marocaine-Rabat – À la Boutique d'art [exposition Lucienne Sachs-Pavart] », *La Vigie marocaine*, 4 décembre 1944, p.2.

« À la Boutique d'Art à Rabat, exposition Vanderblonck-Muratti », *La Vigie Marocaine*, 14 décembre 1944, p.2.

« La vie marocaine-Rabat – À la Boutique d'art [exposition Jean Vinay] », *La Vigie marocaine*, 5 janvier 1945, p.2.

« La vie marocaine-Rabat – À la Boutique d'art [exposition Franca-Corcos] », *La Vigie marocaine*, 22 janvier 1945, p.2.

« La vie marocaine-Rabat – À la Boutique d'art [exposition Louis Ferrier] », *La Vigie marocaine*, 2 février 1945, p.2.

« La vie marocaine-Rabat – À la Boutique d'art [exposition J.G Mantel] », *La Vigie marocaine*, 16 février 1945, p.2.

« La vie marocaine-Rabat – À la Boutique d'art [exposition Cruz Herrera] », *La Vigie marocaine*, 20 février 1945, p.2.

« La vie marocaine-Rabat – À la Boutique d'art [exposition Lucien Mainssieux] », *La Vigie marocaine*, 2 mars 1945, p.2.

« Echos : À la Boutique d'art à Rabat [exposition Pierre Lissac] », *La Vigie marocaine*, 12 mars 1945, p.2.

« Echos : À la Boutique d'art à Rabat [exposition René Martin] », *La Vigie marocaine*, 26 mars 1945, p.2.

« Echos : À la Boutique d'art à Rabat [exposition F. Bellenot] », *La Vigie marocaine*, 12 avril 1945, p.2.

« Echos : À la Boutique d'art à Rabat [exposition Élisabeth Barré] », *La Vigie marocaine*, 2 mai 1945, p.2.

« Echos : À la Boutique d'art à Rabat [exposition Berthelot, Besancenot et Véra] », *La Vigie marocaine*, 15 mai 1945, p.2.

« Echos : À la Boutique d'art à Rabat [exposition Mammeri] », *La Vigie marocaine*, 26 mai 1945, p.2.

« Echos : À la Boutique d'art à Rabat [exposition André Libion] », *La Vigie marocaine*, 5 juin 1945, p.2.

« Echos : À la Boutique d'art à Rabat [exposition Geneviève Demnati] », *La Vigie marocaine*, 20 juin 1945, p.2.

« Echos : À la Boutique d'art à Rabat [exposition Yvon Soyer] », *La Vigie marocaine*, 29 juin 1945, p.2.

« Echos : À la Boutique d'art à Rabat [exposition Georges Miollan] », *La Vigie marocaine*, 3 juillet 1945, p.2.

« Echos : À la Boutique d'art à Rabat [exposition Solange Rambaud] », *La Vigie marocaine*, 9 octobre 1945, p.2.

« À la Boutique d'Art à Rabat, gravures et dessins de Solange Rambaud, Prix de Gravure des Beaux-Arts de Paris en 1939 », *La Vigie Marocaine*, 9 octobre 1945, p.8.

« Echos : À la Boutique d'art à Rabat [exposition Anne de Blonay] », *La Vigie marocaine*, 20 octobre 1945, p.2.

« Echos : À la Boutique d'art à Rabat [exposition J.E Laurent] », *La Vigie marocaine*, 8 novembre 1945, p.2.

« Echos : À la Boutique d'art à Rabat [exposition Henri Pontoy] », *La Vigie marocaine*, 17 novembre 1945, p.2.

« Echos : À la Boutique d'art à Rabat [exposition J. François Robert] », *La Vigie marocaine*, 28 novembre 1945, p.2.

« Echos : À la Boutique d'art à Rabat [exposition Blaupot Ten Cate] », *La Vigie marocaine*, 8 décembre 1945, p.2.

« Echos : À la Boutique d'art à Rabat [exposition Georges Miollan] », *La Vigie marocaine*, 12 décembre 1945, p.2.

« Echos : À la Boutique d'art à Rabat [exposition L. Ferrier] », *La Vigie marocaine*, 28 décembre 1945, p.2.

« Echos : À la Boutique d'Art à Rabat, exposition de Jules Ramis », *La Vigie marocaine*, 17 janvier 1946, p.2.

« Echos : À la Boutique d'Art à Rabat, exposition de Jean Baldoui », *La Vigie marocaine*, 9 février 1946, p.2.

« Echos : À la Boutique d'Art à Rabat, exposition de René Martin », *La Vigie marocaine*, 15 février 1946, NP.

« Echos : À la Boutique d'Art à Rabat, exposition de Berthelot et Véra », *La Vigie marocaine*, 28 février 1946, NP.

« Echos : À la Boutique d'Art à Rabat, exposition d'O. Spielmann », *La Vigie marocaine*, 7 mars 1946, NP.

« Echos : À la Boutique d'Art à Rabat, exposition de Mathis-Brodskis », *La Vigie marocaine*, 9 février 1946, NP.

« Echos : À la Boutique d'Art à Rabat, exposition de Louis Morère », *La Vigie marocaine*, 22 mars 1946, p.2.

« Echos : À la Boutique d'Art à Rabat, exposition de Franca-Corcos », *La Vigie marocaine*, 2 avril 1946, NP.

« Echos : À la Boutique d'Art à Rabat, exposition de Jean Azéma », *La Vigie marocaine*, 4 avril 1946, NP.

« Echos : À la Boutique d'Art à Rabat, exposition de Lucienne Sachs-Pavard », *La Vigie marocaine*, 18 avril 1946, NP.

« Echos : À la Boutique d'Art à Rabat, exposition de René Joly de Beynac », *La Vigie marocaine*, 10 mai 1946, NP.

« Echos : À la Boutique d'Art à Rabat, exposition de Georges Miollan », *La Vigie marocaine*, 26 octobre 1946, NP.

« Echos : À la Boutique d'Art à Rabat, exposition de Nelly Marez Parley », *La Vigie marocaine*, 7 novembre 1946, NP.

« Echos : À la Boutique d'Art à Rabat, exposition de René Martin », *La Vigie marocaine*, 17 novembre 1946, NP.

« Echos : À la Boutique d'Art à Rabat, exposition de J.E Laurent », *La Vigie marocaine*, 30 novembre 1946, NP.

« Echos : À la Boutique d'Art à Rabat, exposition de Pierre Lissac », *La Vigie marocaine*, 23 décembre 1946, NP.

« L'exposition de Geneviève Demnati », *La Vigie marocaine*, 10 février 1947, p.4.

« Echos : À la Boutique d'Art à Rabat, exposition de J.G Mantel », *La Vigie marocaine*, 18 février 1947, NP.

« Echos : À la Boutique d'Art à Rabat, exposition de Mathis-Brodskis », *La Vigie marocaine*, 27 février 1947, NP.

« Echos : À la Boutique d'Art à Rabat, exposition de F. Bellenot », *La Vigie marocaine*, 8 mars 1947, NP.

« Echos : À la Boutique d'Art à Rabat, exposition de Jean-Gabriel Domergue », *La Vigie marocaine*, 17 mars 1947, NP.

« Echos : À la Boutique d'Art à Rabat, exposition de Edmond Pauty », *La Vigie marocaine*, 13 avril 1947, NP.

« Echos : À la Boutique d'Art à Rabat, exposition de Lina Pavil », *La Vigie marocaine*, 22 avril 1947, NP.

« Echos : À la Boutique d'Art à Rabat, exposition de Charles Manciet », *La Vigie marocaine*, 6 mai 1947, NP.

« Echos : À la Boutique d'Art à Rabat, exposition de François Verdy », *La Vigie marocaine*, 21 mai 1947, NP.

« Echos : À la Boutique d'Art à Rabat, exposition de Walleurg Egon », *La Vigie marocaine*, 18 septembre 1947, NP.

« Echos : À la Boutique d'Art à Rabat, exposition de Henri Pontoy », *La Vigie marocaine*, 24 octobre 1947, NP.

« Echos : Rétrospective Abel Faivre, Poulbot, Steinlein, Hermann Paul, Willette », *La Vigie marocaine*, 19 novembre 1947, NP.

« Echos : À la Boutique d'Art à Rabat, exposition de Alexis Gritchenko et Van Dongen », *La Vigie marocaine*, 28 novembre 1947, NP.

« Quatre peintres de France à Rabat », *La Vigie marocaine*, 10 décembre 1947, NP.

« Echos : À la Boutique d'Art à Rabat, exposition de Camille Pissaro », *La Vigie marocaine*, 23 décembre 1947, NP.

« Echos : À la Boutique d'Art à Rabat, exposition de F. Cariffa », *La Vigie marocaine*, 21 janvier 1948, NP.

« Echos : À la Boutique d'Art à Rabat, exposition de René Martin », *La Vigie marocaine*, 30 janvier 1948, NP.

« Echos : À la Boutique d'Art à Rabat, exposition de J.G Mantel », *La Vigie marocaine*, 16 février 1948, NP.

« À la Boutique d'Art à Rabat, aujourd'hui à 17 h, vernissage de l'exposition des dernières toiles de Mathis-Brodskis », *La Vigie marocaine*, 25 février 1948, p.2.

« Echos : À la Boutique d'Art à Rabat, exposition de Vanderblonck-Muratti », *La Vigie marocaine*, 4 mars 1948, NP.

« Echos : À la Boutique d'Art à Rabat, exposition de Liane Pardonneau », *La Vigie marocaine*, 31 mars 1948, NP.

« Echos : À la Boutique d'Art à Rabat, exposition de Peyron Gruner », *La Vigie marocaine*, 19 avril 1948, NP.

« Echos : À la Boutiquc d'Art à Rabat, exposition de J. Danner et P. Fougerat », *La Vigie marocaine*, 13 mai 1948, NP.

« Echos : À la Boutique d'Art à Rabat, Joël expose ses céramiques », *La Vigie marocaine*, 1er juin 1948, NP.

« Echos : À la Boutique d'Art à Rabat, exposition de Mathis-Brodskis », *La Vigie marocaine*, 28 février 1949, NP.

- La galerie Bagatelle

« Expositions », *La Vigie marocaine*, 5 mars 1951, p.4.

« À la Galerie Bagatelle, Jacqueline Mathis-Brodskis », *La Vigie marocaine*, 22 mars 1951, p.4.

« Expositions : Crétot-Duval à la Galerie Bagatelle », *La Vigie marocaine*, 16 avril 1951, p.4.

« Expositions », *La Vigie marocaine*, 1er juin 1951, p.4.

« Expositions », *La Vigie marocaine*, 26 novembre 1951, p.4.

• La Boîte à Musique

Cl.V, « À travers les expositions : Wacquiez et Marcel Perrot », *L'Echo du Maroc*, n° 9942, 21 janvier 1947, p.3.

Cl.V, « Mary Bony, peintre médaillée », *L'Echo du Maroc*, n° 9985, 18 mars 1947, p.3.

« Les Arts : l'exposition C. René Payen à la Boîte à Musique », *L'Echo du Maroc*, n° 7908, 31 octobre 1945, NP.

« À la Boîte à Musique, exposition Alice Feneck », *L'Echo du Maroc*, n° 8024, 29 novembre 1945, NP.

« À la Boîte à Musique, à 16 h, vernissage de l'exposition Robert Hermann. Paysages de Tunisie, Maroc, natures mortes », *L'Echo du Maroc*, n° 8034, 10 décembre 1945, NP.

« Les Arts », *L'Echo du Maroc*, n° 8046, 24 décembre 1945, NP

« Les Expositions : Marcel Batier », *L'Echo du Maroc*, n° 9024, 24 mars 1946, p.3.

« À la Boîte à Musique, Mary Bony expose des intérieurs, des fleurs et des études d'Arabe », *L'Echo du Maroc*, n° 9030, 31 mars 1946, p.2.

« À la Boîte à Musique, Georges Patitucci », *L'Echo du Maroc*, n° 9030, 30 avril 1946, p.2.

« Les Expositions : Douceur d'Henri Voisin », *L'Echo du Maroc*, n° 9130, 18 mai 1946, NP.

« À la Boîte à Musique, Paul Ehretsmann expose ses fleurs jusqu'au 12 décembre », *L'Echo du Maroc*, n° 9280, 9 novembre 1946, p.3.

« Exposition C. René Payen », *L'Echo du Maroc*, n° 9284, 14 novembre 1946, p.3.

« Nos Echos : Aline Fenech expose ses fleurs à la Boîte à Musique jusqu'au 9 décembre », *L'Echo du Maroc*, n° 9301, 4 décembre 1946, p.3.

« Trois expositions », *L'Echo du Maroc*, n° 9311, 15 décembre 1946, p.3.

« À la Boîte à Musique, les aquarelles de François Riff », *L'Echo du Maroc*, n° 9952, 7 février 1947, NP.

• École des Beaux-arts de Rabat

« Rabat-Salé-Les Beaux-arts-Henri Duvignaud, Guérard et Baldoui », *La Vigie Marocaine,* n° 8391, 9 décembre 1934, p.6.

« Rabat-Salé-Les Beaux-arts-Franck Kohler, le "vieux Marocain", *La Vigie Marocaine,* n° 8401, 19 décembre 1934, p.6.

« Rabat-Salé-Aux Beaux-arts-Marie Pinatel », *La Vigie Marocaine,* n° 8491, 19 mars 1935, p.6.

- Galeries d'art à Marrakech

• Hôtel Mamounia

Henry, Paul, « L'exposition J.E Laurent à Marrakech », *L'Afrique du Nord illustrée,* 27 février 1932, p.7.

Henry, Paul, « L'exposition Porta-Mammeri à Marrakech », *L'Afrique du Nord illustrée*, 2 février 1934, p.5.

« Chronique régionale-Marrakech – Exposition Roger Tremel », *Le Petit Marocain*, n° 5862, 3 février 1934, p.6.

« Chronique régionale – Marrakech – La peinture à Marrakech », *Le Petit Marocain*, n° 5902, 13 mars 1934, p.6.

« Chronique régionalc – Marrakech – Vernissage de l'exposition Alerini », *Le Petit Marocain*, n° 5621, 20 décembre 1934, p.7.

« Chronique régionale – Marrakech – l'exposition Teslar à la Mamounia », *Le Petit Marocain*, n° 5833, 9 décembre 1935, p.7.

« Chronique régionale-Marrakech – Exposition Henri Pontoy », *Le Petit Marocain*, n° 5818, 3 mars 1936, p.6.

« Chronique régionale-Marrakech – Une intéressante exposition de Mme Lena Pillico à la Mamounia », *Le Petit Marocain*, n° 5870, 25 avril 1936, p.6.

« Chronique régionale-Marrakech – Melle A. de Blonay expose à la Mamounia », *Le Petit Marocain*, n° 6218, 7 avril 1937, p.7.

« Chronique régionale-Marrakech – L'exposition Olek Teslar », *Le Petit Marocain*, n° 5683, 10 février 1939, p.7.

« Chronique régionale-Marrakech – Le vernissage de l'exposition du peintre Paul Nassivet à la Mamounia », *Le Petit Marocain*, n° 5694, 22 février 1939, p.7.

« Chronique régionale-Marrakech – Marguerite Delorme expose au salon de l'Hôtel Mamounia », *Le Petit Marocain*, n° 5728, 28 mars 1939, p.7.

« Chronique régionale-Marrakech – Exposition du peintre Mme Lama à l'Hôtel de la Mamounia du 3 au 6 février 1940 », *Le Petit Marocain*, n° 5938, 3 février 1940, p.2.

- Galerie l'Oasis

« Chronique régionale : Exposition de peintures », *Le Sud Marocain*, n° 1166, 14 avril 1949, NP.

« À la Galerie l'Oasis », *Le Sud Marocain*, n° 1208, 10 février 1951, NP.

« Chronique locale : la décade dans le Sud », *Le Sud Marocain*, n° 1210, 28 février 1951, NP.

« Chronique locale : la décade dans le Sud », *Le Sud Marocain*, n° 1213, 30 mars 1951, NP.

« Exposition Baldoui à la Galerie de l'Oasis », *La Vigie marocaine*, 15 décembre 1947, NP.

« Demain exposition René Tremel à la Galerie de l'Oasis », *La Vigie marocaine*, 24 novembre 1950, p. 3.

« Exposition Pontoy à la Galerie de l'Oasis », *La Vigie marocaine*, 17 décembre 1950, p. 3.

« Exposition Pontoy à la Galerie de l'Oasis », *La Vigie marocaine*, 24 décembre 1950, p. 3.

- Galerie Lettelier

« Chronique régionale-Marrakech – Trois artistes à la galerie d'Art Marocain », *Le Petit Marocain*, 11 février 1934, n° 5872, p.6.

« Chronique régionale-Marrakech – Le vernissage de l'exposition Jack Sailland à la galerie d'Art Marocain », *Le Petit Marocain*, 9 décembre 1934, n° 5610, p.7.

« Chronique régionale-Marrakech – L'exposition du trio Teslar », *Le Petit Marocain*, 28 avril 1935, n° 5720, p.7.

« Chronique régionale-Marrakech – Exposition Jack Sailland », *Le Petit Marocain*, 27 novembre 1935, n° 5821, p.7.

« L'Art de M. Louis Endrès », *Le Sud marocain*, 9 août 1933, NP.

« L'Exposition Coutolle », *Le Sud marocain*, n° 840, 26 décembre 1934, NP.

• Palais du Mobilier

« Aldo Giordani, peintre et sculpteur de talent va exposer à Marrakech », *Le Petit Marocain*, n° 6943, 21 septembre 1938, p. 6.

« L'exposition Pontoy au Palais du Mobilier », *La Vigie marocaine,* n° 11079, 25 mars 1939, p.6.

- Galeries d'art à Fès

• Galerie Bras

« Fès : Gilbert F. Bons à la galerie Bras », *Le Courrier du Maroc*, n° 5459, 6 mai 1947, NP.

« Néri à la galerie Bras », *Le Courrier du Maroc*, n° 5471, 20 mai 1947, NP.

« Fès : Galerie des peintres-Ehretsmann à la galerie Bras », *Le Courrier du Maroc*, n° 5643, 5 décembre 1947, NP.

« Fès : Un grand peintre parisien, Naly et ses aquarelles, à la galerie Bras », *Le Courrier du Maroc*, n° 5675, 10 janvier 1948, NP.

« J.E Laurent à la galerie Bras », *Le Courrier du Maroc*, n° 5687, 24 janvier 1948, NP.

« À la galerie Bras, l'exposition Matthey », *Le Courrier du Maroc*, n° 5708, 29 février 1948, NP.

« Une admirable exposition », *Le Courrier du Maroc*, n° 5729, 24 mars 1948, NP.

« Fès : Exposition Roger Lafargue à la galerie Bras », *Le Courrier du Maroc*, n° 5918, 20 février 1949, NP.

« Fès : À la galerie Bras-Femmes d'Espagne et du Maroc à travers les portraits de José Maria Burgos », *Le Courrier du Maroc*, n° 6206, 15 janvier 1950, NP.

« Fès : À la galerie Bras-Des brumes des quais de la Seine à la lumière des ciels marocains de Maurice Martin », *Le Courrier du Maroc*, n° 6239, 17 février 1950, NP.

« Double exposition, Gaston Delpard et Louise Le Cerf à la galerie Bras », *Le Courrier du Maroc*, n° 6298, 17 avril 1950, NP.

« Exposition Marcel Perrot à la galerie Bras », *Le Courrier du Maroc*, n° 4863, 16 avril 1951, p.3.

« Galerie des peintres : Antoine Giamelli à la galerie Bras », *Le Courrier du Maroc*, n° 6668, 28 avril 1951, p.3.

« Exposition Ehretsmann à la galerie Bras », *Le Courrier du Maroc*, n° 6853, 6 novembre 1951, p.3.

« Fès : Les artistes exposent », *La Vigie marocaine*, 26 décembre 1944, p.2.

« Exposition Paule Soipteur : vernissage à la galerie Bras », *La Vigie Marocaine*, 26 février 1947, NP.

« Peep et Leff exposent des miniatures et des incrustations à la galerie Bras du 20 au 25 mars », *La Vigie Marocaine*, 19 mars 1948, NP.

« Le groupe des Artistes Peintres de Paris présente à la galerie Bras des œuvres des maîtres contemporains du 29 avril au 8 mai », *La Vigie Marocaine*, 30 avril 1949, NP.

« Le peintre Sabatier à la galerie Bras », *La Vigie Marocaine*, 9 janvier 1951, p.4.

« Exposition Gaston Delpart et Louise Le Cerf, vernissage à 17 heures à la galerie Bras », *La Vigie Marocaine*, 26 novembre 1951, p.4.

- Galerie Lopez

« Fès, des artistes exposent », *La Vigie Marocaine*, 26 décembre 1944, p. 3.

« Fès, Neri à la galerie Lopez », *La Vigie marocaine*, 12 juin 1945, p. 2.

« L'Exposition du sculpteur Roulleaux », *La Vigie marocaine*, 30 octobre 1945, p. 2.

• Galerie Montparnasse

« Expositions : un beau voyage à la galerie Montparnasse », *Le Courrier du Maroc*, n° 6598, 16 février 1951, p.4.

« Le peintre [François] Masson à la galerie Montparnasse », *La Vigie marocaine*, 2 novembre 1950, p. 4.

- Galeries d'art à Meknès

• Galerie Arts-Philatélie

« La Galerie artistique à Meknès – L'exposition Paul Néri », *La Vigie marocaine*, n° 9467, 7 novembre 1937, p.8.

« La galerie artistique : L'exposition Hélène Vogt », *La Vigie marocaine*, 10 mai 1945, p.2.

« La galerie artistique : L'exposition R.G Vilde », *La Vigie marocaine*, 7 novembre 1945, p.2.

« La galerie artistique : Riff, Billy et Carriat-Rolland exposent à la Galerie Arts-Philatélie », *La Vigie marocaine*, 16 novembre 1945, p.2.

• La salle d'exposition du Conservatoire de Meknès

« Les peintres exposent », *Le Courrier du Maroc*, n° 5358, 4 janvier 1947, NP.

« Exposition Lise Dumas-Nogier jusqu'au 26 avril au conservatoire », *Le Courrier du Maroc*, n° 5446, 20 avril 1947, NP.

« Notes d'art : Van Dongen, Gritchenko, Suzanne Loup, Paul Charlot, Gaston Knecht et Madeleine Vaury exposent leurs œuvres les plus récentes à la salle du conservatoire du 6 au 12 novembre inclus », *Le Courrier du Maroc*, n° 5618, 6 novembre 1947, NP.

« Les Expositions : À la salle des fêtes avec M. A de Blonay et Valis au conservatoire de musique », *Le Courrier du Maroc*, n° 5628, 19 novembre 1947, NP.

« Paul Erhetsmann vous convie à visiter son exposition au conservatoire », *Le Courrier du Maroc*, n° 5651, 13 décembre 1947, NP.

« Exposition Biehn à la salle du conservatoire », *Le Courrier du Maroc*, n° 5660, 23 décembre 1947, NP.

« Meknès : Cruz Herrera expose au conservatoire », *L'Echo du Maroc*, n° 7622, 16 mars 1945, NP.

« Meknès : Paul Ehretsmann expose ses fleurs au conservatoire », *L'Echo du Maroc*, n° 7640, 6 avril 1945, NP.

« Meknès : Félix Leca expose au conservatoire », *L'Echo du Maroc*, n° 7660, 29 avril 1945, NP.

« La galerie artistique : L'exposition Biehn », *La Vigie marocaine*, 3 novembre 1944, p.2.

« La galerie artistique : Exposition F. Bellenot », *La Vigie marocaine*, 8 décembre 1944, p.2.

« La galerie artistique : L'exposition José Maria Burgos », *La Vigie marocaine*, 3 janvier 1945, p.2.

« La galerie artistique : L'exposition Jack Sailland », *La Vigie marocaine*, 30 janvier 1945, p.2.

« La galerie artistique : L'exposition Robert Diaz de Soria », *La Vigie marocaine*, 8 février 1945, p.2.

« La galerie artistique : L'exposition C. René Payen », *La Vigie marocaine*, 22 février 1945, p.2.

« La galerie artistique : Exposition Marcel Perrot », *La Vigie marocaine*, 6 mars 1945, p.2.

« La galerie artistique : L'exposition de Henry Camax », *La Vigie marocaine*, 15 mai 1945, p.2.

« La galerie artistique : Exposition Marcel Batier », *La Vigie marocaine*, 29 mai 1945, p.2.

« Galeries marocaines – l'exposition de Lise Dumas-Nogier », *La Vigie marocaine*, 14 juin 1945, p.2.

« L'exposition de peinture de J.E. Laurent », *La Vigie marocaine*, 10 octobre 1945, p.2.

« L'exposition Julien Matthey », *La Vigie marocaine*, 15 octobre 1945, p.2.

« Exposition Solange Monvoisin », *La Vigie marocaine*, 23 octobre 1945, p.2.

« L'exposition Géo-Lachaux », *La Vigie marocaine*, 30 octobre 1945, p. 2

« Salle d'exposition de Peinture à Meknès », *La Voix de Meknès*, 25 novembre 1939, NP.

« Exposition de peinture », *La Voix de Meknès et Fès*, n° 22, 26 mai 1940, NP.

« Exposition Matteo Brondy », *La Voix de Meknès*, n° 24, 19 novembre 1944, NP.

« Exposition Bellenot », *La Voix de Meknès*, n° 47, 10 décembre 1944, NP.

• Galerie Véronèse

« Meknès – Expositions – À la galerie Véronèse, Maurice Martin ; Hélène Vogt au conservatoire », *Le Courrier du Maroc*, n° 6254, 4 mars 1950, NP.

« À la galerie Véronèse : A. Blondeau », *Le Courrier du Maroc*, n° 6625, 15 mars 1951, p.2.

• Autres lieux d'exposition artistique

« Exposition des peintres [oranais] P. Bono et M. Bono-Dugelay », *Le Courrier du Maroc*, n° 6690, 22 mars 1951, p.4.

« Exposition », *La Voix de Meknès*, n° 157, 15 décembre 1934, NP

« Pierre Zerbini expose au n° 23 de l'avenue Mazergues », *La Voix de Meknès et Fès*, n° 5, 7 février 1937, NP.

« Exposition Mme Joubert », *La Voix de Meknès et Fès*, n° 1, 1er janvier 1941, NP.

Les sociétés artistiques

• L'Association des peintres et sculpteurs français professionnels du Maroc

Hardy, Georges, « À propos d'une exposition : des artistes qui contribuent à faire connaître le Maroc », *La dépêche coloniale et maritime,* n° 9283, 7 décembre 1928, p.1.

Isis, « Propos du Jour », *Le Petit Marocain*, n° 5711, 11 mars 1939, NP.

Isis, « Propos du Jour », *Le Petit Marocain*, n° 5923, 19 janvier 1940, NP.

Ker-Melin, « Les Artistes au Maroc : L'Exposition de la "Kasbah" », *France-Maroc*, n° 86, 1924, pp.3-6.

Ker-Melin, « Les Artistes au Maroc : L'Exposition de la "Kasbah" », *France-Maroc*, n° 91, 1924, pp.107-115.

Ker-Melin, « Exposition de la Kasbah à Paris », *France-Maroc*, n° 97, 1924, p.194.

Ker-Melin, « Les expositions marocaines », *France-Maroc*, n° 109, 1925, pp.223-224.

Rousseau, Gabriel, « Peintres et peinture du Maroc », *Le Monde colonial illustré,* n° 65, 1er janvier 1929, p.5.

Rivier, Georges, « Première exposition de l'Association des peintres et sculpteurs français au Maroc », *Le Journal des Arts,* 29 octobre 1924, p.2.

Rousseau, Gabriel, « Peintres et peintures au Maroc », *Le Monde colonial illustré*, avril 1930, pp.5-6.

Vattier, Joseph, « Réflexion sur un salon », *L'Echo d'Oran,* 30 juin 1932, p.3.

« Une exposition de peinture marocaine à Londres », *L'Echo d'Alger*, n° 8713, 13 juin 1934, p.1.

« Le Maroc artistique à l'honneur », *Le Petit Marocain*, n° 6964, 14 octobre 1938, p.2.

« Caisse de secours pour les artistes », *Le Petit Marocain*, n° 5887, 12 décembre 1939, p.4.

« Casablanca : Le vernissage de l'exposition des œuvres d'art des mobilisés américains », *Le Petit Marocain*, 13 juillet 1943, p.7.

« Le Salon des Peintres et sculpteurs professionnels du Maroc », *Le Petit Marocain,* n° 9446, 29 octobre 1946, p.4.

« Association des peintres et sculpteurs français professionnels du Maroc », *La Vigie marocaine*, 10 janvier 1948, NP.

« Echos : Exposition de l'Association des peintres et sculpteurs français professionnels du Maroc », *La Vigie Marocaine*, 26 mars 1951, p.4.

• La Société des Amis des lettres et des Arts

Balay, Jacques « Sculpture : dessin de sculpteur », *Aguedal*, juin 1937, pp.167-168.

Bosco, Henri « Les Arts : la peinture », *Aguedal*, juin 1937, pp.165-166.

« La Peinture : les expositions », *Aguedal*, juin 1936, p.62.

• L'Association des artistes indépendants du Maroc

Abt, Albert, « Le Xème Salon des Indépendants », *Le Petit Marocain*, n° 10385, 26 novembre 1949, p.3.

De Bruchard, Charles, « Chez nos artistes – L'exposition des Artistes indépendants du Maroc », *Le Petit Marocain,* n° 6922, 11 décembre 1938, p.5.

« Un salon des Indépendants au Maroc », *L'Afrique du Nord illustrée*, 7 janvier 1933, p.11.

« Promenades à travers les expositions – Au Salon des Indépendants au Hall des Anciens Combattants », *Le Petit Marocain,* n° 9479, 4 décembre 1946, p.3.

« Vernissage du Xème Salon des Indépendants à l'Hôtel Majestic (Casablanca) », *La Vigie Marocaine*, 18 novembre 1949. NP.

« Xème Salon des Artistes indépendants du Maroc », *La Vigie marocaine*, 26 novembre 1949, NP.

• Le Salon militaire

« Premier Salon militaire au Maroc », *L'Afrique du Nord illustrée*, 17 novembre 1928, p.5.

« Le troisième Salon militaire de Peinture, Sculpture et Arts appliqués des Troupes du Maroc », *L'Afrique du Nord illustrée*, 27 septembre 1930, p.5.

« Le troisième salon militaire de Peinture à Casablanca », *L'Afrique du Nord illustrée*, 24 octobre 1930, p.14.

« Au Salon militaire de peinture », *La Vigie Marocaine*, n° 8393, 11 décembre 1934, p. 5.

« Le Xème Salon artistique à Fès », *Le Petit Marocain*, n° 6261, 20 mai 1937, p.4.

• Le Salon des Beaux-arts de Marrakech lors de la foire

Henry, Paul, « La XVe foire de Marrakech », *L'Afrique du Nord Illustrée*, n° 725, p.12.

Henry, Paul, « La XVIe foire de Marrakech », *L'Afrique du Nord Illustrée*, n° 779, p.13.

« Règlement du VIIIe Salon des Beaux-arts de Marrakech », *Le Petit Marocain*, n° 5650, p.6.

« IXe Salon des Beaux-arts à Marrakech », *Le Petit Marocain*, n° 5851, p.9.

« Exposition des Beaux-arts de Marrakech du 2 au 12 avril 1942 », *Le Petit Marocain*, n° 7390, 3 mars 1942, p.2.

• Association des peintres et sculpteurs du Maroc Oriental

De Sivry, Jean, « Maroc Oujda : Vernissage », *L'Afrique du Nord illustrée*, 15 juin 1937, p. 9.

« Le Salon des Artistes du Maroc Oriental », *L'Afrique du Nord illustrée*, 11 mars 1933, p.14.

« Oujda : Vernissage », *Le Petit Marocain*, n° 6828, 29 mai 1938, p.8.

• Association des artistes peintres et sculpteurs de Fès

M. Kamm, « Vernissage de l'exposition des artistes peintres et sculpteurs de Fès », *Le Courrier du Maroc*, n° 5733, 28 mars 1948, NP.

« Fès – L'exposition de l'association des artistes peintres de Fès », *Le Courrier du Maroc*, n° 5738, 3 avril 1948, NP.

« La presse au vernissage de l'Association des peintres », *La Vigie marocaine,* 7 mai 1951, p.4.

• Foyer artistique des peintres du Maroc

Poucel, Paul « Le VIe Salon des peintres du Maroc », *Maroc-Matin*, n° 3150, 16 avril 1947, pp.1-2.

« Foyer artistique des peintres du Maroc », *Le Petit Marocain*, n° 6788, 31 octobre 1937, p.6.

« Mazagan : À propos de l'association artistique », *Le Petit Marocain*, 26 janvier 1939, p.8.

« Mazagan : Ouverture du Salon du Foyer des peintres », *Le Petit Marocain,* n° 5686, p.7.

« Le Foyer artistique des peintres du Maroc est constitué », *La Vigie Marocaine,* n° 8841, 1er mars 1936, p.7.

« Le 3e Salon du Foyer artistique des peintres du Maroc », *La Vigie Marocaine*, n° 10938, 4 décembre 1938, p.7.

« Foyer artistique des peintres du Maroc », *La Vigie marocaine*, 10 juin 1946, p.3.

« Foyer artistique des peintres du Maroc », *La Vigie marocaine*, 11 novembre 1946, NP.

« Foyer artistique des peintres du Maroc », *La Vigie marocaine*, 27 janvier 1947, p.3.

« Foyer artistique des peintres du Maroc-section de Fès », *La Vigie marocaine*, 4 février 1947, NP.

• Le Salon d'Automne de Casablanca

Abt, Albert, « Le Salon d'Automne de l'Automobile-Club Marocain », *Le Petit Marocain,* n° 9601, 11 décembre 1947, p.3.

Abt, Albert, « Le deuxième Salon d'Automne de l'Automobile-Club Marocain », *Le Petit Marocain*, n° 9603, 13 décembre 1947, p.3.

Abt, Albert, « Promenades à travers les expositions – Le Salon d'Automne », *Le Petit Marocain,* n° 10057, 10 novembre 1948, p.4.

Abt, Albert, « Promenades à travers les expositions – Le Salon d'Automne », Le Petit Marocain, n° 10063, 17 novembre 1948, p.4.

Abt, Albert, « Promenades à travers les expositions – Le Salon d'Automne au Palais des Conférences », *Le Petit Marocain*, n° 10364, 2 novembre 1949, p.3.

Abt, Albert, « Promenades à travers les expositions – Le Salon d'Automne au Palais des Conférences », Le Petit Marocain, n° 10365, 3 novembre 1949, p.3.

Saint-Aignan, « Le Salon d'Automne Marocain », *La Vigie marocaine*, 14 novembre 1950, p.5.

Saint-Aignan, « Le Salon d'Automne Marocain », *La Vigie marocaine*, 15 novembre 1950, p.6.

Saint-Aignan, « Le Salon d'Automne Marocain », *La Vigie marocaine*, 16 novembre 1950, p.5.

Saint-Aignan, « Le Salon d'Automne marocain a été inauguré hier après-midi », 1951, *La Vigie Marocaine*, 27 octobre 1951, p.5.

Saint-Aignan, « Le Salon d'Automne Marocain », *La Vigie marocaine*, 28 octobre 1951, p.6.

« Le Salon d'Automne à l'Automobile-Club », *Le Petit Marocain,* n° 7397, 21 janvier 1943, p.2.

« Demain au cercle interallié de l'Auto-club marocain, ouverture du Salon d'Automne », *Le Petit Marocain*, n° 7399, 23 janvier 1943, p.2.

« Brillant vernissage à Casablanca du Salon d'Automne de 1948 », *La Vigie Marocaine*, 6 novembre 1948, NP.

- Le Salon d'Hiver de Marrakech

Orieux, Jean, « Le IIIe Salon de Marrakech va s'ouvrir », *La Vigie marocaine*, 17 décembre 1951, p.2.

Poucel, Paul, « À la Chambre de Commerce-Salon d'Hiver », *Maroc-Matin*, n° 3483, 13 janvier 1948, NP.

Verdureau, « La peinture à Marrakech – Au sujet de 2e Salon d'Hiver », *Le Sud Marocain*, n° 1208, 10 février 1951, NP.

« Le 2e Salon d'Hiver du Maroc réunit une collection d'œuvres du plus haut intérêt artistique », *La Vigie Marocaine*, 27 décembre 1950, p.3.

- Société artistique de l'Office Chérifien des P.T.T

« La deuxième exposition artistique de l'Office Chérifien des P.T.T », *La Vigie Marocaine*, n° 10024, 23 mai 1938, p.7.

« L'exposition de la Société », *La Vigie Marocaine*, n° 11139, 24 mai 1939, p.7.

« Le Salon de peinture des Postiers du Maroc va se tenir à Rabat du 24 décembre au 2 janvier », *La Vigie Marocaine*, 21 décembre 1949, NP.

• L'Exposition artistique de l'Afrique française

Vidalenc, Georges, « L'exposition triennale nord-africaine de 1929 », *L'Art et les artistes*, octobre 1929, pp.33-34

« Une exposition artistique nord-africaine à Tunis », *L'Afrique du Nord illustrée*, 14 mai 1928, p.6.

« L'Exposition artistique de l'Afrique française », *L'Afrique du Nord illustrée*, 15 juin 1929, p.3.

« L'Exposition triennale nord-africaine de peinture et de sculpture », *L'Afrique du Nord illustrée*, 22 avril 1933, p.11.

Randau, Robert, « L'Exposition artistique de l'Afrique française », *L'Afrique du Nord illustrée*, 25 mai 1934, pp.3-4.

« La IVe exposition artistique de l'Afrique française », *Les Annales Africaines*, 15 mai 1934, n° 10, p.172.

« L'exposition artistique de l'Afrique française », *Le Petit Marocain*, n° 5729, 6 août 1935, p.7.

« M. Meyrier a inauguré la 13e exposition artistique de l'Afrique française qui s'est ouverte hier après-midi dans la salle des fêtes de l'Hôtel de la ville de Casablanca », *Le Petit Marocain*, n° 7445, 10 mai 1942, p.3.

Autres articles datant du Protectorat

Arnaudies, Fernand, « La semaine artistique », *L'Afrique du Nord illustrée*, 6 décembre 1934, p. VII.

Arnaudies, Fernand, « La semaine artistique : Maroc », *L'Afrique du Nord illustrée*, 20 avril 1935, p.17.

Arnaudies, Fernand, « La semaine artistique : Maroc », *L'Afrique du Nord illustrée*, 8 juin 1935, p.15.

Arnaudies, Fernand, « La semaine artistique : Maroc », *L'Afrique du Nord illustrée*, 6 juillet 1935, p.13.

Arnaudies, Fernand, « La semaine artistique : Le Maroc », *L'Afrique du Nord illustrée*, 23 novembre 1935, p.3.5

Arnaudies, Fernand, « La semaine artistique : Maroc », *L'Afrique du Nord illustrée*, 21 février 1936, p.15.

Arnaudies, Fernand, « La semaine artistique : Maroc », *L'Afrique du Nord illustrée*, 28 février 1936, p.19.

Arnaudies, Fernand, « La semaine artistique : Maroc », *L'Afrique du Nord illustrée*, 18 avril 1936, p.19.

Arnaudies, Fernand, « La semaine artistique : Maroc », *L'Afrique du Nord illustrée*, 18 juillet 1936, p.14.

Arnaudies, Fernand, « La semaine artistique : Maroc-Rabat », *L'Afrique du Nord illustrée*, 21 novembre 1936, n° 809, p.14

Baldoui, Jean, « L'évolution », *Nord-Sud : les Arts indigènes*, 1933, pp.56-59.

Beaurieux, Rémy, « L'exposition des artistes indigènes au Musée des Oudayas », *Maroc, revue illustrée*, 20 février 1930.

Brunot, Louis (dir.), *Les Joyeuses Histoires du Maroc, recueil composé par les élèves et le personnel des écoles indigènes du Maroc*, Rabat, L'École du Livre, 1931.

« Chronique marocaine », *Correspondance d'Orient,* octobre 1938, p.447.

Exposition des Arts marocains au Pavillon de Marsan, Rabat, Édition de France-Maroc, 1917.

Fredane, « Art et Littérature : Exposition de caricatures Neri », *France-Maroc*, n° 97, 1924, p.213.

Fredane, « Art et Littérature : Exposition de Pinatel aux Oudaïas », *France-Maroc*, n° 97, 1924, pp.213-214.

Griffel, « Pour la défense des vieilles cités et le classement des paysages », *France-Maroc,* 15 juillet 1919, pp.200-201.

Hardy, Georges, « La vie intellectuelle et artistique au Maroc », *Le comité de l'Afrique française et le comité du Maroc*, n° 3, 1927, pp.109-112.

Isis, « Art et Littérature : Exposition de M. Delaporte », *France-Maroc,* n° 97, 1924, p.213.

Isis, « Art et Littérature : Exposition Majorelle », *France-Maroc*, n° 97, 1924, p.213

K.M, 1923, « L'École des Beaux-arts de Casablanca », *France-Maroc*, n° 79, 1923, pp.106-107

P.P, « Une exposition de peintre à Casablanca », France-Maroc, n° 12, 1918, pp.354-357

Rabanit, Henri, « Les sports au Maroc », *France-Maroc*, avril 1920, p.115.

Rabanit, Henri, « Art et littérature », *France-Maroc*, juin 1923, p.118.

Rabanit, Henri, « Une exposition de peinture à Casablanca », *L'Afrique du Nord illustrée*, 20 avril 1937.

Rouger, Gustave, « Nos artistes au Maroc », *L'Art et les Artistes*, novembre 1922, pp.3-40.

Saint-Aignan, « l'Académie libre Decaux vient d'ouvrir », *La Vigie marocaine*, 5 février 1949, NP.

Saint-Aignan, « Une véritable Académie libre des Beaux-arts va bientôt s'ouvrir à Casablanca », *La Vigie marocaine*, 30 septembre 1949, NP.

Schultz, Marcel, « Les arts marocains à Paris », *France-Maroc*, n° 55, 1921, pp.105-106.

« Le peintre et le Sultan », *L'Afrique du Nord illustrée*, 2 février 1929, p.3.

« Les premiers Jeux floraux à Meknès », *L'Afrique du Nord illustrée*, 6 juin 1936, p.9.

« Les Maisons des arts au Maroc », *L'Art et les artistes*, n° 40, 1923, p. 202.

« Crétot-Duval – Galerie Laferrière du 17 au 30 », *La Dépêche algérienne*, n° 20433, 16 avril 1942, NP.

« Le peintre du Maroc, H. Pontoy », *La Dépêche algérienne*, n° 20025, 1er mars 1941, p.2.

« La vie artistique : H. Pontoy », *La Dépêche algérienne*, n° 20361, 1er février 1942, p.2.

« Les expositions des peintres », *L'Echo d'Alger*, 1er février 1929, NP.

« Les expositions : Mattéo Brondy », *L'Echo d'Alger*, 4 février 1930, p.3.

« Les expositions : Mattéo Brondy », *L'Echo d'Alger*, 6 février 1931, p.3.

« Vie artistique – Peinture – Exposition Mattéo Brondy », *L'Echo d'Alger*, 1er mars 1933, p.3.

« La vie artistique : Herzig et Pontoy », *L'Echo d'Alger,* 15 avril 1944, NP.

« Art et Littérature : Exposition », *France-Maroc*, n° 75, 1923, p.2.8

« Le premier Congrès de Géographie au Maroc », *La Géographie,* Tome XLV, 1926, p.391.

« Un Salon au Maroc », *Le Maroc économique et financier*, mars 1922, p.93.

« Chronique régionale-Mazagan – Les Teslar à Mazagan », *Le Petit Marocain*, n° 5826, 2 décembre 1935, p.7.

« La Casa Velasquez émigre à Fès », *Le Petit Marocain*, n° 6822, 4 décembre 1937, p.2.

« Chronique régionale-Marrakech – L'exposition Teslar », *Le Petit Marocain*, n° 6795, 26 avril 1938, p.7.

« Tanger la séduisante », *Le Petit Marocain*, n° 6924, 2 septembre 1938, p.6.

« Mazagan – Exposition Aldo Giordano », *Le Petit Marocain,* n° 6936, 14 septembre 1938, p.6.

« L'Art à la Foire de Rabat, 27 juin-12 juillet », *Le Petit Marocain,* n° 7462, 30 mai 1942, p.4.

« Un Salon des Amateurs à l'Automobile Club », *Le Petit Marocain,* n° 7493, 23 avril 1943, p.2.

« Exposition de peinture au profit de l'entraide française », *Le Petit Marocain,* n° 8875, 21 janvier 1945, p.2.

« Casablanca : le vernissage de l'exposition des œuvres d'art des mobilisés Américains », *Le Petit Marocain*, 13 juillet 1945, p.7.

« La vie intellectuelle à Casablanca-Le Musée municipal », *Le petit Marocain,* n° 9377, 9 août 1946, p.3.

« Casablanca-Le vernissage du premier Salon d'hiver de la France combattante », *Le Petit Marocain,* n° 9496, 22 décembre 1946, p.3.

« Les Arts : l'exposition Akerbladh », *Tanger-Riviera*, n° 10, 1938, p. 11.

« Le vernissage de l'Exposition des travaux d'élèves de l'École des Beaux-arts à Rabat », *La Vigie marocaine,* 6 novembre 1936, n° 9091, p.7.

« Le Salon des élèves de l'École des Beaux-arts de Rabat », *La Vigie marocaine,* 7 novembre 1936, n° 9092, p.7.

« Une curieuse exposition du peintre parisien Auguste Lesage, sociétaire des Artistes français au Foyer scolaire de Rabat », *La Vigie marocaine,* 24 novembre 1937, n° 9484, p.6.

« Premier Salon des peintres du Maroc à Meknès », *La Vigie Marocaine*, n° 10978, 14 décembre 1938, p.4.

« Une véritable Académie libre des Beaux-arts va bientôt s'ouvrir à Casablanca », *La Vigie marocaine*, 30 septembre 1949, NP.

« L'Académie libre des Beaux-arts ouvre ses portes », *La Vigie marocaine*, 15 octobre 1949, NP.

« Casablanca va avoir son École des Beaux-arts », *La Vigie marocaine*, 30 juin 1950, p.6.

« Trois cours de l'École des Beaux-arts inaugurée hier comptent déjà 100 élèves », *La Vigie marocaine*, 15 avril 1951, p.5.

« Dictionnaire des peintres du Maroc-H. P Meyer », *La Vigie marocaine*, 1er juillet 1951, p.2.

« Dictionnaire des peintres du Maroc-Jean Baldoui », *La Vigie marocaine*, 22 juillet 1951, p.4.

« Dictionnaire des peintres du Maroc-Armand Céré », *La Vigie marocaine*, 5 août 1951, p.4.

« Dictionnaire des peintres du Maroc-René Pia », *La Vigie marocaine*, 5 août 1951, p.4.

« Académie de peinture », *La Vigie marocaine*, 12 août 1951, p. 3

« Dictionnaire des peintres du Maroc-Jacqueline Ribet », *La Vigie marocaine*, 26 août 1951, p.4.

Articles et ouvrages entre 1960 et 1990

Amran el Maleh, Edmond, Maraini, Toni, *La peinture au rendez-vous de l'histoire,* Milan, Éditions Espace Wafabank, 1988.

Boutaleb, Abdeslam, *La peinture naïve au Maroc,* Paris, Les éditions du Jaguar, 1985.

Gaudibert, Pierre (dir.), *19 peintres du Maroc*, Grenoble, 1985.

Goldenberg, André, « 1956-1986 : trente ans de peinture marocaine ». *Cahiers de la Méditerranée* : *Le Maroc, culture d'hier et d'aujourd'hui*, n° 38, 1989, pp. 45-57.

M'rabet, Khalil, *Peinture et identité : l'expérience marocaine*, Paris, Édition l'Harmattan, 1987.

Réveillaud Kriz, Suzanne, *L'odyssée d'un peintre : Drouet Réveillaud,* Paris, Édition Fischbacher, 1973

Sijelmassi, Mohamed, *La peinture contemporaine marocaine,* Paris, Éditions Jean-Pierre Tallandier, 1972.

Sijelmassi, Mohamed, *L'Art contemporain au Maroc,* Courbevoie, ACR Édition, 1989.

Articles et ouvrages contemporains

Abitbol, Michel, *Histoire du Maroc,* Paris, Édition Perrin, 2009.

Arama, Maurice, *Maroc, le royaume des peintres,* Rabat, Éditions La croisée des chemins, 2017.

Benchemsi, Rajae, *Farid Belkahia : L'intuition créatrice,* Rabat, Édition Marsam, 2012.

Benhamza, Abderrahman, *Fatima Hassan el Farouj (1945-2010) : Les paysages de la mémoire,* Rabat, Édition Marsam, 2016.

Bennouna, Mohammed, Alaoui, Brahim, Khatibi, Abdelkebir, Amran El Maleh, Edmond, Lambert, Jean-Clarence, *Ahmed Cherkaoui, la passion du signe*, Paris, Institut du monde arabe, 1996.

Ben Qassem, Dounia, *Dictionnaire des Artistes contemporains du Maroc,* Casablanca. Édition AfricArts, 2010,

Chraïbi, Zineb Abderrazik, *Mohamed Ben Ali R'bati. Naissance de la peinture Marocaine 1861-1936,* Rabat, Édition Marsam, 2007.

Clandermond, Andrew, MacCarthy, Terence, *A Dictionary of Painters in Tangier 1669-2003*, Black Eagle, Press for the Lawrence-Arnott Gallery, 2003.

Clément, Jean-François, *Moulay Ahmed Drissi (1924-1973) : L'invention d'une modernité picturale*, Rabat, Édition Marsam, 2015.

Clément, Jean-François, « Le développement des résidences d'artistes au Maroc », *Culture & Musées*, n° 31, 2018, pp. 210-217.

Devalière, François, *Mohammed Kacimi : inventer la liberté*, Rabat, Édition Marsam, 2007.

El Kasri, Abdelkérim, *Mohamed Ben Allal (1924-1995) : Le chantre de la vie quotidienne*, Rabat, Édition Marsam, 2015.

Irbouth, Hamid, *Art in the service of colonialism: french art education Morocco 1912-1956,* New York, I. B. Tauris Édition, 2012.

Kenneth, Lisenbee, « Biography of Ahmed Yacoubi », 2010, www.paulbowles.org/ahmedyacoubi.html.

Lespes, Marlène, *De l'orientalisme à l'art colonial : les peintres français au Maroc pendant le Protectorat (1912-1956)*, Thèse de doctorat d'histoire de l'art, Université Toulouse Jean Jaurès, 2017.

Mallick, Astrid (dir.), *Marguerite Delorme (1876-1946), vers les lumières du Sud,* Lunéville, Serge Domini Édition, 2013.

Marcilhac, Amélie, Marcilhac, Félix, *Jacques Majorelle,* Paris, Édition Norma, 2019.

Melehi, Rabat, Édition Galerie Bab Rouah, 1997.

Najah, Abdelali, *Les Arts plastiques au Maroc,* Tomes I et II, Paris, Édition Édilivre, 2016.

Antoine Perrier, « Tanger, ville fermée. Le sabotage économique d'une ville internationale par la France et l'Espagne (1912-1956) », *20 & 21. Revue d'histoire*, vol. 150, no. 2, 2021, pp. 65-79.

Richemond, Stéphane, *Les Salons des artistes coloniaux*, Paris, les Éditions de l'Amateur, 2003.

Ritzenthaler, Cécile, *Edy Legrand (1892-1970), Visions du Maroc*, Courbevoie, ACR Édition, 2005.

Théliol, Mylène, « L'essor des sociétés artistiques au Maroc durant le Protectorat français (1922-1956) », 2013, www.marocmediterranee.blogspot.com/2013/05/lessor-des-societes-artistiques-au.

Théliol, Mylène, « L'Association des peintres et sculpteurs du Maroc (1922-1933) », *Rives méditerranéennes*, n° 32-33, 2009, p.2.37-247.

Tnifass, Azzouz, *Jilali Gharbaoui : voyage au bout du rêve,* Rabat, Édition Marsam, 2006.

Vicaire, Marcel, *Trésor des métiers d'art de Fès,* Paris, Édition Maurepas, 2018.

Vidal-Bué, Marion, *André Suréda*, Paris, Les Éditions de l'Amateur, 2006.

Zahi, Farid, *D'un regard, l'autre : L'art et ses médiations au Maroc,* Rabat, Édition Marsam, 2006.

Zahi, Farid, *Mohamed Drissi : La satire du monde,* Rabat, Édition Marsam, 2007.

Zahi, Farid, *Larbi Belcadi : L'art comme errance 1939-2001,* Rabat, Édition Marsam, 2009.

Zahi, Farid, *Positions, compositions, écrits sur l'art,* Rabat, Édition Marsam, 2012.

Zahi, Farid, *Miloud Labied (1939-2008) : L'art comme visage du temps,* Rabat, Édition Marsam, 2015.

Zahi, Farid, *Mohamed Chabâa : une expression plastique plurielle, 1935-2012,* Rabat, Édition Marsam, 2015.

Table des matières

Imprimé en Allemagne
Achevé d'imprimer en janvier 2022
Dépôt légal : janvier 2022

Pour

Le Lys Bleu Éditions
40, rue du Louvre
75001 Paris

Ingram Content Group UK Ltd.
Milton Keynes UK
UKHW020644220523
422140UK00015B/556

9 791037 778666